I0069373

CODE

DE

SIMPLE POLICE.

LOTTIN DE SAINT-GERMAIN, IMPRIMEUR DU ROI.

CODE
DE
SIMPLE POLICE,

A L'USAGE DES JUGES DE PAIX,
COMMISSAIRES DE POLICE, MAIRES ET ADJOINTS.

PAR M. BOUCHER-D'ARGIS,
PROCUREUR DU ROI A DREUX.

A PARIS,
CHEZ B. WARÉE, ONCLE, LIBRAIRE DE LA COUR ROYALE
AU PALAIS DE JUSTICE.

1822.

INTRODUCTION.

« Il n'y a pas de plus grand mal dans « l'État, a dit un auteur moderne, qu'une « foule de Lois qui le chargent et l'em- « barassent. Leur multitude a toujours « été regardée comme une preuve cer- « taine d'une mauvaise administration, « parce qu'elle est un effet, ou de « l'imprudence qui ne sait pas choisir, ou « de la faiblesse qui ne sait pas exécuter, « ou de l'inconstance qui ne sait rien sou- « tenir, ou du caprice qui convertit en « Lois toutes les fantaisies ». Et ce passage contient en peu de mots l'histoire fidèle de notre Législation pendant la révolution. Depuis vingt-cinq ans elle a varié suivant l'imprudence, la faiblesse, l'inconstance ou le caprice des divers autorités qui se sont succédées et qui, entassant décrets sur décrets, lois sur lois, en ont fait un chaos impénétrable, la loi du jour étant bien souvent modifiée ou révoquée par celle du lendemain et celle-ci par une autre, tous les systêmes ont été tour-à-tour essayés et tour-à-tour abandonnés. Enfin la confusion est telle que ce n'est qu'à l'aide d'une étude approfondie qu'on parvient à jeter quelque clarté dans cet obscur dédale, et à distinguer les lois en vigueur de celles qui ne le sont plus. Ce mal se fait sentir surtout en matière criminelle, prenons pour exemple, la police simple: et, pour entrer de suite dans notre sujet, on sait que le quatrième livre du Code pénal est exclusivement consacré aux contraventions de ce genre. Toutes cependant n'y sont pas prévues. A l'égard de celles qui ne s'y rencontrent pas, l'art. 484 renvoie aux Lois et Réglements particuliers; or, ces Lois et Réglements sont eux-mêmes si multipliés, et, en même temps, si incomplets que cette branche de notre droit criminel qui devrait être aussi simple que son titre semble l'annoncer, présente peut-être, dans la pratique, plus de difficultés que toute autre, et qu'il en résulte une diversité de jurisprudence que la Cour régulatrice, malgré tous ses efforts, n'a pas encore pu empêcher. Cet état de choses nous a fait penser qu'on accueillerait avec bienveillance un Ouvrage dont l'objet serait de réunir tant de Lois et de Réglements si malheureusement épars, et d'en former un corps de doctrine spéciale. Mais nous ne nous sommes pas dissimulé que cet objet ne serait rempli qu'autant que nous ne présenterions que les autorités actuellement en vigueur, ne citant jamais de lois ultérieurement restreintes ou modifiées, qu'après les avoir dégagées de tout ce qui induirait aujourd'hui en erreur ou fatiguerait inutilement l'attention ; c'est à quoi nous nous sommes scrupuleusement attachés.

Le recueil que nous offrons aujourd'hui au public, sous le titre de *Code de simple Police*, sera divisé en trois parties ; nous comprendrons dans la première tout ce qui concerne la procédure, on trouvera dans la seconde toutes les Lois qui prononcent des peines de simple Police avec la solution des difficultés qu'elles présentent, et dans la troisième nous placerons les pièces justificatives, c'est-à-dire, les principaux arrêts de la Cour de cassation dont nous nous sommes étayés, ainsi que les Lois et

Ordonnances particulières ayant un rapport direct avec celles contenues dans la seconde partie.

Nous commencerons par tracer, dans cette Introduction, l'historique des changemens successifs que cette partie de la Législation a subis depuis la révolution, et nous poserons ensuite quelques principes fondamentaux qui rendront plus facile l'application des Lois et Réglements de Police en général.

Le mot *Police* vient du grec *Polis* qui signifie ville; les grecs en ont tiré *Politeïa* et nous *Police*.

Pris dans son acception étimologique ce mot exprime *gouvernement d'une ville*, *gouvernement d'une cité*. Mais, en France, il désigne seulement la partie du gouvernement des villes ou même de l'état entier qui a pour objet spécial le maintien de l'ordre public, de la liberté, de la propriété, et de la sûreté individuelle (Code des délits et des peines du 3 brumaire an IV, art. 16). Sous ce rapport on divise la police en deux grandes branches, la police administrative et la police judiciaire (même Code, art. 18).

La police administrative est instituée pour maintenir l'ordre public dans chaque partie de l'administration générale. Elle tend principalement à prévenir les délits (*idem*, art. 19), c'est pour cela qu'on l'appelle aussi *Police préventive.*

La police judiciaire recherche les délits que la police administrative n'a pu empêcher de commettre, elle en rassemble les preuves et en livre les auteurs aux tribunaux chargés de les punir (*idem*, art. 20).

La police administrative se divise elle-même en *Haute-Police*, qui embrasse tout ce qui tient à la sûreté intérieure et extérieure de l'État, et en *Police municipale* dont le but est d'assurer le bon ordre et la tranquillité dans chaque ville ou dans chaque commune; de là les *contraventions de Police*, c'est-à-dire, les infractions aux réglements faits par les officiers municipaux ou chefs des villes et communes, pour y faire règner la paix et la tranquillité; delà aussi les tribunaux de police municipale ou de simple police, auxquels la loi a confié le soin de réprimer ces infractions.

Les attributions de la police municipale

sont déterminées par plusieurs lois. La première et la principale est celle du 16 — 24 août 1790 (1) sur l'organisation judiciaire.

L'art. 1er., titre XI de cette loi, charge les corps municipaux, représentés aujourd'hui par les maires, de veiller et tenir la main, dans l'étendue de chaque municipalité, à l'exécution des lois et des réglements de police; il les autorise en outre à connaître du contentieux auquel cette exécution peut donner lieu.

L'art. 3 détermine, ainsi qu'il suit, les objets de police confiés à la vigilance et à l'autorité des corps municipaux; savoir:

1°. Tout ce qui intéresse la sûreté et la commodité du passage dans les rues, quais, places et voies publiques, ce qui comprend le nettoyement, l'illumination, l'enlèvement des encombremens, la démolition ou la réparation des bâtimens menaçant ruine, la défense de rien exposer aux fenêtres ou autres parties des bâtimens qui puisse nuire par sa chûte, et

(1) La première date est celle du décret, la seconde, celle de la sanction du Roi.

celle de rien jeter qui puisse blesser ou endommager les passants, ou causer des exhalaisons nuisibles ;

2°. Le soin de réprimer et de punir les délits contre la tranquillité publique tels que les rixes et les disputes accompagnées d'ameutemens dans les rues, le tumulte excité dans les lieux d'assemblée publique, les bruits et attroupemens nocturnes qui troublent le repos des citoyens ;

3°. Le maintien du bon ordre dans les endroits où il se fait grands rassemblemens d'hommes, tels que les foires, marchés, réjouissances et cérémonies publiques, jeux, cafés, églises, et autres lieux publics ;

4°. L'inspection sur la fidélité du débit des denrées qui se vendent au poids, à l'aune ou à la mesure, et sur la salubrité des comestibles exposés en vente publique ;

5°. Le soin de prévenir par les précautions convenables et celui de faire cesser par la distribution des secours nécessaires, les accidents et les fléaux calamiteux, tels que les incendies, les épidémies, les épizooties, en provoquant aussi, dans ces deux derniers cas, les autorités des administrations de département et de district (1).

6°. Le soin d'obvier ou de remédier aux évènemens fâcheux qui pourraient être occasionnés par les insensés ou les furieux, laissés en liberté, et par la divagation des animaux malfaisants ou féroces.

L'art. 4 dispose que les spectacles publics ne pourront être permis et autorisés que par les officiers municipaux.

L'art. 5 enfin, déclare que les contraventions à la police ne pourront être punies que de l'une de ces deux peines, ou de la condamnation à une amende pécuniaire (laquelle n'est point déterminée) ou de l'emprisonnement par forme de correction pour un temps qui ne pourra excéder trois jours dans les campagnes et huit jours dans les villes, dans les cas les plus graves.

En fixant l'étendue du pouvoir des officiers municipaux relativement aux objets de police, la loi du 24 août 1790 s'était bornée à dire qu'ils connaîtraient aussi du

(1) Aujourd'hui le Préfet et le Sous-Préfet.

contentieux auquel l'exécution de leurs réglements pourrait donner lieu, et par-là, elle les autorisait implicitement à infliger eux-mêmes les peines fixées par l'art. 5; mais ce principe, qui n'était qu'indiqué, a été développé dans la loi du 19 — 22 juillet 1791, laquelle a déterminé la manière dont cette application serait faite, et forme en conséquence le complément de celle du 24 août.

Cette seconde loi est divisée en deux titres, le premier, subdivisé lui-même en cinq paragraphes, comprend la police municipale, le second traite de la police correctionnelle.

Le paragraphe Ier. du titre Ier., renferme des dispositions générales d'ordre public, dont il est inutile de parler; le second trace les règles à suivre pour constater les contraventions; le troisième détermine plus particulièrement encore que ne l'avait fait la loi du 24 août 1790, les délits de police municipale ainsi que la peine applicable à chacun d'eux, sur quoi nous ferons remarquer, d'abord, que la plupart de ces délits sont compris sous les expressions générales de l'art. 3, titre XI de la loi du 24 août, et ensuite, que lorsqu'il s'agit d'une amende, elle n'est plus indéterminée comme dans cette dernière loi, mais que la quotité en est fixée à une somme souvent très-considérable, suivant la nature de chaque contravention; quant à l'emprisonnement, il est le même que celui fixé par l'art. 5 de cette dernière loi, c'est ce qui résulte de ces expressions et à *la détention de Police municipale*, dont se sert le législateur toutes les fois qu'à la peine d'amende, il veut ajouter celle de la détention.

Le paragraphe IV confirme diverses dispositions et réglements contre l'abus de la taxe des denrées; le Ve. détermine la composition du tribunal de simple police, ainsi que la forme de procéder devant lui; il nous suffira de rapporter l'art. 42 ainsi conçu :

« Le tribunal de Police sera composé « de trois membres que les officiers mu« nicipaux choisiront parmi eux, de cinq « dans les villes où il y a soixante mille « âmes ou davantage, de neuf à Paris ».

Enfin l'art. 46 interdit aux tribunaux de Police et aux officiers municipaux le droit de faire des réglements, et, néanmoins, il confirme à l'égard de ces derniers les dispositions des art. 3 et 4 du titre XI de la loi du 24 août.

« Aucun tribunal de police municipale,
« porte cet article, ni aucun corps mu-
« nicipal ne pourra faire de réglements :
« le corps municipal, néanmoins, pourra
« sous le nom et l'intitulé de délibérations
« et sauf la réformation, s'il y a lieu, par
« l'administration du département sur
« l'avis de celle du district, faire des
« arrêtés sur les objets qui suivent :

« 1°. Lorsqu'il s'agira d'ordonner les
« précautions locales, sur les objets con-
« fiés à sa vigilance et à son autorité, par
« les art. 3 et 4 du titre XI du décret sur
« l'organisation judiciaire.

2°. De publier de nouveau les lois et
« réglements de police, ou de rappeler
« les citoyens à leur observation.

Le titre II de cette même loi comprend, comme nous l'avons déjà fait observer, la police correctionnelle, et il détermine, à son tour, la composition et la compétence des tribunaux correctionnels, les formes de la procédure à suivre devant eux, et enfin les espèces de délits dont ils doivent connaître. La seule remarque à faire sur ce titre, c'est que d'après les art. 46, 47, 48, 49 et 50, les tribunaux correctionnels étaient composés alors d'un certain nombre de juges de paix et d'assesseurs, suivant l'étendue de la population de chaque ville.

On voit par l'ensemble de ces deux lois, d'un côté, que les officiers municipaux avaient tout à la fois, et, comme officiers municipaux, le droit de faire des arrêtés ou réglements de police locaux sur des objets prévus et déterminés, et, comme juges de police, celui de punir les infractions à ces mêmes réglements; d'un autre côté que les peines de police municipale ou de simple police, consistaient alors dans une amende pécuniaire, déterminée par la loi du 22 juillet à une quotité quelconque, suivant la nature de chaque contravention, ou dans un emprisonnement qui ne pouvait excéder trois jours dans les campagnes et huit jours dans les villes.

Cet état de choses a subsisté jusqu'à la promulgation du Code des délits et des peines du 3 brumaire an IV, époque à laquelle la législation en matière de simple police a subi deux changemens importants.

1°. Le droit de juger et punir les contraventions à la police a été enlevé aux officiers municipaux et transporté, par les art. 151, 595 et 596, aux juges de paix qui, cependant, sont restés membres des tribunaux correctionnels;

2°. La peine de simple police a été réduite et fixée par les art. 600 et 606, à une amende de la valeur d'une à trois journées de travail ou à un emprisonnement d'un à trois jours.

Après avoir, comme l'avait fait la loi du 19 — 22 juillet 1791, réglé la composition et la compétence des nouveaux tribunaux de police, ainsi que la forme de la procédure, les auteurs du code de brumaire énumèrent dans le livre trois un certain nombre de contraventions de police dont la plupart sont également comprises sous les expressions générales de l'art. 3 titre XI de la loi du 24 août 1790 et qui, néanmoins, n'embrassent pas entièrement tous les objets de police spécifiés dans cet article sur lesquels les officiers municipaux ont le droit de faire des réglements.

Au Code des délits et des peines a succédé le Code d'instruction criminelle et bientôt après le Code pénal, promulgués, l'un en 1808, l'autre en 1810.

Le Code d'instruction criminelle a conservé aux juges de Paix la connaissance des matières de simple police, mais il a rendu aux maires, représentant les officiers municipaux, une partie des attributions judiciaires qui leur avaient été conférées par les lois des 24 août 1790 et 22 juillet 1791. Leur compétence respective est réglée par les art. 139 et 166. C'est, au surplus, le seul changement notable apporté dans le régime des tribunaux de simple police, car leurs attributions sont à peu de chose près restées les mêmes.

A l'égard du Code pénal nous avons déjà fait remarquer, en commençant, que le livre IV est uniquement consacré aux matières de police. L'art. 464, au chapitre Ier., fixe d'abord la nature des peines de simple police. Elles consistent dans l'amende, l'emprisonnement et la confiscation de certains objets saisis. Les art. 465

et 466 en déterminent le minimum et le maximum. L'emprisonnement ne peut excéder cinq jours, ni être moindre d'un jour, et l'amende ne peut être prononcée que depuis un franc jusqu'à quinze francs inclusivement. Enfin, le chapitre II de ce même livre contient l'énumération d'un grand nombre de contraventions auxquelles d'après les art. 465 et 466, précités, les nouvelles peines de police établies par l'art. 464 sont seules applicables et qui ne comprennent encore, comme celles qu'avait prévues le Code de brumaire an IV, qu'une partie des objets de police dont parlent les art. 3 et 4, titre XI de la loi du 24 août 1790.

C'est ainsi que les peines de simple police ont subi une troisième modification qui probablement sera la dernière.

C'est parmi cette foule de lois, qui se sont succédées, sans s'abroger entièrement, qu'il faut chercher les règles à suivre pour l'application des peines en matière de police municipale. Si le Code pénal avait prévu toutes les infractions de cette nature, ou, du moins, s'il contenait une disposition générale pour celles qu'il n'a pu prévoir, la question serait bientôt résolue ; mais il n'en est pas ainsi. Non-seulement il a omis un grand nombre de contraventions, qui cependant, se trouvaient spécifiées dans les lois précédentes, mais encore la peine qu'il a créée, a été restreinte et limitée à celles dont il s'est occupé ; ensorte que, lorsqu'il s'en présente une qui ne se rencontre pas dans le livre où l'on devrait naturellement la trouver, c'est aux lois antérieures qu'il faut recourir pour connaître quelle peine lui est applicable, et de là, le désordre et la confusion que nous avons signalés. Les principes que nous allons développer pourront être d'un grand secours pour débrouiller ce chaos.

Si la contravention qu'il s'agit de réprimer, est prévue par le Code pénal, il faut appliquer les dispositions de ce Code, comme ayant dérogé à toutes les lois antérieures, d'après cet axiôme de droit. *Leges posteriores prioribus derogant.*

Si elle est l'objet d'une loi spéciale et particulière et ne se rencontre pas dans la nomenclature de celles comprises dans le Code pénal, il faut en conclure que cette loi n'a pas été abrogée, et continuer d'en appliquer les dispositions. Ainsi, par exemple, la loi du 6 frimaire an VII, sur l'administration, la police et la perception des droits de passage sur les fleuves, rivières et canaux navigables, a prévu le cas de contravention, non seulement à ses dispositions, mais encore aux réglements qui pourraient être faits par la suite pour son exécution, et elle a fixé, en même temps, les peines dont les contrevenants devront être frappés. Ces contraventions ne se trouvent pas rappelées dans le Code pénal; la loi du 6 frimaire an VII, doit donc toujours recevoir son exécution. Il doit en être de même, au surplus, de toutes les autres contraventions qui sont l'objet d'une loi particulière. Pourvu toutes fois, nous le répétons, que le Code pénal ne contienne pas une disposition semblable, ou une série de dispositions formant un corps complet de loi sur la matière à laquelle cette contravention pourrait se rattacher. Car, dans le premier cas, il y aurait dérogation à cette loi, et dans le second, le fait, objet originaire de la disposition pénale, devrait être considéré comme ne constituant plus une contravention (1).

Si la contravention n'est prévue, ni par une loi particulière, ni par le Code pénal et ne résulte que de l'infraction commise à un réglement de police émané de l'autorité administrative, c'est-à-dire, des maires, représentant les officiers municipaux, ou des sous-préfets et préfets qui, investis du droit d'approuver ou de réformer les réglements des premiers, sur les objets de police administrative, ont essentiellement le pouvoir d'en faire eux-mêmes directement sur ces objets (*Cassation*, 5 mars 1818, *Bulletin des arrêts de cette Cour*, *Partie Criminelle*, tome XXIII, n°. 3, pag. 79); alors il faut distinguer :

Le réglement de police dispose-t-il sur l'un des objets spécifiés dans les art. 3 et 4 du titre XI de la loi du 24 août 1790 ?

Les contraventions à ce réglement, doivent être punies des peines de police, telles qu'elles sont fixées par l'art. 5 de cette loi

(1) *Voyez* Pièces Justificatives, n°. VIII. L'avis du conseil d'État du 18 février 1812, où ce principe est plus amplement développé.

combiné avec les art. 600 et 606 du Code des délits et des peines du 3 brumaire an IV (1).

Il ne faut pas perdre de vue, en effet, 1°. que la loi du 24 août 1790, est une loi *organique* qui a fixé pour toujours les bases fondamentales de l'ordre judiciaire, et qui, toute modifiée qu'elle soit, dans quelques unes de ses dispositions accessoires, n'a jamais été abrogée quant au fond de la matière.

2°. Que par les art. 3 et 4 de cette loi, les officiers municipaux, auxquels ont succédé les maires, ont reçu le droit de faire des arrêtés ou réglements sur des objets de police énumérés dans ces articles, droit dans lequel ils ont été confirmés par l'art. 46 de la loi du 19 — 22 juillet 1791, et qui ne leur a été enlevé, ni par les art. 595 et 596 du Code de brumaire an IV, ni par aucune loi postérieure;

(1) Cependant, si l'objet du réglement, quoique se rattachant aux dispositions de la loi du 24 août 1790, était également prévu, soit par le Code pénal, soit par toute autre loi, on en appliquera de préférence les dispositions, par ce qu'alors il y aurait dérogation à la loi générale (*Cassation*, 13 mai 1820, *Bulletin Criminel*, tom. XXV, n°. 6, pag. 209).

3°. Et enfin, que la disposition pénale établie par l'art. 5 de cette même loi du 24 août 1790, subsistant toujours avec la loi elle-même, il en résulte que les *contraventions à la police*, c'est-à-dire, aux arrêtés pris en exécution de l'art. 46 de la loi du 19 — 22 juillet 1791, sur les objets déterminés dans les art. 3 et 4 de celle du 24 août précédent, doivent être punies des peines de police; or, ces peines, qui consistaient originairement dans une amende pécuniaire ou dans un emprisonnement de trois jours dans les campagnes, et de huit jours dans les villes, ayant été modifiées et réduites depuis, par les art. 600 et 606 du Code de brumaire, à une amende de la valeur d'une à trois journées de travail, ou à un emprisonnement d'un à trois jours, il faut, tout en conservant la disposition principale de l'art. 5 précité, y substituer, quant à l'étendue de la peine seulement, les dispositions des articles précités du Code de brumaire, et appliquer en conséquence, aux contraventions dont il s'agit, les peines déterminées par ces articles. C'est ainsi, au surplus, que la Cour de cassation l'a décidé plusieurs fois, notamment par arrêts des 12 août 1813, 11 juin et 15 octobre 1818, 10 et 30 avril 1819 (1), à l'égard de contraventions commises par deux boulangers à un réglement de police, qui déterminait le poids du pain, et par plusieurs limonadiers et cabaretiers pour infraction à un autre réglement portant fixation de l'heure de l'ouverture et de la fermeture des cafés et cabarets. Ces objets sont, en effet, prévus par les n°s. 3 et 4 de l'art. 3 de la loi du 24 août 1790.

Il en est de même des infractions aux réglements de police dont l'objet, quoique ne se rattachant pas à ceux prévus par l'art. 3, titre XI de la loi précitée, auront été placés, néanmoins, par une loi subséquente au nombre des attributions des corps municipaux. La loi de 1790 en spécifiant les objets de police qu'elle confiait à la vigilance et à l'autorité de ces corps, n'a pas entendu borner leur pouvoir; lors donc qu'une loi postérieure a mis un objet de police dans leurs attri-

(1) *Voyez* Pièces Justificatives, N°. I.

butions et les a autorisés à faire des réglements sur cet objet, il vient alors se ranger dans la classe de ceux déterminés par celle du 24 août, et si cette nouvelle loi n'a pas fixé en même temps la peine attachée à l'infraction du réglement fait en conséquence de ses dispositions, on doit appliquer la peine de l'art. 5 de la loi organique, qui est la loi pénale toujours existante pour punir les *contraventions à la police.* C'est ainsi que la Cour de cassation a décidé le 26 mars 1819, que la contravention à un réglement municipal ayant pour objet de régler l'usage du droit de parcours, était punissable des peines de police établies par les art. 600 et 606 du Code de brumaire (1). Il est vrai que la même Cour a décidé, les 13 août et 30 octobre 1813, et 27 juillet 1820 (2), que les infractions aux réglements sur le renfermement des pigeons n'étaient pas punissables de ces peines, et cela, quoique les corps municipaux aient reçu de l'art.

(1) *Voyez* Pièces Justificatives, N°. X.
(2) *Voyez* Pièces Justificatives, N°. II.

2 de la loi du 4 — 11 août 1789, le droit de fixer le temps pendant lequel on ne doit pas laisser vaguer ces animaux. Mais il y a cette différence entre la loi sur le parcours, et celle sur le renfermement des pigeons que celle-ci, en donnant le droit de tuer les pigeons trouvés dehors dans le temps prohibé, a fixé d'avance la peine attachée à l'infraction, ensorte qu'il n'est pas permis de l'aggraver en y ajoutant celle de police, tandis que l'autre ne contient aucune mesure répressive et laisse ainsi l'exécution de ses dispositions dans le domaine du droit commun.

Peut-être demandera-t-on pourquoi l'on n'applique pas dans tous ces cas, les peines de simple police créées par le Code pénal de 1810, qui, postérieur à celui de l'an IV, semble avoir modifié sous ce rapport les dispositions de ce dernier Code, comme celui-ci l'avait fait à l'égard de la loi du 24 août 1790. Mais on ne le peut pas, et la raison en est simple. D'après les dispositions des art. 465 et 466 du Code pénal, la peine de police introduite par ces articles, est spéciale et particulière aux contraventions contenues dans les trois sections dont se compose le chapitre second du quatrième livre, ainsi qu'il résulte de ces expressions des deux articles : *Selon les classes, distinctions et cas ci-après spécifiés.* Il n'est donc pas permis de changer la destination de cette peine et de l'étendre à d'autres contraventions, à moins d'une disposition expresse, comme par exemple, dans les cas prévus par la loi du 18 novembre 1814, sur la célébration des dimanches et fêtes. Au contraire, les peines de police introduites par le Code de brumaire an IV, étant générales et susceptibles par conséquent de régir toute espèce de contravention de police, ce sont ces dernières peines qu'il faut appliquer à celles qui dérivent des dispositions des articles 3 et 4 de la loi du 24 août 1790, dont, encore une fois, l'article 5 se trouve modifié par les article 600 et 606 de ce dernier Code.

Si le réglement de police est fait en vertu d'une loi particulière, et a un rapport direct avec cette loi, comme par exemple, les réglements faits en conformité de l'art. 51 de la loi du 6 frimaire an VII, sur les bacs et bateaux des fleuves, rivières et canaux navigables, ou ceux dont parle l'art. 471, nº. 5 du Code pénal, on appliquera les peines prononcées par ces lois.

Mais, si le réglement ne rentre pas dans les objets de police confiés à la surveillance et à l'autorité des officiers municipaux par les art. 3 et 4 de la loi du 24 août 1790, ou s'il ne se rattache à l'exécution d'aucune loi pénale existante, l'infraction à ce réglement, lors même qu'il en prononcerait une, ne sera passible d'aucune peine. L'autorité administrative, en effet, a bien le droit de prendre les mesures et de faire les réglements qu'elle juge convenables pour *prévenir* les crimes et les délits; mais elle n'a pas celui de créer des peines pour les punir lorsqu'ils ont été commis: ce droit n'appartient qu'au législateur. Les tribunaux, il est vrai, ne peuvent connaître des actes administratifs, ni mettre des entraves à leur exécution (1); mais d'un autre côté, ils

---

(1) Loi du 24 août 1790, titre II, art. 13. Loi du 16 fructidor an III.

ne peuvent aider cette exécution que par les moyens qui rentrent dans le cercle de leur autorité et à cet égard leur conduite est tracée par l'art. 4 du Code pénal qui dispose que : « Nulle contravention, nul délit, nul crime, ne peuvent être punis de peines qui n'étaient pas prononcées par la *loi*, avant qu'ils fussent commis ». Ce n'est donc qu'en vertu d'une *loi* que les juges peuvent infliger une peine. Or, un réglement de police n'étant pas une loi, puisqu'une loi, dans le sens qu'on attache à ce mot en France, ne peut émaner que de la puissance législative (1), il est évident qu'on doit considérer comme non-avenue la disposition par laquelle l'autorité administrative, prévoyant le cas d'infraction à ses réglements, a fixé, en même temps, la peine à infliger aux contrevenants, et qu'on ne peut en faire la base d'une condamnation. C'est ce qui résulte aussi de l'art. 160 du Code d'instruction criminelle, qui exige, à peine de nullité, que l'on insère dans tout jugement de

(1) D'après l'art. 15 de la Charte, il faut pour créer une loi, le concours du Roi et des deux Chambres.

condamnation, les termes de la loi appliquée, et enfin de l'art. 364, au chapitre des Cours d'assises, qui porte que la Cour prononcera l'absolution de l'accusé, si le fait dont il est déclaré coupable, n'est pas défendu par une loi pénale, disposition qui reçoit son application directe à l'espèce qui nous occupe, car il n'est pas plus permis aux magistrats de suppléer au silence de la loi dans les affaires légères, comme celles de simple police, qu'ils ne le peuvent dans les affaires graves, telles que celles qui sont ordinairement soumises à la décision des Cours d'assises. Le principe est le même ; s'il en était autrement, on tomberait bientôt dans l'arbitraire. C'est encore, au surplus, ce que la Cour de cassation a formellement décidé, par arrêts des 13 août et 30 octobre 1813, 26 novembre 1819, 15 et 27 janvier 1820, en annullant des jugemens de simple police qui avaient prononcé des condamnations contre des particuliers déclarés coupables de contravention à des arrêtés de l'autorité municipale portant, l'un, défenses aux propriétaires et fermiers de laisser sortir leurs pigeons pendant un temps déterminé, l'autre, injonction aux habitants d'une commune, de tapisser le devant de leurs maisons le jour de la Fête-Dieu, le troisième, établissement et fixation d'un droit de location de place dans les marchés, et le quatrième, injonction aux habitants d'une ville d'arborer un drapeau blanc à leurs maisons le jour de la S.-Louis (1). Tous ces arrêts sont fondés sur ce principe, que nous avons émis plus haut, que les tribunaux ne peuvent punir les infractions aux réglements ou arrêtés de l'autorité administrative, qu'autant qu'ils se rattachent à une loi pénale existante, ou que les objets de ces arrêtés rentrent dans les attributions conférées aux maires par l'article 3 de la loi du 24 août 1790 et par l'article 46 de celle du 19 juillet 1791.

Il arrive quelquefois que les préfets, en prenant un arrêté sur un objet de police déjà prévu par d'anciens réglements, par exemple, par des arrêts de réglements

(1) *Voyez* Pièces Justificatives, N°. II.

des Parlements qui, on le sait, avaient autrefois force de loi en France, il arrive, disons nous, qu'ils rappellent en même temps la disposition pénale contenue dans ces réglements ; ensorte qu'on serait porté à croire qu'il y a lieu, dans ce cas, d'appliquer cette disposition pénale. Mais il faut considérer que si le Code pénal (art. 484), ordonne que, dans toutes les matières qu'il n'a pas réglées et qui sont régies par des lois et des réglements particuliers, les Cours et les Tribunaux continueront de les observer, il suppose naturellement que ces réglements sont encore en vigueur et qu'il n'y a pas été, ou qu'il n'y sera pas dérogé ultérieurement par l'autorité compétente. Or, par le seul fait que le préfet prend un arrêté ayant expressément le même objet que le réglement ancien, il en résulte une abrogation de ce réglement non-seulement quant à la disposition principale, mais encore quant à la disposition accessoire, c'est-à-dire la peine, parce que, et nous ne saurions trop le répéter, les préfets n'ayant pas la puissance législative ne peuvent ni créer une peine, ni rendre l'existence à une ancienne qui se trouve nécessairement abrogée avec le réglement dans lequel elle était contenue. C'est ce qui a été implicitement décidé par les deux arrêts de la Cour de cassation, cités plus haut, celui du 11 juin 1818 et celui du 10 avril 1819 (1). Il faut donc toujours revenir aux principes et faire la même distinction que celle que nous avons déjà faite ; si le nouveau réglement ne traite que de l'un des objets de police prévus par les art. 3 et 4 de la loi du 24 août 1790, on appliquera les peines de simple police fixées par l'art. 5 de cette loi, combiné avec les art. 600 et 606 du Code de brumaire, sans avoir égard à celles stipulées dans l'ancien réglement que l'arrêté du préfet avait pour but de remettre en vigueur, sinon, il n'y a lieu à l'application d'aucune peine et le contrevenant, s'il est traduit en justice, doit être renvoyé de l'action.

Avant de passer à un autre article nous ferons une observation importante. Les maires tenant directement de la loi, le

---

(1) *Voyez* Pièces Justificatives, N°. I.

droit de prendre des arrêtés, dans les matières de police locale prévues et déterminées, ces arrêtés doivent être exécutés, quand même ils ne seraient pas revêtus de l'approbation du préfet. S'il en était autrement, on conçoit que l'exercice du pouvoir municipal serait entravé à chaque instant, et que par suite l'ordre public pourrait se trouver compromis. Cependant, comme il peut arriver que ces arrêtés blessent la justice et même l'intérêt commun des habitants, c'est à ceux qui se prétendent lésés à se pourvoir à l'autorité administrative supérieure, pour en obtenir la réformation, ainsi qu'au surplus, la loi du 28 décembre 1789, leur en donne le droit. Mais jusque là, ils doivent s'y conformer et les tribunaux ne peuvent se dispenser de les faire exécuter en appliquant les peines légales à ceux qui refusent de s'y soumettre (*Cassation*, 28 août 1807. *Bulletin Criminel*, tom. XII, pag. 30; 5 septembre et 12 novembre 1812. *Bulletin Criminel*, tom. XVII, n°s. 9 et 4, pag. 391 et 484; 18 octobre 1816, tom. XXI, n°. 10, pag. 181).

Il nous reste à expliquer la loi du 28

septembre — 6 octobre 1791, concernant les biens et usages ruraux, autrement dite le Code rural, et à la mettre en harmonie avec le régime actuel des tribunaux de police; deux titres composent cette loi: le premier traite des biens et usages ruraux en général, et le second de la police rurale; c'est de celui-ci seulement dont nous avons à nous occuper.

Une première remarque se présente: Le Code rural est antérieur à celui de brumaire; ses dispositions, quant à la compétence des tribunaux et aux peines encourues, se rattachent donc aux lois des 24 août 1790, et 19 juillet 1791. C'est ce qui résulte, en effet, des art. 1er., 2, 3 et 6 de ce Code, où il est dit, art. 1er., « la police des campagnes est spéciale-« ment sous la juridiction des juges de « paix et des officiers municipaux ».

Art. 2. « Tous les délits ci-après men-« tionnés, sont, suivant leur nature, de la « compétence du juge de paix, ou de la « municipalité du lieu où ils auront été « commis ».

Art. 3. « Tout délit rural ci-après men-« tionné sera punissable d'une amende

« ou d'une détention soit *Municipale*, soit
« *Correctionnelle* ».

Art. 6. « Les délits mentionnés au pré-
« sent Code qui entraîneraient une dé-
« tention de plus de trois jours dans les
« campagnes et de plus de huit jours dans
« les villes seront jugés par voie de police
« correctionnelle, les autres le seront par
« voie de police municipale ».

Or, en se rappelant que, sous l'empire des lois précitées, les officiers municipaux étaient juges de simple police, et les juges de paix juges correctionnels, on comprend tout de suite, pourquoi les auteurs du Code rural avaient placé la police des campagnes sous la juridiction spéciale des juges de paix et des officiers municipaux; pourquoi les délits ruraux étaient, suivant leur nature, de la compétence du juge de paix, ou de la municipalité du lieu; pourquoi ils étaient punissables d'une amende ou d'une détention soit municipale, soit correctionnelle; et enfin, pourquoi ceux qui entraînaient une détention de plus de trois jours dans les campagnes et de plus de huit jours dans les villes, étaient justiciables de la police correctionnelle, et pourquoi les autres l'étaient de la police municipale; ce n'est même qu'à l'aide de cette explication qu'on parvient à concilier l'art. 6 avec les trois articles rapportés ci-dessus, autrement on concevrait difficilement comment un délit punissable par voie de police correctionnelle pouvait se trouver de la compétence des juges de paix. Mais, aujourd'hui, que ces magistrats ne sont plus que des juges de simple police, concurremment, cependant, et dans les cas prévus, avec les maires, il faut s'attacher aux règles de compétence tracées par les art. 139, 166 et 179 du Code d'instruction criminelle et entendre l'art. 2 du Code rural dans ce sens que tous les délits mentionnés dans le titre second, sont suivant leur nature (c'est-à-dire, suivant qu'ils constituent un délit proprement dit, ou une contravention) de la compétence des tribunaux correctionnels ou des tribunaux de simple police.

Ce n'est pas tout: le Code de brumaire an IV, après avoir modifié les dispositions de l'art. 5, titre XI de la loi du 24 août 1790, et réduit les peines de simple police à une amende de la valeur d'une à trois journées de travail, ou à un emprisonnement d'un à trois jours, a voulu que ces peines, ainsi modifiées, fussent appliquées dorénavant à tous les délits ruraux qui, jusque là, avaient été punissables par voie de police municipale. C'est ce que porte expressément le paragraphe 9 de l'art. 605 ainsi conçu: « Sont punies des peines de « simple police les personnes coupables « des délits mentionnés dans le titre II « de la loi du 28 septembre 1791, sur la « police rurale, lesquelles d'après ses dis- « positions étaient dans le cas d'être jugées « par voie de police municipale (1).

Pour appliquer cette dernière disposition, il faut donc connaître d'abord, en quoi consistaient avant la promulgation du Code de brumaire an IV, les peines de police municipale, et voir ensuite quels

(1) Nous ne faisons pas mention de la loi du 20 messidor an III, qui avait abrogé l'emprisonnement et l'amende prononcés par le Code rural, pour y subtituer une peine pécuniaire qui ne pouvait être moindre de cinq journées de travail, parce que le Code de brumaire l'ayant suivie de quelques mois, elle paraît n'avoir pas eu d'exécution.

étaient les délits ruraux punissables de ces peines.

Nous connaissons déjà les peines de police municipale : elles consistaient, d'après l'art. 5 de la loi du 24 août 1790, dans une amende pécuniaire indéterminée, ou dans un emprisonnement de trois jours et au-dessous dans les campagnes, et de huit jours et au-dessous dans les villes. L'art. 6 du Code rural n'est que la conséquence de cette disposition. « Les délits « mentionnés au présent Code, porte « cet article, qui entraineraient une dé- « tention de plus de trois jours dans « les campagnes, et de plus de huit jours « dans les villes seront jugés par voie de « police correctionnelle, les autres le se- « ront par voie de police municipale ». Il ne reste donc plus qu'à faire le rapprochement des termes de cet article avec les différents délits prévus par les articles qui suivent à l'effet de déterminer ceux de ces délits dont la connaissance appartient aujourd'hui aux tribunaux de police.

Si nous parcourons le titre II du Code rural, nous voyons 1°. que les art. 14, 17, 26, 29, 30, 31, 32, 33, 35, 36, 37 et

43, prononcent, indépendamment d'une amende, une détention qui peut être portée jusqu'à un mois et plus, même jusqu'à deux années.

Les délits prévus par ces articles sont donc de la compétence de la police correctionnelle.

2°. Que les art. 10, 19, 20, 21, 24, 25, 28, 33 et 34 en prononçant une amende, quelquefois égale à la valeur du dommage et parconséquent indéterminée, ajoutent, *et à la détention de police municipale.*

Ces délits sont donc justiciables de la police municipale, puisque, d'après l'art. 6 précité, les tribunaux correctionnels ne doivent connaître que des délits punissables d'un emprisonnement de plus de trois jours dans les campagnes et de plus de huit jours dans les villes, et nous avons vu plus haut que la détention de police municipale, consiste au contraire dans un emprisonnement de trois jours et au-dessous dans les campagnes et de huit jours et au-dessous dans les villes.

3°. Et enfin, que les art. 9, 13, 15, 16, 18, 22, 23, 37, 38, 40, 41, 42 et 44, se bornent à prononcer une amende tantôt fixée à une quotité déterminée, tantôt basée sur le dédommagement dû à la partie lésée.

A l'égard des délits mentionnés en ces articles, il faut décider également qu'ils sont de la compétence de la police municipale. Reportons-nous au texte de l'art. 6 : nous y remarquerons, d'une part, que le législateur commence par régler les attributions du tribunal correctionnel en sorte que tout ce qui ne se trouve pas dans cette attribution doit en être nécessairement exclu, d'après la maxime *inclusio unius est exclusio alterius* et placé, par une conséquence nécessaire, dans le ressort de la police municipale. D'autre part, que la compétence du tribunal correctionnel étant basée uniquement sur le plus ou moins de durée de l'emprisonnement, sans qu'il soit fait aucune mention d'amende, il en résulte que tous les délits qui entraînent soit un emprisonnement inférieur à cette durée, soit une simple amende, doivent être considérés comme justiciables de la police municipale. Ce qui confirme cette interprétation d'une manière plus positive encore, ce sont ces expressions finales du même art. 6, *les autres le seront par voie de police municipale;* expressions, qui, par leur généralité et par l'attribution spéciale et déterminée précédemment donnée à la police correctionnelle, embrassent tous les délits, qui ne sont pas compris dans cette attribution, et conséquemment, ceux qui ne donnent lieu qu'à une amende, comme ceux qui entraînent un emprisonnement de trois jours et au-dessous dans les campagnes et de huit jours et au-dessous dans les villes. Il est vrai que les amendes prononcées par les articles dont il s'agit excédent de beaucoup la compétence actuelle des juges de simple police, même celle que leur avait donnée le Code de brumaire an IV. Mais cela ne doit pas surprendre quand on se rappelle que suivant l'art. 5 de la loi du 24 août 1790, l'amende de police municipale étant indéterminée, le pouvoir des juges à cet égard, était illimité. La loi du 19 — 22 juillet 1791, et le Code rural lui-même en fournissent une autre preuve, car, en indiquant quelquefois comme devant servir de bâse à la fixation de l'amende, la contribution mobilière du délinquant ou le dédommagement dû à la partie lésée, ils donnent assez à entendre que les juges de police étaient alors compétents pour prononcer toute espèce d'amende.

Ce sont donc en définitive, les personnes coupables des délits prévus par les art. 9, 10, 13, 15, 16, 18, 19, 20, 21, 22, 23, 24, 25, 27, 28, 33, 38, 40, 41, 42 et 44, qui, au moment de la promulgation du Code de brumaire an IV, étaient dans le cas d'être jugées par voie de police municipale. Ce sont donc aussi ces mêmes personnes que l'art. 605, §. IX, de ce dernier Code, a voulu punir, dorénavant, des peines de police créées par les art. 600 et 606 du même Code, c'est-à-dire, d'une amende de la valeur d'une à trois journées de travail ou d'un emprisonnement d'un à trois jours, ou plutôt, de trois journées de travail, ou de trois jours d'emprisonnement, d'après l'art. 2 de la loi du 23 thermidor suivant, qui veut que « la « peine d'une amende de la valeur d'une « journée de travail, ou d'un jour d'em- « prisonnement fixée comme la moindre « par l'art. 606 du Code des délits et des

« peines, ne puisse, pour tout délit rural « et forestier, être au dessous de trois « journées de travail ou de trois jours « d'emprisonnement » (1); ce qui signifie, en d'autres termes, qu'il n'est plus permis de suivre la gradation autorisée par ce même art. 606, et que le juge doit toujours appliquer le maximum à tous les délits ruraux *simples* (2), punissables des peines de police (*Cassation*, 3 janvier

(1) *Voyez* Pièces Justificatives, N°. III.

(2) Nous disons que le maximum des peines de police établies par les art. 600 et 606 du Code de brumaire, doit être appliqué aujourd'hui à tous les délits ruraux simples punissables par voie de police municipale. Il faut prendre garde, en effet, que la loi du 23 thermidor an IV, en changeant les peines du délit rural simple, c'est-à-dire, dénué de circonstances aggravantes, lequel, jusque-là pouvait être puni d'une amende d'une journée de travail ou d'un jour d'emprisonnement, influe nécessairement sur le délit plus grave, que le Code rural punit plus sévèrement, et que ce serait dénaturer et violer deux lois qui doivent se combiner ensemble, que de leur donner un sens d'où résulterait que la peine la plus forte, serait appliquée au délit le plus faible et la peine la plus légère, au délit le plus grave. C'est, néanmoins, ce qui arriverait nécessairement si, appliquant toujours l'ancien maximum des peines de police au délit simple, c'est-à-dire, trois journées de travail ou trois jours d'emprisonnement, l'on prononçait aussi la même condamnation contre l'auteur d'un

1811. *Bulletin Criminel*, tom. XVI, n°. 1, pag. 5), et comme ces dernières peines ne sortent pas des limites de la compétence actuelle des juges de simple police, puisqu'en vertu des art. 465 et 466 du Code pénal, ils peuvent prononcer jusqu'à quinze francs d'amende et jusqu'à cinq jours d'emprisonnement, il faut décider que les délits auxquels elles s'appliquent, et que nous avons énumérés ci-dessus, sont encore (comme ils l'étaient

délit accompagné de circonstances aggravantes, parce que ces mêmes peines ne sont plus aujourd'hui que le minimum de celles qui doivent être infligées à tous les délits ruraux quelconques. Lors donc que le délit est accompagné d'une circonstance aggravante et puni, par exemple, d'une peine double, on doit suivre la même proportion et prononcer six journées de travail ou six jours d'emprisonnement (*Cassation*, 8 octobre 1808. *Bulletin Criminel*, tom. XIII, n°. 9, pag. 426). En observant, alors, que le tribunal de police devenant incompétent, c'est le tribunal correctionnel qui doit connaître du délit. Il est vrai que six journées de travail qui valent à-peu-près six francs ne sont pas hors des attributions des juges de simple police, mais il n'en est pas de même de six jours d'emprisonnement et il suffit que cette dernière peine puisse être prononcée ainsi que nous le verrons sur l'article 6 du Code rural, pour que les tribunaux de simple police ne puissent plus en connaître.

sous l'empire du Code rural., et comme ils ont continué de l'être sous celui du Code de brumaire, au moyen du nivèlement opéré par l'art. 605, §. IX), il faut décider, disons nous, que ces délits, sont encore, de la compétence du tribunal de simple police, comme ayant remplacé les anciens tribunaux de police municipale créée par la loi du 19 — 22 juillet 1791. Quant aux peines dont ces délits sont susceptibles, il ne faut jamais oublier, lorsqu'il s'agit d'appliquer une disposition du Code rural, que ce ne sont plus les peines portées par ce Code que le tribunal de police est autorisé à prononcer, mais une amende de la valeur d'une à trois journées de travail ou un emprisonnement d'un à trois jours, ou pour mieux dire, une amende de la valeur de trois journées de travail ou un emprisonnement de trois jours (loi du 23 thermidor an IV, art. 2): Nous disons une amende ou un emprisonnement, quoique cette dernière peine ne soit pas toujours prononcée par le Code rural; mais les seules peines applicables aux contraventions rurales et forestières, consistent aujourd'hui, dans une amende de la valeur de trois journées de travail, *ou dans un emprisonnement de trois jours.* On peut donc prononcer indifféremment l'une ou l'autre de ces peines, sans considérer si la contravention qu'il s'agit de réprimer était, suivant la disposition primitive punissable d'emprisonnement et d'amende ou d'amende seulement.

C'est ainsi, du moins nous le pensons, qu'on doit entendre l'article 6 du Code rural et le combiner avec les dispositions du Code de brumaire. Cependant quelque bien fondé que nous paraisse ce systême nous ne pouvons dissimuler qu'il est en opposition avec la doctrine de la Cour de cassation. Faisant abstraction absolue de l'art. 605, n°. 9 du Code de brumaire qu'elle regarde comme n'ayant apporté aucune dérogation aux peines portées dans les différents articles du Code rural (*Cassation*, 16 frimaire an XII. *Bulletin Criminel*, tom. IX, n°. 2, pag. 61), cette Cour a décidé, par un grand nombre d'arrêts, que plusieurs des délits que nous croyons devoir appartenir à la juridiction municipale étaient au contraire de la compétence de la police correctionnelle. Elle l'a décidé notamment à l'égard des délits prévus par les art. 9, 10, 15, 24, 34, 38, 40 et 44 du Code rural.

Tous les arrêts intervenus sur l'application de ces articles, sont motivés sur ce point de fait que les délits dont il y est question, entraînent une amende qui excède la compétence des tribunaux de police : En effet, en ne s'arrêtant qu'à la lettre de ces articles, on reconnaît que l'article 9, par exemple, prononce une amende de 6 à 24 livres; que l'article 15 en prononce une, qui est indéterminée et susceptible parconséquent de s'élever à une somme plus ou moins considérable ; et enfin, que les articles 40 et 44, veulent que les délits dont ils sont l'objet, soient punis d'une amende qui ne peut être, comme celle prononcée par l'article 9, ni au-dessous de 3 livres, ni excéder 24 livres, ensorte que sous ce rapport, il est vrai de dire que ces amendes excédent la compétence des tribunaux de police qui ne peuvent condamner qu'à une amende de la valeur de trois journées de travail, c'est-à-dire, 3 francs au plus, d'après le Code de brumaire an IV, ou 15 francs d'après le Code pénal de 1810. Mais cela n'est pas exact si l'on veut faire attention que l'article 605, §. IX du Code de brumaire a changé toutes les peines municipales prononcées par le Code rural et les a réduites à celles de simple police créées par les articles 600 et 606; c'est-à-dire, à une amende d'une à trois journées de travail ou à un emprisonnement d'un à trois jours; ce n'est donc plus le texte primitif du Code rural, mais le texte modifié par l'article 605 précité qu'il faut consulter pour connaître si tel ou tel délit est, ou non, de la compétence du tribunal de simple police; et comme, suivant nous, les délits que nous avons énumérés sous les articles 9, 10, 13, etc., étaient à l'époque de la mise en activité du Code de brumaire, dans le cas d'être jugés par voie de police municipale, et par suite, ceux que l'art. 605 de ce Code a voulu soumettre à l'empire des nouvelles peines de police, nous ne pouvons concevoir comment la Cour de cassation a pû décider qu'ils sont aujourd'hui de la compétence du tribunal correctionnel. Pour prononcer ainsi, il faut qu'elle ait pensé, ou que l'art. 605 du Code de brumaire a été abrogé avec ce Code lui-même, ensorte que les dispositions premières du Code rural ont repris leur force, ou que les délits sur lesquels sont intervenus ses arrêts ne sont pas susceptibles de recevoir l'application de l'article 605, comme n'étant pas originairement punissables par voie de police municipale. Mais d'une part, cette Cour applique encore tous les jours les peines de police prononcées par le Code de brumaire aux contraventions résultant de la loi du 24 août 1790, ce qui prouve qu'elle ne le regarde pas comme entièrement abrogé. D'autre part, il y a tels de ces délits à l'égard desquels il ne peut y avoir la moindre difficulté, puisqu'étant punissables de la *détention de police municipale*, ils est évident que ceux qui s'en rendaient coupables, *étaient dans le cas d'être jugés par voie de police municipale*, et qu'ainsi ils remplissent la condition exigée par l'article 605, pour devenir passibles des nouvelles peines de simple police. Il faut donc qu'elle ait eu un autre motif. Quel est-il ? Sur la demande que nous en avons faite à l'un des magistrats les plus distingués de l'ordre judiciaire, il a bien voulu nous répondre « que, pour expliquer parfaitement « cette jurisprudence, il serait peut-être « bon de faire une distinction entre les « faits qui appartiennent essentiellement « et par leur nature aux tribunaux de « simple police, c'est-à-dire, entre les « cas prévus par l'article 3 du titre XI « de la loi du 24 août 1790 et ceux qui, « sans avoir le même caractère, avaient « été soumis à cette juridiction, et que « pour les premiers, le tribunal de police « ne pouvait pas cesser d'être compétent « sauf la réduction de la peine, et que « pour les autres, il n'y avait aucun in- « inconvénient de les attribuer aux tri- « bunaux correctionnels, lorsque la peine « excédait la compétence des tribunaux « de simple police » ; mais cette explication est-elle bien satisfaisante ? Ne pourrait on pas opposer, avec quelque fondement, que la loi du 24 août 1790, ne s'étant pas occuppée des délits ruraux, il est impossible d'y trouver les éléments de la distinction, purement arbitraire d'ailleurs, qu'on voudrait établir pour justifier la doctrine de la Cour de cassation

Quoiqu'il en soit, il ne nous appartient pas de trancher la question. Nous avons dû respecter la jurisprudence, si constante d'ailleurs, de la Cour suprême. Mettant donc de côté notre opinion personnelle, nous appliquerons cette jurisprudence à chacun des articles du Code rural qui en sont susceptibles.

En résumé, la loi du 24 août 1790 a déterminé les objets sur lesquels les corps municipaux sont autorisés à faire des réglements ou arrêtés, et elle a prononcé contre les infracteurs de ces réglements, une peine de police qui consiste dans une amende pécuniaire indéterminée, ou dans un emprisonnement de trois jours et au-dessous dans les campagnes, et de huit jours et au dessous dans les villes.

La loi du 6 octobre 1791, a spécifié les délits ruraux et forestiers intéressant les particuliers, et elle a prononcé contre ces délits, des peines de simple police, et des peines correctionnelles. Les peines de simple police, sont les mêmes que celles fixées par la loi du 24 août 1790, c'est-à-dire, une amende pécuniaire, mais déterminée, ou un emprisonnement de trois jours au plus dans les campagnes, et de huit jours, aussi au plus, dans les villes. Les peines correctionnelles, sont: l'emprisonnement de plus de trois jours dans les campagnes, et de plus de huit jours dans les villes. Ces dernières sont toujours de la compétence des tribunaux correctionnels.

Le Code de brumaire, a laissé subsister les dispositions de ces deux lois: seulement, il a déterminé la peine qui serait appliquée, soit aux contraventions de la loi du 24 août 1790, soit à celles de la loi du 6 octobre 1791, donnant lieu à des peines de simple police; cette peine est d'une à trois journées de travail, ou d'un à trois jours d'emprisonnement, pour les premières, et, d'après l'article 2 de la loi du 23 thermidor an IV, de trois journées de travail, ou de trois jours d'emprisonnement, pour les secondes, sauf le cas de circonstances aggravantes.

Enfin, le Code pénal de 1810, a prévu un certain nombre de contraventions qu'il a presque toutes puisées dans les lois d'août 1790 et octobre 1791 (dont les dispositions semblables se trouvent par conséquent abrogées); et il a prononcé contre ces contraventions, des peines depuis 1 fr. jusqu'à 15 fr. d'amende, et depuis un jusqu'à cinq jours d'emprisonnement.

Ainsi, et en dernière analyse, les peines que les tribunaux de simple police peuvent prononcer sont :

1°. Une à trois journées de travail, ou un à trois jours d'emprisonnement pour toutes les contraventions aux dispositions de la loi du 24 août 1790, non rappelées dans le Code pénal.

2°. Trois journées de travail, ou trois jours d'emprisonnement pour tous les délits ruraux et forestiers donnant lieu à des peines de simple police, suivant la loi du 6 octobre 1791, et non rappelés par le Code pénal.

3°. Les peines portées par la Code pénal de 1810, mais seulement pour les contraventions énumérées dans le livre IV, et suivant les classes et distinctions qu'il a établies.

4°. Et enfin, les peines de simple police prononcées par des lois particulières pour des contraventions autres que celles comprises dans les lois ci-dessus citées.

Telles sont les règles que les juges de simple police doivent suivre pour asseoir leur compétence et appliquer, avec discernement, à chaque contravention, la peine qui lui est propre. Nous les avons puisées dans la combinaison des différentes lois qui régissent la matière, et dans la jurisprudence de la Cour de cassation. Puisse notre ouvrage atteindre le but que nous nous sommes proposé, et ramener enfin les magistrats, chargés de l'application de ces règles, à cette unité de jurisprudence que l'on peut regarder comme le véritable complément de la loi.

TABLE CHRONOLOGIQUE

DES

LOIS, DÉCRETS, ORDONNANCES, etc.

Contenus en entier, ou par extrait, dans le Code de simple Police.

ERRATA.

Page 3, *note* 1.re, *au lieu de :* il n'est pas question dans cet article, non plus que dans les deux chapitres suivants des procureurs du Roi; *lisez* : Les procureurs du Roi ne sont nommés ni dans cet article, ni dans les deux chapitres suivants;

Page 13, *note* 2.e, *ligne* 14, a demander la remise *lisez* : à demander la remise

Page 31, *note* 1.re, *ligne* 7, même contradictoires *ajoutez* : rendus en premier ressort,

Page 48, *note* 2.e, *ligne* 1.re, *supprimez* ces mots: pour but

Page 52, *note* 2.e, *ligne* 16, *au lieu de* : dans le cas ou *lisez* : dans le cas où

Page 64, *ligne* 22 de la note; *au lieu de* : titre II *lisez* : titre XI

Page 69, *ligne* 4 de la note, *au lieu de* : pareille circonstance *lisez* : pareille occurrence

Page 110, *ligne* 1.re, *au lieu de* : l'amende (2); *lisez* : l'amende (1);

Pag. 113, *ligne* 31, *au lieu de* : et de leur appliquer *lisez* : et d'appliquer

---

CODE

DE

SIMPLE POLICE.

PREMIÈRE PARTIE.

De la manière de constater les contraventions de Police, de la compétence des Juges de Police, et de l'Instruction.

CODE D'INSTRUCTION CRIMINELLE. (17 *nov.* 1808)

Dispositions préliminaires.

ART. 1er. L'ACTION pour l'application des peines n'appartient qu'aux fonctionnaires auxquels elle est confiée par la loi.

L'action en réparation du dommage causé par un crime, par un délit ou par une contravention, peut être exercée par tous ceux qui ont souffert de ce dommage.

ART. 2. L'action publique pour l'application de la peine s'éteint par la mort du prévenu.

L'action civile, pour la réparation du dommage, peut être exercée contre le prévenu et contre ses représentants.

L'une et l'autre action s'éteignent par la prescription, ainsi qu'il est réglé au livre II, titre VII, chapitre V, *de la Prescription.*

Art. 3. L'action civile peut-être poursuivie en même temps et devant les mêmes juges que l'action publique (1).

Elle peut aussi l'être séparément ; dans ce cas, l'exercice en est suspendu, tant qu'il n'a pas été prononcé définitivement sur l'action publique intentée avant ou pendant la poursuite de l'action civile.

Art. 4. La renonciation à l'action civile ne peut arrêter ni suspendre l'exercice de l'action publique.

Art. 5. . . . .

LIVRE PREMIER.

De la Police judiciaire et des Officiers de Police qui l'exercent.

CHAPITRE PREMIER.

De la Police judiciaire.

Art. 8. La police judiciaire recherche les

(1) Remarquons que si, d'après cette disposition, celui qui se prétend lésé, a le droit de prendre à son gré, la voie civile ou la voie criminelle,

crimes les délits et les contraventions, en rassemble les preuves, et en livre les auteurs aux tribunaux chargés de les punir.

Art. 9. La police judiciaire sera exercée sous l'autorité des Cours royales, et suivant les distinctions qui vont être établies,

Par les gardes champêtres et les gardes forestiers,

Par les commissaires de police,

Par les maires et les adjoints de maire,

Par les procureurs du Roi et leurs substituts,

Par les juges de paix,

Par les officiers de gendarmerie,

Par les commissaires généraux de police,

Et par les juges d'instruction.

Art. 10. Les préfets des départements, et le préfet de police à Paris, pourront faire personnellement, ou requérir les officiers de police judiciaire, chacun en ce qui le concerne, de faire tous actes nécessaires, à l'effet de constater les crimes, délits et contraventions, et d'en livrer les auteurs aux Tribunaux chargés de les punir, conformément à l'article 8 ci-dessus (1).

---

il ne peut plus, lorsqu'il a opté, revenir de l'une à l'autre, ni varier après avoir fait son choix. En conséquence celui qui a commencé par exercer son action au civil ne peut plus intervenir sur l'action publique. (*Cassation*, 18 messidor an XII; *Bull. Crim.*, tom. IX, n°. 6, pag. 264.)

(1) Il n'est pas question dans cet article, non plus que dans les deux chapitres suivants des Procureurs du Roi; ils n'ont donc pas caractère pour rechercher et constater les contraventions de police. Cela résulte d'ailleurs plus expressément encore de l'art. 22 qui règle leurs attributions, et dans lequel il n'est parlé que des *délits* dont la connais-

CHAPITRE II.

Des Maires, des Adjoints de Maire, et des Commissaires de Police.

Art. 11. Les commissaires de police, et dans les communes où il n'y en a point, les maires, au défaut de ceux-ci les adjoints de maire, rechercheront les contraventions de police, même celles qui sont sous la surveillance spéciale des gardes forestiers et champêtres, à l'égard desquels ils auront concurrence et même prévention (1).

Ils recevront les rapports, dénonciations et plaintes qui seront relatifs aux contraventions de police.

Ils consigneront dans les procès-verbaux, qu'ils rédigeront à cet effet, la nature et les circonstances des contraventions, le temps et le lieu

---

sance appartient aux Tribunaux de police correctionnelle et aux Cours d'assises, c'est-à-dire, des *crimes* et des *délits* proprement dits. La loi n'a pas voulu surcharger inutilement ces magistrats et les distraire sans nécessité de la recherche et de la poursuite des actions dont la répression intéresse plus essentiellement le maintien de l'ordre public, que la punition de simples contraventions qui ne roulent jamais que sur de très-petits intérêts. (Carnot, *de l'instruction criminelle*, tom. Ier., pag. 103.)

(1) On entend par *concurrence* le droit attribué aux commissaires de police, maires ou adjoints, de constater aussi les contraventions rurales et forestières. C'est ainsi que le juge de paix connaît, concurremment avec les maires, de certaines contraventions (art. 140). La *prévention* signifie que lorsque les fonctionnaires dont il s'agit, ayant été saisis les premiers, constatent une contravention de cette nature, les gardes champêtres et forestiers n'ont plus le droit d'agir; de même que les fonctions des officiers de police auxiliaires cessent quand le procureur du Roi paraît (art. 5).

où elles auront été commises, les preuves ou indices à la charge de ceux qui en seront présumés coupables.

Art. 12. Dans les communes divisées en plusieurs arrondissemens, les commissaires de police exerceront ces fonctions dans toute l'étendue de la commune où ils sont établis, sans pouvoir alléguer que les contraventions ont été commises hors de l'arrondissement particulier auquel ils sont préposés.

Ces arrondissemens ne limitent ni ne circonscrivent leurs pouvoirs respectifs, mais indiquent seulement les termes dans lesquels chacun d'eux est plus spécialement astreint à un exercice constant et régulier de ses fonctions.

Art. 13. Lorsque l'un des commissaires de police d'une même commune se trouvera légitimement empêché, celui de l'arrondissement voisin est tenu de le suppléer, sans qu'il puisse retarder le service pour lequel il sera requis, sous prétexte qu'il n'est pas le plus voisin du commissaire empêché, ou que l'empêchement n'est pas légitime ou n'est pas prouvé.

Art. 14. Dans les communes où il n'y a qu'un commissaire de police, s'il se trouve légitimement empêché, le maire, ou, au défaut de celui-ci, l'adjoint de maire le remplacera, tant que durera l'empêchement.

Art. 15. Les maires ou adjoints de maire, remettront à l'officier par qui sera rempli le ministère public près le tribunal de police, toutes les pièces et renseignemens, dans les trois jours au plus tard, y compris celui où ils ont reconnu le fait sur lequel ils ont procédé.

CHAPITRE III.

Des Gardes Champêtres et Forestiers.

ART. 16. Les gardes champêtres et les gardes forestiers, considérés comme officiers de police judiciaire, sont chargés de rechercher, chacun dans le territoire pour lequel ils auront été assermentés, les délits et les contraventions de police qui auront porté atteinte aux propriétés rurales et forestières (1).

Ils dresseront des procès-verbaux, à l'effet de constater la nature, les circonstances, le temps, le lieu des délits et des contraventions, ainsi que les preuves, et les indices qu'ils auront pu en recueillir (2).

Ils suivront les choses enlevées, dans les lieux où elles auront été transportées, et les mettront

---

(1) Deux choses sont à remarquer sur cet article : 1°. les attributions des gardes champêtres et forestiers sont limitées aux délits et contraventions commis dans le territoire pour lequel ils sont assermentés ; 2°. ils ne sont chargés de rechercher et constater que les délits et contraventions qui portent atteintes *aux propriétés rurales* et *forestières*. Ils n'ont donc pas qualité pour constater les délits et les contraventions qui n'intéressent pas ces sortes de propriétés ; et leur témoignage, sur les objets étrangers à leurs attributions, ne peut valoir que comme celui de tout autre individu, *voyez* la note sur l'article 4 de la loi du 18 novembre 1814, sur les Dimanches et Fêtes.

(2) *Voyez* pièces justificatives n°. 4, les articles 6 et 7 de la loi rurale des 28 septembre — 6 octobre 1791, et l'art. 11 de la loi du 28 floréal an X. *Voyez* aussi la note sur l'art. 154 du présent Code.

en séquestre : ils ne pourront néanmoins s'introduire dans les maisons, ateliers, bâtimens, cours adjacentes et enclos, si ce n'est en présence, soit du juge de paix, soit de son suppléant, soit du commissaire de police, soit du maire du lieu, soit de son adjoint; et le procès-verbal qui devra en être dressé, sera signé par celui en présence duquel il aura été fait (1).

Ils arrêteront, et conduiront devant le juge de paix ou devant le maire, tout individu qu'ils auront surpris en flagrant délit, ou qui sera dénoncé par la clameur publique, lorsque ce délit emportera la peine d'emprisonnement, ou une peine plus grave (2).

Ils se feront donner, pour cet effet, main forte par le maire ou par l'adjoint de maire du lieu, qui ne pourra s'y refuser.

Art. 17. Les gardes champêtres et forestiers sont, comme officiers de police judiciaire, sous la surveillance du procureur du Roi, sans préjudice de leur subordination à l'égard de leurs supérieurs dans l'administration (3).

---

(1) Un arrêté du Directoire du 4 nivôse an V, contient des mesures répressives contre les officiers publics qui refuseraient d'obtempérer aux réquisitions des gardes forestiers.

(2) Pourvu qu'il s'agisse d'un *délit* rural ou forestier, emportant peine d'emprisonnement, et le mot délit est pris ici dans son sens littéral; ils n'auraient pas le même droit s'il ne s'agissait que d'une simple contravention.

(3) Les gardes champêtres, étant placés aujourd'hui sous la surveillance du procureur du Roi, lui seul a droit de les poursuivre, à raison des délits ou contraventions qu'ils peuvent commettre dans l'exercice de leurs fonctions. En conséquence l'inexactitude, ou l'irrégularité

. . . .

. . . .

Art. 20. Les procès-verbaux des gardes champêtres des communes, et ceux des gardes champêtres et forestiers des particuliers, seront, lorsqu'il s'agira de simples contraventions, remis par eux, dans le délai fixé par l'art. 15, au commissaire de police de la commune chef-lieu de la justice de paix, ou au maire, dans les communes où il n'y a point de commissaire de police, et, lorsqu'il s'agira d'un délit de nature à mériter une peine correctionnelle, la remise sera faite au procureur du Roi.

Art. 21. Si le procès-verbal a pour objet une contravention de police, il sera procédé par le commissaire de police de la commune chef-lieu de la justice de paix, par le maire, ou, à son défaut, par l'adjoint de maire, dans les communes où il n'y a point de commissaire de police, ainsi qu'il sera réglé au chapitre Ier., titre Ier. du livre II, du présent Code.

---

d'un procès-verbal dressé par un garde champêtre, n'est pas une contravention dont un Tribunal de simple police puisse connaître pour prononcer contre le garde, soit une peine, soit des dépens. (*Cassation*, 26 juin 1812. *Bull. Crim.*, tom. XVII, no. 7, pag. 303. 17 et 24 septembre 1819. *Bull. Crim.*, tom. XXIV, no. 9, pag. 316 et 318.

LIVRE DEUXIÈME.

De la Justice.

TITRE Ier.

Des Tribunaux de Police.

CHAPITRE PREMIER.

Des Tribunaux de simple Police.

Art. 137. Sont considérés comme contraventions de police simple (1), les faits qui, d'après les dispositions du quatrième livre du Code pénal, peuvent donner lieu, soit à quinze francs d'amende ou au-dessous, soit à cinq jours d'emprisonnement ou au-dessous, qu'il y ait ou non confiscation des choses saisies et quelle qu'en soit la valeur.

Art. 138. La connaissance des contraventions de police est attribuée au juge de paix et au maire, suivant les règles et les distinctions qui seront ci-après établies.

§. Ier.

Du Tribunal du Juge de Paix, comme Juge de Police.

Art. 139. Les juges de paix connaitront exclusivement,

---

(1) L'infraction que les lois punissent des peines de police est une contravention, Code pénal, art. 1er.

1°. Des contraventions commises dans l'étendue de la commune chef-lieu de canton ;

2°. Des contraventions dans les autres communes de leur arrondissement, lorsque, hors le cas où les coupables auront été pris en flagrant délit, les contraventions auront été commises par des personnes non domiciliées ou non présentes dans la commune, ou lorsque les témoins qui doivent déposer, n'y sont pas résidant ou présents (1) ;

3°. Des contraventions à raison desquelles la partie qui réclame, conclut pour ses dommages-intérêts, à une somme indéterminée, ou à une somme excédant quinze francs ;

4°. Des contraventions forestières poursuivies à la requête des particuliers (2) ;

5°. Des injures verbales (3) ;

6°. Des affiches, annonces, ventes, distributions ou débits d'ouvrages, écrits ou gravures contraires aux mœurs (4) ;

7°. De l'action contre les gens qui font le métier de deviner et pronostiquer, ou d'expliquer les songes.

---

(1) *Voyez* la note sur l'art. 140 ci-après.

(2) Pourvu qu'elles ne donnent lieu qu'à une amende de quinze francs, ou au-dessous, ou à un emprisonnement de cinq jours au plus, autrement ce ne sont plus des contraventions, mais des délits qui deviennent justiciables des Tribunaux correctionnels. (*Cassation*, 6 août 1807. *Bull. Crim.*, tom. XII, n°. 9, pag. 330.) *Voyez* la note sur l'art. 38 du Code rural.

(3) *Voyez* la note sur l'article 471 du Code pénal.

(4) *Voyez* le n°. 13 de l'art. 475 du Code pénal.

ART. 140. Les juges de paix connaîtront aussi, mais concurremment avec les maires, de toutes autres contraventions commises dans leur arrondissement (1).

ART. 141. Dans les communes dans lesquelles il n'y a qu'un juge de paix, il connaîtra seul des affaires attribuées à son Tribunal (2); les greffiers (3) et les huissiers de la justice de paix, feront le service pour les affaires de police.

ART. 142. Dans les communes divisées en deux justices de paix ou plus, le service au tribunal de

---

(1) Il résulte de cette disposition que le juge de paix est également compétent pour connaître des contraventions réservées au maire, par l'art. 166, et que lorsqu'il s'agit d'une contravention de cette nature *il est toujours libre aux parties intéressées* (c'est-à-dire, au ministère public, ou au plaignant) *de saisir le juge de paix quand elles le jugent convenable* (Discours de M. Treilhard au Corps Législatif), et que le prévenu, ainsi traduit devant le juge de paix, ne pourrait pas demander son renvoi devant le maire, sur le fondement de l'article précité, *et vice versâ.*

(2) *Il connaîtra seul:* Ces expressions signifient, non que le juge de paix ne puisse jamais être remplacé par ses suppléans dans les matières de police; mais seulement, qu'à la différence de ce qui se pratiquait sous l'empire de la loi du 19 — 22 juillet 1791, à l'égard des assesseurs auxquels ont succédé les suppléans, il n'a pas besoin de l'assistance de ces derniers pour procéder à un jugement. Ces termes ne font donc pas obstacle à ce qu'en cas d'absence, ou d'empêchement, il ne soit remplacé par l'un d'eux conformément à l'art. 3 de la loi générale et organique du 29 ventôse an IX (*Cassation*, 7 juillet 1809. *Bull. Crim.*, tom. XIV, n°. 6, pag. 250).

(3) Un tribunal n'est compétent et ne peut conséquemment exercer les pouvoirs qui lui sont délégués par la loi que lorsqu'il est légalement constitué; or, d'après les articles 141, 142 et 143 ci-dessus et 168, ci-après, le greffier fait partie intégrante du tribunal de police et y exerce des fonctions déterminées par les art. 153 et 155. Le Tribunal de police ne peut donc, sans violer les règles de sa compétence, procéder à un jugement sans l'assistance du greffier (*Cassation*, 25 février 1819. *Bull. Crim.*, tom. XXIV, n°. 2, pag. 96).

police sera fait successivement par chaque juge de paix, en commençant par le plus ancien ; il y aura, dans ce cas, un greffier particulier pour le Tribunal de police.

ART. 143. Il pourra aussi, dans le cas de l'article précédent, y avoir deux sections pour la police ; chaque section sera tenue par un juge de paix, et le greffier aura un commis assermenté pour le suppléer.

ART. 144. Les fonctions du ministère public, pour les faits de police, seront remplies par le commissaire du lieu où siégera le Tribunal ; en cas d'empêchement du commissaire de police, ou s'il n'y en a point, elles seront remplies par le maire, qui pourra se faire remplacer par son adjoint (1).

S'il y a plusieurs commissaires de police, le procureur-général près la Cour royale, nommera celui ou ceux d'entre eux qui feront le service.

ART. 145. Les citations pour contraventions de police seront faites à la requête du ministère public (2), ou de la partie qui réclame.

---

(1) L'officier, remplissant les fonctions du ministère public, fait également partie intégrante du tribunal de police et il ne peut, en son absence, ni être procédé à l'instruction, ni être rendu jugement, ni être donné défaut contre lui (*Cassation*, 8 juillet et 24 décembre 1813. *Bull. Crim.*, tom. 18, n°. 12, pag. 373; et n°. 20, pag. 637. 3 mars 1814. *Bull. Crim.*, tom. XIX, n°. 3, pag. 37).

(2) C'est-à-dire, par le commissaire de police, ou s'il n'y en a pas, par le maire de la commune chef-lieu de canton, si l'affaire est portée devant le juge de paix, ou par l'adjoint, ou, à son défaut, par le membre du Conseil municipal, délégué à cet effet, si l'affaire est portée devant le Tribunal du maire ; elles ne peuvent jamais être données, soit à la requête

Elles seront notifiées par un huissier (1); il en sera laissé copie au prévenu, ou à la personne civilement responsable (2).

---

du maire du lieu où la contravention a été commise, parceque ce droit n'appartient qu'à celui qui remplit les fonctions de ministère public, (*Cassation*, 11 juin 1813. . . . .), soit à celle des gardes champêtres, parcequ'ils ne sont chargés que de rechercher et constater certains délits ou certaines contraventions, et qu'ils n'ont pas reçu de la loi le pouvoir d'en poursuivre la répression (*Cassation*, 23 juillet 1807. *Bull. Crim.*, tom. XII, n°. 7, pag. 302.)

(1) Cet huissier, d'après l'art. 141, doit être celui du juge de paix, ou, en cas d'empêchement, un huissier commis par lui; mais cette règle n'est pas prescrite à peine de nullité, et comme une nullité ne peut résulter que d'une disposition formelle de la loi, il n'y aura pas lieu d'annuler une citation par le motif unique qu'au lieu d'être notifiée par l'huissier du Tribunal de paix, elle l'aurait été par l'huissier du Tribunal supérieur (*Cassation*, 23 février 1815. *Bull. Crim.*, tom. XX, n°. 2, pag. 19. *Ibid.*, 23 mai 1817. *Bull. Crim.*, tom. XXII, n°. 5, pag. 106).

(2) L'art. 183, au titre des Tribunaux correctionnels, exige que la partie qui cite directement le prévenu fasse, par l'acte de citation, élection de domicile dans la ville où siège le Tribunal, et cette première disposition, toute particulière à cette juridiction, ne peut être étendue aux citations en simple police. Il n'en est pas de même de la seconde, portant que les *faits seront énoncés dans la citation*; elle est de droit; il faut bien que la personne citée ait connaissance de ce dont on l'accuse. La même règle sera donc observée pour les citations en simple police, comme pour celles en matière correctionnelle; cela résulte, d'ailleurs, de l'art. 1er. du Code de procédure civile, qui peut servir de guide à défaut de disposition expresse. Cependant, comme l'obligation de libeller la citation, n'est pas prescrite à peine de nullité, il n'y aura jamais lieu d'annuler les citations, dans lesquelles les faits ne seraient pas suffisamment énoncés, sauf au défendeur, a demander la remise de la cause, pour faire approcher ses témoins (*Cassation*, 29 août 1806. *Bull. Crim.*, tom. IX, n°. 5, pag. 250).

On a voulu induire de ces expressions, « il en sera laissé copie au » prévenu *ou* à la personne civilement responsable (la personne civi- » lement responsable est celle qui, sans être l'auteur de la contraven- » tion, est tenue, néanmoins, en vertu de la loi, de réparer le dom- » mage occasioné par cette contravention. Code civil, art. 1384, 1385 » et 1386, Code rural, art. 7.) »; que lorsque cette dernière est citée

Art. 146. La citation ne pourra être donnée à un délai moindre que vingt-quatre heures, outre

---

en même temps que le prévenu, il suffit d'une seule copie qui est remise, indifféremment, à l'une ou à l'autre. Mais telle n'est pas évidemment l'intention du législateur. Quel est le but de la citation? C'est de faire connaitre aux défendeurs le jour où ils devront comparaître devant le Tribunal, et ce sur quoi ils auront à répondre, afin qu'ils puissent préparer leur défense. Or, comment le prévenu, par exemple, pourra-t-il savoir qu'il est traduit en justice, si la copie de la citation est remise à la personne civilement responsable, et si celle-ci ne l'en avertit pas. De même, comment la personne civilement responsable pourra-t-elle se présenter, si la copie est donnée au prévenu, et si ce dernier néglige, ou refuse de lui en donner connaissance; l'un ou l'autre sera donc condamné sans avoir été entendu. Sans doute, lorsque la personne civilement responsable se trouve être le mari, ou le père de l'inculpé, il est difficile que celui-ci n'ait pas connaissance de la citation. Mais d'abord, il y aurait lieu tout au plus d'admettre une exception pour ce cas. Ensuite, la défense en matière criminelle étant personnelle et d'ordre public, ce ne serait pas même un motif suffisant de s'écarter du principe d'après lequel il faut faire connaitre, directement à l'inculpé, la nature de l'imputation dirigée contre lui. Il y a donc lieu, dans tous les cas, de délivrer une copie séparée à chaque personne, et ce qui vient à l'appui de cette opinion, c'est la disposition de l'article 182, au titre des Tribunaux correctionnels, qui porte que « le Tribunal sera saisi en cette matière « soit par....., soit par la citation donnée directement au prévenu *et* » à la personne civilement responsable » ensorte que le législateur a reconnu lui-même la nécessité d'une double copie. Tel est aussi l'avis de M. Legraverend, tom. II, pag. 271.

Le même auteur pense que la personne, civilement responsable, peut être citée seule et sans l'adjonction du prévenu devant le Tribunal de police. Il semble néanmoins, que les principes d'après lesquels les Tribunaux criminels, ne peuvent connaître des demandes en dommages intérêts, formées contre l'auteur d'un délit qu'accessoirement à celle en répression de ce délit, devraient s'appliquer à *fortiori* au responsable civil qui n'étant personnellement coupable d'aucun fait, ne doit être justiciable en général, que des Tribunaux civils. Mais il faut distinguer entre les dommages résultant d'un fait déclaré punissable par la loi, et ceux résultant d'un fait qui n'a pas ce caractère. Les Tribunaux criminels sont compétens pour statuer sur les premiers lorsqu'ils appliquent en même temps la peine attachée à ce fait; parce qu'il est tout naturel que les mêmes juges, que la loi charge de prononcer sur

un jour par trois myriamètres, à peine de nullité tant de la citation que du jugement qui serait rendu par défaut; néanmoins cette nullité ne pourra être proposée qu'à la première audience, avant toute exception et défense (1).

---

le délit, statuent en même temps, sur les conséquences qu'il doit avoir; au contraire, ils ne peuvent connaître des seconds, parce qu'il ne s'agit plus que d'intérêts purement civils, qui ne peuvent être débattus que devant les tribunaux civils (*Voyez* la note sur l'article 159). Or, la responsabilité dont il est question dans l'art. 156 étant supposée prendre sa source dans un fait déclaré punissable par la loi et qualifié par elle-même de *quasi délit*, au regard du tiers responsable, il est conforme aux principes et surtout à l'art. 5 du Code d'instruction, de décider que l'action en réparation du dommage causé par ce fait, peut être portée devant le tribunal de police, quand il constitue une contravention. On objectera, sans doute, que la loi, en permettant de demander, par action criminelle, la réparation du dommage, occasioné par un crime, un délit, ou une contravention, a eu pour but, de mettre le ministère public, toujours présent, à même de requérir de suite contre le coupable, dans l'intérêt de la vindicte publique, l'application de la peine prononcée par la loi, et que ce but ne serait pas rempli dans l'hypothèse, puisque la personne civilement responsable, étant citée seule, le ministère public se verrait dans l'impossibilité de provoquer aucune condamnation contre l'auteur du fait qui ne sera pas là pour se défendre. On répondra que cette marche aura toujours son utilité, en ce qu'elle sera un avertissement pour le ministère public qui pourra appeler le prévenu en cause, ou agir ensuite isolément contre lui, s'il le juge plus convenable. Nous ferons observer, en terminant, que le responsable civil, cité seul, aurait également le droit incontestable d'appeler en cause l'auteur de la contravention, afin de faire juger avec lui, ou que le fait reproché ne constitue pas une contravention, ou qu'il ne donne pas lieu aux dommages réclamés. Legraverend, tom. II, pag. 272.

(1) La nullité dont il s'agit en cet article, n'est pas d'ordre public, elle ne peut donc être prononcée d'office, mais seulement sur la demande du défendeur et encore pourvu qu'il l'a propose avant toute exception et défense (Carnot, tom. Ier., pag. 417, no. 4.). Il existe cependant un arrêt de la Cour de cassation du 15 novembre 1811, qui décide le contraire; mais comme il a été rendu en matière de douanes,

Dans les cas urgents, les délais pourront être abrégés et les parties citées à comparaître même dans le jour, et à heure indiquée, en vertu d'une cédule délivrée par le juge de paix.

ART. 147. Les parties pourront comparaître volontairement et sur un simple avertissement, sans qu'il soit besoin de citation.

ART. 148. Avant le jour de l'audience, le juge de paix pourra, sur la réquisition du ministère public ou de la partie civile, estimer ou faire estimer les dommages, dresser ou faire dresser des procès-verbaux, faire ou ordonner tous actes requérant célérité.

ART. 149. Si la personne citée ne comparait pas au jour et à l'heure fixés par la citation, elle sera jugée par défaut (1).

ART. 150. La personne condamnée par défaut ne sera plus recevable à s'opposer à l'exécution du jugement, si elle ne se présente à l'audience indiquée par l'article suivant; sauf ce qui sera ci-après règlé sur l'appel et le recours en cassation.

ART. 151. L'opposition au jugement par dé-

---

c'est-à-dire, dans une matière toute particulière, il n'est pas applicable à l'espèce.

(1) Bien entendu qu'on observera les formes prescrites par l'art. 154 ci-après. C'est au demandeur à prouver la contravention dont il se plaint, et il ne peut le faire que de la manière prescrite par cet article. On voit au surplus par ces expressions : *si la personne citée ne comparait pas,* que ce n'est que lorsqu'il y a citation qu'on peut donner défaut; il n'en serait pas de même s'il n'y avait eu qu'un simple avertissement.

faut pourra être faite par déclaration en réponse au bas de l'acte de signification, ou par acte notifié dans les trois jours de la signification, outre un jour par trois myriamètres.

L'opposition emportera de droit citation à la première audience après l'expiration des délais, et sera réputée non avenue si l'opposant ne comparait pas.

Art. 152. La personne citée comparaitra par elle-même, ou par un fondé de procuration spéciale (1).

---

(1) L'art. 161 du Code de brumaire an IV, contenait une disposition semblable et il ajoutait : *sans pouvoir être assisté d'un défenseur officieux, ou conseil*. Mais cette défense n'étant pas rappelée par le Code d'instruction criminelle, il faut en conclure quelle est levée, et que non-seulement la partie citée, mais encore son mandataire, qui ne fait qu'un avec elle, peuvent se faire assister d'un défenseur, s'ils croyent en avoir besoin. A l'égard de ce mandataire, il faut faire observer que, dans aucuns cas et lors même qu'il aurait fait une concession préjudiciable à l'inculpé qu'il représente, il ne peut être désavoué par celui-ci; remarquons en effet : « 1°. que la procédure et l'instruction criminelle sont » réglées par un Code particulier, comme la procédure civile l'est » elle-même par un autre Code, et que l'on ne peut, sans risquer de » tomber d'erreur en erreur, vouloir argumenter du mode de procéder » dans une matière, à celui dont on procède dans une autre, et in- » troduire devant les tribunaux de répression, des règles établies pour » les tribunaux civils, ou invoquer devant ces derniers tribunaux, les » formalités, les principes même exclusivement réservés pour la pro- » cédure répressive; 2°. que le Code, en autorisant le prévenu ou l'in- » culpé en matière de police, à se faire représenter par un fondé de » procuration spéciale devant le tribunal de police, a accordé, dans ce » cas, et pour les contraventions seulement et à cause du peu de gra- » vité des faits, une faculté qui est interdite en matière correctionnelle » et criminelle; que cette faculté ne doit pas devenir la source de » contestations et de procédures interminables sur un point absolument » étranger aux contraventions, pour la répression desquelles les tri- » bunaux de police ont reçu de la loi une mission spéciale, dont les » bornes sont circonscrites; que cette faculté n'a pu être introduite

Art. 153. L'instruction de chaque affaire sera publique, à peine de nullité.

Elle se fera dans l'ordre suivant :

Les procès-verbaux, s'il y en a, seront lus par le greffier ;

Les témoins, s'il en a été appelé par le ministère public ou la partie civile, seront entendus s'il y a lieu (1) ; la partie civile prendra ses conclusions.

La personne citée proposera sa défense, et fera entendre ses témoins, si elle en a amené ou fait citer, et si, aux termes de l'article suivant, elle est recevable à les produire.

Le ministère public résumera l'affaire et don-

» pour retarder presqu'indéfiniment, et souvent empêcher tout à fait » la répression de faits légers à la vérité, mais qui doivent, par cette » raison même être réprimés sur-le-champ ; que cette lenteur dans la » punition des contrevenans, cette impunité même, serait pourtant le » résultat nécessaire de l'admission de l'action en désaveu, et de l'at- » tribution qu'on veut en faire aux tribunaux de police ; 3°. enfin que » le Code en prescrivant aux tribunaux de police, de condamner les » individus qui sont convaincus de contravention de police, soit con- » tradictoirement s'ils comparaissent par eux, ou par un fondé de pro- » curation spéciale, soit par défaut s'ils n'ont pas comparu, a déter- » miné la manière dont les jugemens de condamnation seraient » attaqués, et a ouvert, suivant les circonstances, la voie de l'oppo- » sition, celle de l'appel, celle de la cassation ; qu'au de là de ces » moyens il n'en existe et ne peut en exister aucun, parce que le Code » n'en a pas introduit d'autres, que cependant la marche proposée en » admettrait, en créerait un autre, plus fort même, en quelque sorte » que tous ceux que la loi a autorisés, puisque le seul usage qu'on en » ferait, anéantirait, *ipso facto*, le jugement rendu et remettrait en » question ce qui aurait déjà été jugé contradictoirement avec l'in- » culpé ». (Legraverand, tom. II, pag. 276).

(1) C'est-à-dire, s'ils ne sont pas reprochés, ou, si après l'avoir été les reproches n'ont pas été admis.

nera ses conclusions : la partie citée pourra proposer ses observations.

Le tribunal de police prononcera le jugement dans l'audience où l'instruction aura été terminée, et, au plus tard, dans l'audience suivante.

Art. 154. Les contraventions seront prouvées, soit par procès-verbaux ou rapports, soit par témoins, à défaut de rapports et procès-verbaux, ou à leur appui (1).

---

(1) Cette disposition signifie qu'on peut prouver les contraventions de trois manières ; par procès-verbaux et rapports, par témoins à défaut de procès-verbaux et rapports (soit qu'il n'en ait pas été dressé, soit que ceux qui l'auraient été fussent nuls, à raison de l'omission de quelques formalités prescrites à peine de nullité), et encore par témoins à l'appui des procès-verbaux et rapports, même par l'audition des officiers de police judiciaire qui les ont rédigés, soit pour donner des explications sur ces mêmes procès-verbaux, soit pour déposer de faits qui n'y seraient pas énoncés. (Décret du 7 avril 1813, sur les frais en matière criminelle, art. 3. *Cassation*, 12 juillet 1810. *Bull. Crim.*, tom. XV, n°. 4, pag. 181. *Idem*, 22 avril 1820, Journal du Palais, tom. III, même année, pag. 328).

Les procès-verbaux destinés à prouver les contraventions de police, doivent être présentés à l'enregistrement dans les quatre jours de leur date (Loi du 22 frimaire an VII, art. 20.) ; et il est défendu aux juges, de rendre aucun jugement sur des actes non enregistrés (Même loi, article 47.) ; mais d'abord, ces dispositions ne concernent que les procès-verbaux qui font foi en justice, jusqu'à inscription de faux, et ne sont point applicables à ceux qui tendent uniquement à constater un délit de nature à être porté devant un tribunal de simple police (*Cassation*, 10 mai 1810. *Bull. Crim.*, tom. XV, n°. 3, pag. 151. 18 janvier 1820. *Bull. Crim.*, tom. XXV, n°. 2, pag. 79). Ensuite et à l'égard même de ces derniers procès-verbaux, il faut considérer que la défense de prononcer un jugement sur un acte non enregistré, est restreinte aux jugemens *rendus en faveur des particuliers*, et que la peine attachée à l'inobservation de cette règle, consiste seulement dans l'obligation imposée aux juges de répondre des droits : de tout cela il résulte 1°. qu'un procès-verbal n'est pas nul, pour n'avoir pas été pré-

Nul ne sera admis, à peine de nullité, à faire preuve par témoins outre ou contre le contenu aux procès-verbaux ou rapports des officiers de police ayant reçu de la loi le pouvoir de constater les délits, ou les contraventions jusqu'à inscription de faux (1). Quant aux procès-verbaux et rapports faits par des agens, préposés ou officiers auxquels la loi n'a pas accordé le droit d'être crus jusqu'à inscription de faux, ils pourront être débattus par des preuves contraires,

---

senté à l'enregistrement avant qu'il en soit fait usage à l'audience; 2°. que ce défaut d'enregistrement ne lui ôte pas la force de preuve que lui accorde l'art. 154 (Sauf aux juges, s'ils veulent se soustraire à la responsabilité qui pèse sur eux, à surseoir soit d'office, soit sur la demande du ministère public, au jugement de la contestation, jusqu'après l'accomplissement de cette formalité); 3°. et enfin qu'un jugement rendu sur un procès-verbal non enregistré, n'est pas nul, et ne peut pas être annulé par ce seul motif (*Cassation*, 1er. mai 1818 *Bull. Crim.*, tom. XXIII, n°. 5, pag. 173. *Id.*, 5 mars 1819. *Bull. Crim.*, tom. XXIV, n°. 3, pag. 101).

(1) Les procès-verbaux qui font foi, jusqu'à inscription de faux, sont 1°. ceux des gardes forestiers de l'État, pourvu que l'indemnité et l'amende n'excèdent pas 100 fr. (Loi du 29 septembre 1791, titre IX, art. 13). Autrement le procès-verbal a besoin d'être soutenu d'un second témoignage, par exemple, celui d'un autre garde s'il est rédigé par un seul (*Cassation*, 8 frimaire an XIV. *Bull. Crim.*, tom. X, n°. 10, pag. 459); 2°. ceux des préposés des douanes (Loi du 9 floréal an VII, titre IV, art. 11); 3°. ceux des préposés aux octrois (Loi du 27 frimaire an VIII, art. 8); 4°. ceux des employés des droits réunis (Décret du 1er. germinal an XIII, art. 26); 5°. ceux des gardes des canaux navigables (Décret du 22 février 1813, art. 58). A l'égard des procès-verbaux des autres officiers de police judiciaire, et notamment ceux des gardes champêtres, ils ne font foi que jusqu'à preuve contraire, et encore pourvu qu'ils ne donnent lieu qu'à des réclamations pécuniaires (ce qui doit s'entendre de l'amende et des indemnités réclamées par la partie lésée). Code rural, titre Ier., sect. VII, art. 6. *Cassation*, 9 février 1815. *Bull. Crim.*, tom. 20, n°. 2, pag. 18.

soit écrites, soit testimoniales, si le tribunal juge à propos de les admettre (1).

Art. 155. Les témoins feront à l'audience, sous peine de nullité, le serment de dire toute la vérité, rien que la vérité; et le greffier en tiendra note, ainsi que de leurs noms, prénoms, âge, profession et demeure, et de leurs principales déclarations.

Art. 156. Les ascendants ou descendants de la personne prévenue, ses frères et sœurs ou alliés en pareil degré, la femme ou son mari, même après le divorce prononcé, ne seront ni appelés ni reçus en témoignage; sans néanmoins que l'audition des personnes ci-dessus désignées, puisse opérer une nullité, lorsque, soit le ministère public, soit la partie civile, soit le prévenu, ne se sont pas opposés à ce qu'elles soient entendues (2).

Art. 157. Les témoins qui ne satisferont pas à la citation, pourront y être contraints par le tribunal, qui, à cet effet et sur la réquisition du ministère public, prononcera dans la même au-

(1) C'est-à-dire, que si le juge reconnait que les faits articulés à l'appui de la preuve contraire, ne sont pas de nature, en les supposant prouvés, à détruire le procès-verbal, il peut n'y avoir aucun égard et rejéter la preuve offerte.

(2) Le chapitre V, livre II, titre IV du présent Code, contient des dispositions particulières sur la manière dont sont reçues en matières criminelle, correctionnelle et de police, les dépositions des princes et de certains fonctionnaires de l'état; mais comme il est extrêmement rare, pour ne pas dire impossible, qu'un prince soit appelé en justice pour déposer sur une contravention de police, nous n'en parlons que pour mémoire.

dience, sur le premier défaut, l'amende (1); et en cas d'un second défaut, la contrainte par corps (2).

ART. 158. Le témoin ainsi condamné à l'amende sur le premier défaut, et qui, sur la seconde citation, produira devant le tribunal des excuses légitimes, pourra, sur les conclusions du ministère public, être déchargé de l'amende (3).

---

(1) Cette amende est fixée par l'art. 80, ainsi conçu : « Toute personne citée pour être entendue en témoignage, sera tenue de comparaître et de satisfaire à la citation, sinon elle pourra y être contrainte par le juge d'instruction, qui, à cet effet, sur les conclusions du procureur du Roi, sans autre formalité ni délai, et sans appel, prononcera une amende qui n'excédera pas 100 fr., et pourra ordonner que la personne citée, sera contrainte par corps à venir donner son témoignage ». Elle doit être prononcée par le tribunal de police, encore quelle puisse être portée à 100 fr. Il faut remarquer en effet, que le défaut de comparution d'un témoin ne constitue pas plus une contravention, qu'un délit, ou un crime. C'est une *désobéissance* que la loi a voulu faire punir sur-le-champ, par les moyens quelle indique, c'est-à-dire, d'abord par une condamnation pécuniaire, et si elle ne suffit pas, par la contrainte par corps. Or, il est tout simple que cette punition soit infligée par le tribunal même envers qui la désobéissance a été commise, comme plus à portée de l'apprécier. D'ailleurs, le juge d'instruction n'a, en général, aucune qualité pour prononcer des condamnations, et cependant, dans l'espèce, il est autorisé à condamner à l'amende le témoin défaillant, à plus forte raison doit il en être de même, du juge de simple police (Legraverand, tom. II, pag. 288).

(2) En vertu du jugement qui ordonne que le témoin sera contraint par corps, à venir donner son témoignage, il sera amené à l'audience du tribunal de police, au jour fixé pour l'audience, de la même manière qu'on amène un inculpé devant le juge d'instruction, en vertu du mandat qu'il décerne à cet effet, c'est-à-dire, par la force publique. Le jugement sera exécuté à la diligence du ministère public.

(3) L'art. 236 du Code pénal veut, que les témoins qui auront allégué une excuse reconnue fausse, soient condamnés, outre l'amende prononcée pour la non comparution, à un emprisonnement de six jours à deux mois. Si donc, dans le cas de l'art. 158 ci-dessus, les excuses loin d'être jugées *légitimes* sont reconnues *fausses*, la condamnation

Si le témoin n'est pas cité de nouveau, il pourra volontairement comparaître par lui, ou par un fondé de procuration spéciale, à l'audience suivante, pour présenter ses excuses, et obtenir, s'il y a lieu, décharge de l'amende.

ART. 159. Si le fait ne présente ni délit ni contravention de police, le tribunal annullera la citation et tout ce qui aura suivi, et statuera par le même jugement sur les demandes en dommages-intérêts (1).

à l'amende devra être maintenue, et le témoin renvoyé devant le tribunal correctionnel, pour l'application de la peine corporelle, car le tribunal de police n'est autorisé à prononcer que l'amende, et dans ce cas l'emprisonnement, doit toujours être cumulé avec l'amende (*Cassation*, 29 novembre 1811. *Bull. Crim.*, tom. XVI, n°. 7, pag. 329).

(1) Ceci a besoin d'une explication : puisqu'on suppose qu'il n'y a ni délit, ni contravention, le plaignant n'a rien a demander, et n'a droit à aucun dommages-intérêts, ou du moins, s'il lui en est dû à raison du fait qui avait motivé sa plainte, il ne peut plus les obtenir que par action civile ; en effet, ce n'est toujours que par exception au droit commun, que les tribunaux criminels sont reçus à prononcer sur les demandes en dommages-intérêts, formées à raison d'un délit, et parce que ces dommages et intérêts, étant la peine civile comme l'emprisonnement, ou l'amende est la peine publique, la raison et l'économie veulent qu'en appliquant l'une, ils appliquent en même temps l'autre ; mais lorsque, reconnaissant qu'il n'y a ni délit, ni contravention, leur juridiction se trouve ainsi épuisée, ils ne peuvent plus statuer sur une demande qui devient purement civile, puisqu'il s'agit de savoir si tel fait non déclaré punissable par la loi, peut, ou non donner lieu à des dommages-intérêts contre son auteur. En un mot les condamnations pécuniaires, telles que les dommages-intérêts et les frais, n'étant que les accessoires des condamnations pénales, les tribunaux de police qui sont chargés, seulement, de la répression des délits, ne peuvent les adjuger qu'accessoirement à la peine, et qu'autant qu'ils prononcent d'abord une peine contre le prévenu (*Cassation*, 27 juin 1812. *Bull. Crim.*, tom. XVII, n°. 7, pag. 309. 1er. avril 1813. *Bull. Crim.*, tom. XVIII, n°. 6, pag. 159. 3 mars 1814. *Bull. Crim.*, tom. XIX,

ART. 160. Si le fait est un délit qui emporte une peine correctionnelle, ou plus grave, le tribunal renverra les parties devant le procureur du Roi.

ART. 161. Si le prévenu est convaincu de contravention de police, le tribunal prononcera la peine (1), et statuera, par le même jugement sur les demandes en restitution et en dommages-intérêts (2).

ART. 162. La partie qui succombera, sera condamnée aux frais, même envers la partie publique (3).

---

n°. 3, pag. 37. 22 octobre 1818. *Bull. Crim.*, tom. XXIII, n°. 10, pag. 413. 7 septembre 1820. *Bull. Crim.*, tom. XXV, n°. 9, pag. 338). Ces mots *sur les demandes en dommages-intérêts*, ne peuvent donc s'appliquer qu'à celles formées par le défendeur, à raison de l'action mal à propos intentée contre lui, et à l'égard de cette demande, il faut lui appliquer les dispositions de l'article 359; et décider, par analogie, qu'elle doit être formée devant le tribunal de police même, et avant le jugement de la contestation, faute de quoi elle n'est plus recevable. On s'étonnera sans doute que, dans l'hypothèse, dont il s'agit, le tribunal de police soit incompétent pour prononcer sur les dommages-intérêts réclamés par le demandeur, et qu'il ne le soit pas pour prononcer sur ceux du prévenu, mais il faut considérer qu'en annullant la citation du demandeur, le tribunal de police prononce contre lui une espèce de peine résultant de son action téméraire, et qu'alors, en appliquant les principes que nous venons de développer, il est aussi juste que naturel qu'il statue en même temps sur le tort que cette action a pu causer au défendeur.

(1) Et cela, quand même le ministère public ne ferait aucune réquisition à cet égard, la loi est positive; *le tribunal de police prononcera la peine;* il n'a donc pas besoin de réquisition pour l'exécuter (*Cassation*, 24 nivose an XI. *Bull. Crim.*, tom. VIII, n°. 5, pag. 123).

(2) Ici le prévenu est reconnu coupable; en lui appliquant la peine déterminée par la loi, le tribunal de police doit statuer, en même temps, sur les dommages-intérêts, réclamés par la partie lésée.

(3) Cette condamnation, qui ne peut jamais frapper que sur la *partie*

Les dépens seront liquidés par le jugement.

Art. 163. Tout jugement définitif de condamnation sera motivé, et les termes de la loi appliquée y seront insérés, à peine de nullité (1).

Il y sera fait mention, s'il est rendu en dernier ressort, ou en première instance.

Art. 164. La minute du jugement sera signée par le juge qui aura tenu l'audience, dans les vingt-quatre heures au plus tard, à peine de vingt-cinq francs d'amende contre le greffier, et de prise à partie, s'il y a lieu, tant contre le greffier que contre le président.

Art. 165. Le ministère public et la partie

---

privée, doit être prononcée solidairement contre les auteurs de la même contravention, d'après l'art. 156 du décret du 18 juin 1811, ainsi conçu: « La condamnation aux frais sera prononcée, dans toutes les procé» dures, solidairement contre tous les auteurs et complices *du même* » *fait* ». (*Voyez* la note sur l'art. 464 du Code pénal). A l'égard du ministère public, il ne peut jamais être condamné aux dépens, lors même que le prévenu serait acquitté. La loi n'autorise la condamnation aux frais, que contre la partie privée, il n'y a donc qu'elle qui puisse être condamnée (*Cassation*, *Bull. Crim.*, 12 mars 1813, tom. XVIII, n°. 4, pag. 114; 30 juin 1814, tom. XIX, n°. 5, pag. 65; 23 mai 1817, tom. XXII, n°. 5, pag. 106; 19 mars 1818, tom. XXIII, n°. 3, pag. 99; et 19 janvier 1821, tom. XXVI, n°. 1er., pag. 16).

(1) Ainsi, par exemple, si le jugement prononce sur une contravention résultant de l'infraction à un réglement de police, fait en vertu de l'art. 3 de la loi du 24 août 1790, et 46 de celle du 19 juillet 1791, il faudra citer et insérer dans le jugement, 1°. l'article du réglement de police, auquel il aura été contrevenu; 2°. le §. de l'article 3 de la loi du 24 août 1790, qui s'y référera; 3°. l'art. 5 de la même loi; 4°. et les art. 600 et 606 du Code de brumaire an IV. La nullité résultant de l'omission de cette formalité, a été prononcée par plusieurs arrêts de la Cour de cassation, et notamment par arrêts du 8 juillet 1813. *Bull. Crim.*, tom. XVIII, n°. 12, pag. 373. 25 février 1819. *Bull. Crim.*, tom. XXIV, n°. 2, pag. 96. 28 janvier 1820 *Bull. Crim.*, tom. XXV, n°. 1er., pag. 44.

civile, poursuivront l'exécution du jugement, chacun en ce qui le concerne.

§. II.

De la juridiction des Maires, comme Juges de Police (1).

Art. 166. Les maires des communes non chefs-lieux de canton, connaitront, concurremment avec les juges de paix, des contraventions commises dans l'étendue de leur commune, par les personnes prises en flagrant délit, ou par des personnes qui résident dans la commune ou qui y sont présentes, lorsque les témoins y seront aussi résidants ou présents, et lorsque la partie réclamante conclura pour ses dommages-intérêts à une somme déterminée, qui n'excédera pas quinze francs.

Ils ne pourront jamais connaître des contraventions attribuées exclusivement aux juges de paix par l'art. 139, ni d'aucune des matières dont la connaissance est attribuée aux juges de paix considérés comme juges civils (2).

---

(1) On voit, par le rapport de M. Grenier, sur le livre II du Code d'instruction, que la commission s'était promis de l'établissement des tribunaux de maires, les résultats les plus avantageux pour l'intérêt des justiciables. Apparemment que l'expérience n'a pas confirmé cet espoir, car les justices municipales ne sont organisées que sur un très-petit nombre de points de la France.

(2) Cinq conditions sont nécessaires pour rendre le maire compétent, 1°. que la contravention ait été commise dans l'étendue de sa commune, et que cette commune ne soit pas chef-lieu de canton; 2°.

ART. 167. Le ministère public sera exercé auprès du maire, dans les matières de police, par l'adjoint; en l'absence de l'adjoint, ou lorsque l'adjoint remplacera le maire comme juge de police, le ministère public sera exercé par un membre du conseil municipal, qui sera désigné à cet effet, par le procureur du Roi, pour une année entière.

ART. 168. Les fonctions de greffier des maires dans les affaires de police, seront exercées par un citoyen que le maire proposera, et qui prêtera serment en cette qualité au tribunal de police correctionnelle. Il recevra, pour ses expéditions, les émolumens attribués au greffier du juge de paix.

ART. 169. Le ministère des huissiers ne sera pas nécessaire pour les citations aux parties; elles pourront être faites par un avertissement du maire, qui annoncera au défendeur le fait dont

---

qu'il ne s'agisse pas de contraventions, relatives aux objets, prévus par les nos. 4, 5, 6 et 7 de l'art. 139; 3o. que le juge de paix n'ait pas été saisi le premier (*Voyez* l'art. 140); 4o. que le contrevenant soit pris en flagrant délit, ou s'il n'est pas pris en flagrant délit, qu'il soit, ainsi que les témoins, présents, ou domiciliés dans la commune; 5o. et que les dommages-intérêts, quand il en est réclamé, n'excédent pas quinze francs; si une seule de ces conditions manque, le maire n'est plus compétent, et le juge de paix, seul, doit connaître de la contravention.

Les maires connaissent, en outre, mais administrativement, des contraventions au décret du 23 juin 1806, concernant le poids des voitures, et la police du roulage (Décret précité, art. 38).

Ils connaissent également, et de la même manière, de toutes affaires de simple police, entre les ouvriers et apprentis, les manufacturiers, fabricans et artisans (Loi du 21 germinal an XI, art. 19); à Paris ces attributions sont dévolues au préfet de police, et dans les autres villes aux commissaires-généraux de police, lorsqu'il y en a (*Ibid.*).

il est inculpé, le jour et l'heure où il doit se présenter (1).

Art. 170. Il en sera de même des citations aux témoins ; elles pourront être faites par un avertissement qui indiquera le moment où leur déposition sera reçue (2).

Art. 171. Le maire donnera son audience dans la maison commune ; il entendra publiquement les parties et les témoins.

Seront, au surplus, observées les dispositions des articles 149, 150, 151, 153, 154, 155, 156, 157, 158, 159 et 160, concernant l'instruction et les jugemens au tribunal du juge de paix (3).

---

(1) Nous ne partageons pas l'avis de ceux qui pensent, sur cet article, que le ministère des huissiers est entièrement proscrit devant le tribunal de police du maire ; l'article porte seulement que les citations *pourront* être faites par un simple avertissement ; la disposition est donc purement facultative, et comme la remise de cet avertissement ne peut être constatée d'une manière légale, nous pensons qu'il ne doit être prononcé de défaut que sur une citation régulière donnée par un huissier.

(2) Même observation que ci-dessus.

(3) L'art. 152 qui porte que la personne citée comparaîtra par elle-même, ou par un fondé de procuration spéciale, ne se trouve pas compris dans le nombre de ceux auxquels renvoie l'art. 171 ci-dessus. C'est donc le cas, en invoquant la maxime *inclusio unius est exclusio alterius*, de décider que devant le tribunal du maire, on ne peut user de la faculté permise par l'article 152 ; la raison d'ailleurs, en est simple, le maire n'étant compétant que lorsque le prévenu et les témoins sont présents, ou domiciliés dans la commune, rien ne les empêche de se présenter eux-mêmes.

Les personnes qui n'adoptent pas cette opinion, et l'auteur de la législation criminelle de France (tom. II, pag. 273) est de ce nombre, objectent qu'il est bien vrai que l'article qui autorise la comparution par un mandataire spécial, n'est pas rappelé dans l'art. 171, mais, ajoutent-elles, d'autres dispositions consignées au paragraphe des juges de paix, telles que l'obligation pour le tribunal, de condamner le prévenu lorsqu'il est convaincu, celle de condamner aux frais la partie qui

§. III.

De l'appel des Jugemens de Police.

Art. 172. Les jugemens rendus en matière de police, pourront être attaqués par la voie de

---

succombe, celle de motiver le jugement de condamnation, n'y sont pas non plus rappelées, et, cependant, on ne contestera pas que ces dispositions ne soient applicables au tribunal du maire, aussi bien qu'à celui du juge de paix; l'omission dont on excipe ne peut donc servir d'argument en faveur de la question.

D'un autre côté, continue-t-on, il est permis de douter que le législateur, en autorisant la personne citée à comparaître par un mandataire, ait voulu seulement dispenser d'un déplacement gênant les justiciables, qui pourraient se trouver éloignés. Il a eu sans doute un autre motif, celui d'empêcher que des magistrats, des fonctionnaires publics, des habitants notables, ne fussent obligés par la mauvaise humeur d'un adjoint, ou d'un commissaire de police, de quitter leurs affaires et de venir, en personne, se justifier sur des faits toujours peu importants : or, ce motif subsistant pour le tribunal du maire, comme pour celui du juge de paix, il y a lieu de dire *ubi eadem ratio, ibi idem jus*, où il y a même raison de décider, on doit décider la même chose.

Nous répondrons à ces deux objections, que les dispositions que le législateur n'a pas cru devoir rappeler dans le §. de la juridiction des maires, comme juges de police, contiennent des principes généraux, communs à tous les tribunaux, qui, par là même, n'avaient pas besoin d'être répétés; que la faculté de se faire représenter par un fondé de pouvoir constitue, au contraire, une exception à un autre principe du droit criminel, d'après lequel tout prévenu, est tenu de se présenter en personne devant la justice; que toute exception doit être renfermée dans ses termes; et enfin que celle dont il s'agit, n'étant admise par la loi que devant le tribunal de police du juge de paix, d'après l'art. 152, et dans certains cas, devant le tribunal correctionnel, suivant l'art. 185; on doit en conclure, qu'elle a été rejetée dans les autres; nous ajouterons que tous les hommes étant égaux devant la loi, on ne peut attribuer au législateur d'autre motif que celui que nous avons fait valoir, c'est-à-dire, celui tiré de la présence des parties. D'après ces motifs, nous croyons devoir persister dans notre opinion.

l'appel, lorsqu'ils prononceront un emprisonnement, ou lorsque les amendes, restitutions et autres réparations civiles, excéderont la somme de cinq francs, outre les dépens (1).

---

(1) Sous l'empire du Code de brumaire, les jugemens de simple police, n'étaient soumis qu'au recours en cassation. L'art. 172 du Code d'instruction criminelle déroge à ce principe et permet de les attaquer par la voie de l'appel; mais, dans deux cas seulement, *lorsqu'ils prononcent un emprisonnement* ou *lorsque les amendes, restitutions et autres réparations excédent la somme de cinq francs outre les dépens.* Ainsi 1°. à la différence de ce qui a lieu en matière civile, c'est le montant de la condamnation et non celui de la demande qui détermine si le jugement est ou non susceptible d'appel (*Cassation*, 5 septembre 1811. *Bull. Crim.*, tom. XXIII, n°. 6, pag. 254).

2°. Lorsque le jugement ne prononce pas l'emprisonnement, ou ne condamne qu'à une somme de cinq francs compris l'amende, et les dommages-intérêts, ou même lorsqu'il ne prononce aucune peine, par exemple, s'il statue sur une question de compétence, dans tous ces cas et autres semblables, il est en dernier ressort, et ne peut donner lieu qu'à un pourvoi en cassation (*Cassation*, 29 janvier 1813, 18 juillet 1817, et 11 juin 1818, *Bull. Crim.*, tom. XVIII, n°. 2, pag. 33, tom. XXII, n°. 7, pag. 173, et tom. XXIII, n°. 6, pag. 252).

3°. Enfin, en aucun cas, le ministère public n'est recevable à interjeter appel d'un jugement de cette nature. De deux choses l'une, ou le jugement ne prononce aucune peine, ou il ne prononce qu'une condamnation pécuniaire, qui n'excède pas cinq francs; dans ces deux hypothèses, il est en dernier ressort; ou il prononce l'emprisonnement, ou une condamnation pécuniaire, excédant cinq francs; alors, le ministère public n'a plus d'intérêt, puisque le contrevenant est condamné, et l'appel lui est interdit. Cela résulte de ces termes de l'article, *lorsqu'ils prononceront un emprisonnement*, etc., d'où il suit que cet appel n'est admis qu'*en faveur de la partie comdamnée.* C'est en effet, ce qui a été jugé par un arrêt de la Cour de cassation, du 24 juillet 1818 (*Bull. Crim.*, tom. XXIII, n°. 7, pag. 292).

Faisons encore observer, que l'appel étant une voie introduite pour faire réformer les erreurs des premiers juges, la partie condamnée ne doit y recourir, que lorsqu'elle n'a plus les moyens de les faire revenir eux-mêmes sur leur jugement. C'est donc un principe consacré, que l'appel d'un jugement de police, rendu par défaut, n'est pas recevable

Art. 173. L'appel sera suspensif.

Art. 174. L'appel des jugemens rendus par le tribunal de police, sera porté au tribunal correctionnel : cet appel sera interjeté dans les dix jours de la signification de la sentence à personne ou domicile (1) ; il sera suivi et jugé dans la même forme que les appels des sentences des justices de paix (2).

Art. 175. Lorsque, sur l'appel, le procureur du Roi ou l'une des parties le requerra, les témoins pourront être entendus de nouveau, et il pourra même en être entendu d'autres (3).

Art. 176. Les dispositions des articles précédents sur la solennité de l'instruction, la nature

---

pendant les délais de l'opposition. Ainsi décidé sur l'art. 192 du Code de brumaire, par avis du conseil d'état du 11 février 1806, approuvé le 18 du même mois (*Bull.* 78, n°. 1370, pag. 317).

(1) Ordinairement la prononciation du jugement à l'audience, en présence du prévenu, équivaut à signification. En conséquence, c'est du jour de cette prononciation que courent les délais, pour interjeter appel (art. 203 et 205), ou se pourvoir en cassation (art. 373). Mais il résulte de ces expressions de l'art. 174 ci-dessus, *dans les dix jours de la signification à personne ou domicile*, que les jugemens de simple police, même contradictoires, doivent être signifiés et par suite, qu'ils ne peuvent être mis à exécution qu'après l'accomplissement de cette formalité. C'est une exception dont nous avons envain cherché à découvrir le motif.

(2) C'est-à-dire, sommairement et sur un simple acte, Code de procédure civile, art. 404 et 405.

(3) Cette disposition n'étant que facultative, ainsi qu'on le voit par ces termes de l'article : *pourront* il *pourra* ; c'est aux juges d'appel à décider, dans leur sagesse, s'il y a lieu ou non, soit d'appeler les premiers témoins, soit d'en entendre d'autres. Ainsi jugé par arrêt de la Cour de cassation, du 18 avril 1806, rendu sur l'article 200 du Code du 3 brumaire an IV, dont la disposition est la même que celle de l'art. 175 ci-dessus (*Voyez Répertoire de jurisprudence*, verbo *Appel*, sect. 2, §. 8).

des preuves, la forme, l'authenticité et la signature du jugement définitif, la condamnation aux frais, ainsi que les peines que ces articles prononcent, seront communs aux jugemens rendus, sur l'appel, par les tribunaux correctionnels.

Art. 177. Le ministère public et les parties pourront, s'il y a lieu, se pourvoir en cassation contre les jugemens rendus en dernier ressort par le tribunal de police, ou contre les jugemens rendus par le tribunal correctionnel, sur l'appel des jugemens de police.

Le recours aura lieu dans la forme et dans les délais qui seront prescrits.

Art. 178. Au commencement de chaque trimestre, les juges de paix et les maires transmettront au procureur du Roi l'extrait des jugemens de police qui auront été rendus dans le trimestre précédent, et qui auront prononcé la peine d'emprisonnement (1). Cet extrait sera délivré sans frais par le greffier.

---

(1) Les juges de paix et les maires, ne doivent pas se borner, comme l'indique cet article, à envoyer au procureur du Roi, l'extrait des jugemens portant peine d'emprisonnement, ils doivent lui adresser l'extrait de *tous* les jugemens rendus en simple police, soit qu'ils prononcent une simple amende, soit qu'ils ne prononcent aucune condamnation. Cela résulte des dispositions de l'art. 290, d'après lequel le procureur du Roi, au criminel, était tenu de rendre compte tous les trois mois au procureur général de l'état de la justice, dans le département, en matière criminelle, correctionnelle et *de simple police*. Pour cela, il était nécessaire qu'il eut connaissance de *tous* les jugemens de police. Ces magistrats ayant été supprimés, par la loi du 25 décembre 1815, et remplacés, notamment sous ce rapport, par les procureurs du Roi, ceux-ci doivent donc

Le procureur du Roi le déposera au greffe du tribunal correctionnel.

Il en rendra un compte sommaire au procureur général près la Cour royale.

TITRE III.

Des manières de se pourvoir contre les Arrêts ou Jugemens.

CHAPITRE PREMIER.

Des Nullités de l'instruction et du jugement.

Art. 407. Les arrêts et jugemens rendus en dernier ressort, en matière criminelle, correctionnelle ou de police, ainsi que l'instruction et les poursuites qui les auront précédés, pourront être annullés dans les cas suivants, et sur des recours dirigés d'après les distinctions qui vont être établies.

§. Ier.

Matières Criminelles.

. . . .

. . . .

---

avoir aussi connaissance de *tous* les jugemens de police ; car les devoirs imposés par les art. 178 et 290 se confondent dans leurs personnes.

§. II.

Matières Correctionnelle et de Police.

Art. 413. Les voies d'annullation exprimées en l'art. 408 (1), sont, en matière correctionnelle et de police, respectivement ouvertes à la partie poursuivie pour un délit ou une contravention, au ministère public, et à la partie civile, s'il y en a une, contre tous arrêts ou jugemens en dernier ressort, sans distinction de ceux qui ont prononcé le renvoi de la partie ou sa condamnation.

Néanmoins, lorsque le renvoi de cette partie aura été prononcé, nul ne pourra se prévaloir contre elle de la violation ou omission des formes prescrites pour assurer sa défense.

Art. 414. La disposition de l'art. 411, est applicable aux arrêts et jugemens en dernier ressort rendus en matière correctionnelle et de police (2).

---

(1) Art. 408. Lorsque l'accusé aura subi une condamnation, et que, soit dans l'arrêt de la Cour royale qui aura ordonné son renvoi devant une Cour d'assises, soit dans l'instruction et la procédure qui auront été faites devant cette dernière Cour, soit dans l'arrêt même de condamnation, il y aura eu violation ou omission de quelques unes des formalités que le présent Code prescrit sous peine de nullité, cette omission ou violation donnera lieu, sur la poursuite de la partie condamnée ou du ministère public, à l'annullation de l'arrêt de condamnation, et de ce qui l'a précédé, à partir du plus ancien acte nul.

Il en sera de même, tant dans les cas d'incompétence que lorsqu'il aura été omis ou refusé de prononcer, soit sur une ou plusieurs demandes de l'accusé, soit sur une ou plusieurs réquisitions du ministère public, tendant à user d'une faculté ou d'un droit accordé par la loi, bien que la peine de nullité ne fut pas textuellement attachée à l'absence de la formalité dont l'exécution aura été demandée ou requise.

(2) Art. 411. Lorsque la peine prononcée sera la même que celle

§. III.

Disposition commune aux deux paragraphes précédents.

Art. 415. Dans le cas où, soit la Cour de cassation, soit une Cour royale, annullera une instruction, elle pourra ordonner que les frais de la procédure à recommencer, seront à la charge de l'officier ou juge-instructeur qui aura commis la nullité.

Néanmoins la présente disposition n'aura lieu que pour des fautes très-graves, et à l'égard seulement des nullités qui seront commises deux ans après la mise en activité du présent Code.

CHAPITRE II.

Des Demandes en cassation.

Art. 416. Le recours en cassation contre les arrêts préparatoires et d'instruction ou les jugemens en dernier ressort de cette qualité, ne sera ouvert qu'après l'arrêt ou jugement définitif: l'exécution volontaire de tels arrêts ou jugemens préparatoires ne pourra, en aucun cas, être opposée comme fin de non recevoir.

---

portée par la loi qui s'applique au crime, nul ne pourra demander l'annullation de l'arrêt, sous le prétexte qu'il y aurait erreur dans la citation du texte de la loi.

La présente disposition ne s'applique point aux arrêts ou jugemens rendus sur la compétence.

Art. 417. La déclaration de recours sera faite au greffier par la partie condamnée (1), et signée d'elle et du greffier ; et si le déclarant ne peut ou ne veut signer, le greffier en fera mention.

Cette déclaration pourra être faite, dans la même forme, par l'avoué de la partie condamnée, ou par un fondé de pouvoir spécial ; dans ce dernier cas, le pouvoir demeurera annexé à la déclaration.

Elle sera inscrite sur un registre à ce destiné ; ce registre sera public, et toute personne aura le droit de s'en faire délivrer des extraits.

Art. 418. Lorsque le recours en cassation contre un arrêt ou un jugement en dernier ressort, rendu en matière criminelle, correctionnelle ou de police, sera exercé, soit par la partie civile, s'il y en a une, soit par le ministère public, ce recours, outre l'inscription énoncée dans l'article précédent, sera notifié à la partie contre laquelle il sera dirigé, dans le délai de trois jours (2).

---

(1) Aux termes de l'art. 373, le condamné a trois jours francs, pour se pourvoir en cassation ; savoir : quant aux jugemens contradictoires, à compter du jour de la prononciation, et, quant au jugement par défaut, à compter de l'expiration des délais d'opposition et d'appel, parce qu'on ne doit employer la voie du recours en cassation, qui est un moyen extrême, que lorsque tous les autres moyens de faire réformer le jugement sont expirés ; les mêmes règles sont communes au ministère public, et à la partie civile.

(2) Qui commencent à courir du jour de la déclaration faite au greffe. Mais comme cette notification n'est pas prescrite, à peine de déchéance,

Lorsque cette partie sera actuellement détenue, l'acte contenant la déclaration du recours lui sera lu par le greffier : elle le signera, et si elle ne le peut ou ne le veut, le greffier en fera mention.

Lorsqu'elle sera en liberté, le demandeur en cassation lui notifiera son recours, par le ministère d'un huissier, soit à sa personne, soit au domicile par elle élu : le délai sera, en ce cas, augmenté d'un jour par chaque distance de trois myriamètres.

Art. 419. La partie civile qui se sera pourvue en cassation, est tenue de joindre aux pièces une expédition authentique de l'arrêt.

Elle est tenue, à peine de déchéance, de consigner une amende de cent cinquante francs, ou de la moitié de cette somme, si l'arrêt est rendu par contumace ou par défaut.

Art. 420. Sont dispensés de l'amende, 1°. les condamnés en matière criminelle (1); 2°. les agens publics pour affaires qui concernent di-

---

et n'est soumise à aucune forme particulière, il n'y aurait pas déchéance du pourvoi, soit parce qu'elle n'aurait pas été faite, soit parce qu'elle aurait eu lieu tardivement, soit enfin, parce que quelques unes des formalités auxquelles sont ordinairement soumis les exploits, n'y auraient pas été observées ; sauf néanmoins, dans les deux premiers cas, à la partie qui, faute d'avertissement, s'est laissée juger par défaut, à se pourvoir par opposition contre l'arrêt (*Cassation*, 18 octobre et 14 novembre 1811, et 15 octobre 1819. *Journal du Palais*, tom. Ier. et II, 1812, pag. 411 et 267 ; et tom. Ier., 1820, pag. 476).

(1) Ce terme est pris ici génériquement, et comprend les matières correctionnelles, comme celles de simple police.

rectement l'administration et les domaines ou revenus de l'État.

A l'égard de toutes autres personnes, l'amende sera encourue par celles qui succomberont dans leur recours ; seront néanmoins dispensées de la consigner, celles qui joindront à leur demande en cassation, 1°. un extrait du rôle des contributions, constatant qu'elles paient moins de six francs, ou un certificat du percepteur de leur commune, portant qu'elles ne sont point imposées ; 2°. un certificat d'indigence à elles délivré par le maire de la commune de leur domicile ou par son adjoint, visé par le sous-préfet et approuvé par le préfet de leur département (1).

ART. 421. Les condamnés, même en matière correctionnelle ou de police, à une peine emportant privation de la liberté, ne seront pas admis à se pourvoir en cassation, lorsqu'ils ne seront pas actuellement en état, ou lorsqu'ils n'auront pas été mis en liberté sous caution.

L'acte de leur écrou, ou de leur mise en liberté sous caution, sera annexé à l'acte de recours en cassation.

Néanmoins, lorsque le recours en cassation sera motivé sur l'incompétence, il suffira au demandeur,

(1) Il faut faire attention à ces dernières expressions de l'art. 420 *et approuvé par le préfet du département*. Il ne suffit donc pas, que le certificat soit visé par lui, pour légalisation de la signature du sous-préfet, il faut qu'il l'*approuve*, c'est-à-dire, qu'il certifie de son côté, la sincérité des faits qui y sont contenus, faute de quoi le certificat n'est pas recevable (*Cassation*, 18 janvier 1821. *Bull. Crim.*, tom. XXVI, n°. 2, pag. 30).

pour que son recours soit reçu, de justifier qu'il s'est actuellement constitué dans la maison de justice du lieu où siège la Cour de cassation ; le gardien de cette maison pourra l'y recevoir, sur la représentation de sa demande adressée au procureur-général près cette Cour, et visée par ce magistrat.

Art. 422. Le condamné ou la partie civile, soit en faisant sa déclaration, soit dans les dix jours suivants, pourra déposer au greffe de la Cour ou du Tribunal qui aura rendu l'arrêt ou le jugement attaqué, une requête contenant ses moyens de cassation. Le greffier lui en donnera reconnaissance, et remettra sur-le-champ cette requête au magistrat chargé du ministère public.

Art. 423. Après les dix jours qui suivront la déclaration, ce magistrat fera passer au ministre de la justice les pièces du procès, et les requêtes des parties, si elles en ont déposé.

Le greffier de la Cour ou du Tribunal qui aura rendu l'arrêt ou le jugement attaqué, rédigera sans frais, et joindra un inventaire des pièces, sous peine de cent francs d'amende, laquelle sera prononcée par la Cour de cassation.

Art. 424. Dans les vingt-quatre heures de la réception de ces pièces, le ministre de la justice les adressera à la Cour de cassation, et il en donnera avis au magistrat qui les lui aura transmises.

Les condamnés pourront aussi transmettre directement au greffe de la Cour de cassation, soit leurs requêtes, soit les expéditions ou copies signifiées tant de l'arrêt ou ugement que de leurs demandes en cassation. Néanmoins, la partie civile ne pourra user du bénéfice de la présente disposition sans le ministère d'un avocat à la Cour de cassation.

Art. 425. La Cour de cassation, en toute affaire criminelle, correctionnelle ou de police, pourra statuer sur le recours en cassation, aussitôt après l'expiration des délais portés au présent chapitre, et devra y statuer, dans le mois au plus tard, à compter du jour où ces délais seront expirés.

Art. 426. La Cour de cassation rejettera la demande ou annullera l'arrêt ou le jugement, sans qu'il soit besoin d'un arrêt préalable d'admission.

Art. 427. Lorsque la Cour de cassation annullera un arrêt ou un jugement rendu, soit en matière correctionnelle, soit en matière de police, elle renverra le procès et les parties devant une Cour ou un Tribunal de même qualité que celui qui aura rendu l'arrêt ou le jugement annulé.

....

....

Art. 436. La partie civile qui succombera dans son recours, soit en matière criminelle, soit en matière correctionnelle ou de police, sera condamnée à une indemnité de cent cinquante fr., et aux frais envers la partie acquittée, absoute ou renvoyée. La partie civile sera de plus condamnée, envers l'État, à une amende de cent cinquante francs, ou de soixante-quinze francs seulement, si l'arrêt ou le jugement a été rendu par contumace ou par défaut.

Les administrations ou régies de l'État et les agens publics qui succomberont, ne seront condamnés qu'aux frais et à l'indemnité.

Art. 437. Lorsque l'arrêt ou le jugement aura été annullé, l'amende consignée sera rendue sans délai, en quelques termes que soit conçu l'arrêt qui aura statué sur le recours, et quand même il aurait omis d'en ordonner la restitution.

Art. 438. Lorsqu'une demande en cassation aura été rejetée, la partie qui l'avait formée ne pourra plus se pourvoir en cassation contre le même arrêt ou jugement, sous quelque prétexte et par quelque moyen que ce soit.

Art. 439. L'arrêt qui aura rejeté la demande en cassation, sera délivré dans les trois jours au procureur-général près la Cour de cassation, par simple extrait signé du greffier, lequel sera adressé au ministre de la justice, et envoyé par celui-ci au magistrat chargé du ministère public près la Cour ou le Tribunal qui aura rendu l'arrêt ou le jugement attaqué.

Art. 440 Lorsqu'après une première cassation, le second arrêt ou jugement sur le fond, sera attaqué par les mêmes moyens, il sera procédé selon les formes prescrites par la loi du 16 septembre 1807.

Art. 441. Lorsque, sur l'exhibition d'un ordre formel à lui donné par le ministre de la justice, le procureur-général près la Cour de cassation dénoncera à la section criminelle, des actes judiciaires, arrêts ou jugemens contraires à la loi, ces actes, arrêts ou jugemens pourront être annullés, et les officiers de police ou les juges poursuivis, s'il y a lieu, de la manière exprimée au chapitre III, du titre IV du présent livre.

Art. 442. Lorsqu'il aura été rendu par une Cour royale ou d'assises, ou par un tribunal correctionnel ou de police, un arrêt ou jugement en dernier ressort, sujet à cassation, et contre lequel néanmoins aucune des parties n'aurait réclamé dans le délai déterminé, le procureur-général près la Cour de cassation pourra aussi d'office, et nonobstant l'expiration du délai, en donner connaissance à la Cour de cassation; l'arrêt ou le jugement sera cassé, sans que les parties puissent s'en prévaloir pour s'opposer à son exécution (1).

TITRE VII.

CHAPITRE V.

De la Prescription.

Art. 635. ....

....

Art. 639. Les peines portées par les jugemens

---

(1) C'est ce qu'on appelle se pourvoir dans l'intérêt de la loi: l'exercice de cette faculté n'est accordé qu'au procureur-général près la Cour de cassation. Elle n'appartient, en aucun cas, à l'officier du ministère public près le tribunal de police.

rendus pour contraventions de police, seront prescrites après deux années révolues, savoir, pour les peines prononcées par arrêt ou jugement en dernier ressort, à compter du jour de l'arrêt; et, à l'égard des peines prononcées par les tribunaux de première instance, à compter du jour où ils ne pourront plus être attaqués par la voie de l'appel.

Art. 640. L'action publique et l'action civile pour une contravention de police, seront prescrites après une année révolue, à compter du jour où elle aura été commise, même lorsqu'il y aura eu procès-verbal, saisie, instruction ou poursuite, si dans cet intervalle il n'est point intervenu de condamnation; s'il y a eu un jugement définitif de première instance, de nature à être attaqué par la voie de l'appel, l'action publique et l'action civile se prescriront après une année révolue, à compter de la notification de l'appel qui en aura été interjeté.

Art. 641. En aucun cas, les condamnés par défaut ou par contumace, dont la peine est prescrite, ne pourront être admis à se présenter pour purger le défaut ou la contumace.

Art. 642. Les condamnations civiles portées par les arrêts ou par les jugemens rendus en matière criminelle, correctionnelle ou de police, et devenus irrévocables, se prescriront d'après les règles établies par le Code civil.

Art. 643. Les dispositions du présent chapitre ne dérogent point aux lois particulières relatives à la prescription des actions résultant de certains délits ou de certaines contraventions (1).

DEUXIÈME PARTIE.

Des Lois Pénales, dont l'application est attribuée aux Tribunaux de simple Police.

Loi concernant l'Organisation Judiciaire,

Du 16 = 24 *août* 1790.

TITRE II.

Art. 1er. Les corps municipaux veilleront et

(1) En conséquence de cette disposition, les délits ruraux non prévus par le Code pénal, c'est-à-dire, les délits proprement dits, et les simples contraventions, continuent d'être soumis à la prescription d'un mois, établie par l'art. 8, titre Ier., section 7 du Code rural (*Cassation*, 23 octobre 1812. *Bull. Crim.*, tom. XVII, no. 10, pag. 455; 10 septembre 1813, tom. XVIII, no. 16, pag. 513; 26 mai 1820, tom. XXV, no. 5, pag. 216). Sur quoi nous ferons remarquer 1o. qu'il n'est pas rigoureusement nécessaire, pour interrompre la prescription en cette matière, qu'il y ait eu citation donnée avant l'expiration du mois; tout acte tendant à constater le délit et à en faire connaître et punir l'auteur serait suffisant (*Cassation*, 18 août 1809, *Bull. Crim.*, tom. XIV, no. 7, pag. 301), il n'en serait pas de même d'une simple plainte, non suivie d'information (Le Graverend, tom. Ier., pag 81).

2o. Que d'après l'arrêté du gouvernement du 19 ventôse an X, art. 1er. qui assimile les bois des communes aux bois nationaux, pour le régime et l'administration, la prescription de trois mois, établie par l'art. 8 de la loi forestière du 15 — 29 septembre 1791, pour les délits commis dans les bois nationaux, est seule applicable à ceux commis dans les bois

tiendront la main, dans l'étendue de chaque municipalité, à l'exécution des lois et des réglements de police, et connaîtront du contentieux auquel cette exécution pourra donner lieu.

Art. 2. Le procureur de la commune (1), poursuivra d'office, les contraventions aux lois et aux réglements de police, et cependant chaque citoyen qui en ressentira un tort ou un danger personnel, pourra intenter l'action en son nom (2).

Art. 3. Les objets de police, confiés à la vigilance et à l'autorité des corps municipaux sont:

1°. Tout ce qui intéresse la sûreté et la commodité du passage dans les rues, quais, places, et voies publiques; ce qui comprend le nettoiement, l'illumination, l'enlèvement des encombremens, la démolition ou la réparation des bâtimens menaçant ruine, l'interdiction de rien exposer aux fenêtres ou autres parties des bâtimens, qui puisse nuire par sa chûte, et celle de rien jeter qui puisse blesser ou endommager les passants ou causer des exhalaisons nuisibles (3).

---

des communes, soient qu'ils aient eu lieu par coupe, ou par introduction de bestiaux, ou de quelque autre manière que ce soit, parce que cette assimilation, absolue, comprend nécessairement le délai de la prescription, qui, se confondant avec le délai pour procéder, fait essentiellement partie du mode d'agir, de régir et d'administrer (*Cassation*, 9 janvier 1807, *Bull. Crim.*, tom. XII, no. 1er., pag. 13).

(1) Aujourd'hui le commissaire de police, le maire, ou son adjoint, Code d'instruction criminelle, art. 144 et 147.

(2) Même disposition, dans l'art. 145 du Code d'instruction criminelle.

(3) Tous ces objets sont des matières de petite voirie, et prévus, la plupart, par les nos. 3, 4, 5 et 6, de l'art. 471, du Code pénal; à l'égard des autres contraventions, qui peuvent être commises aux ré-

2°. Le soin de réprimer et de punir les délits, contre la tranquillité publique, tels que les rixes, et disputes accompagnées d'ameutement dans les rues, le tumulte excité dans les lieux d'assemblée publique, les bruits et attroupemens nocturnes, qui troublent le repos des citoyens (1);

3°. Le maintien du bon ordre, dans les lieux où il se fait de grands rassemblemens d'hommes, tels que les foires, marchés, réjouissances et cérémonies publiques, spectacles (2), jeux, cafés, églises et autres lieux publics (3);

4°. L'inspection sur la fidélité du débit des denrées, qui se vendent au poids, à l'aune ou à la

---

glements de police, ayant pour but de maintenir la sûreté et la commodité du passage dans les endroits désignés dans le §. ci-dessus, elles seront punies conformément à la disposition générale et finale du n°. 5, de l'art. 471 précité; *voyez* la note sur ce numéro.

(1) Ce paragraphe est remplacé en partie, par le n°. 8 de l'art. 479 du Code pénal.

(2) Le décret du 21 frimaire an XIV (*Bull.* 71, n°. 1233, pag. 199), dispose ainsi à l'égard des spectacles. = Art. 1er. « Les commissaires » généraux de police, sont chargés de la police des théâtres, seulement » en ce qui concerne les ouvrages qui y sont représentés ». = Art. 2. « Les maires sont chargés, sous tous les autres rapports, de la police des » théâtres et du maintien de l'ordre et de la sûreté ».

(3) Les cabarets ne sont pas cités nommément dans ce paragraphe, mais ils sont compris sous les expressions générales, *et autres lieux publics* (*Cassation*, 10 avril 1819. *Bull. Crim.*, tom. XXIV, n°. 4, pag. 148). *Voyez* au surplus, pièces justificatives, n°. 1er., les arrêts des 11 juin 1818, et 30 avril 1819, qui décident que les contraventions aux réglements, ayant pour objet de fixer l'heure de l'ouverture et de la fermeture des cafés et cabarets, doivent être punies conformément à l'art. 3, n°. 3, et à l'art. 5 de la loi du 24 août, combiné avec les articles 600 et 606 du Code de brumaire. Les mêmes dispositions sont applicables à ceux qui négligent ou refusent de se conformer aux mesures de police, prescrites pendant le temps du carnaval.

mesure, et sur la salubrité des comestibles exposés en vente publique (1);

5°. Le soin de prévenir, par les précautions convenables, et celui de faire cesser, par la distribution des secours nécessaires, les accidents et

---

(1) Il s'agit, dans ce numéro, 1°. de l'inspection sur la fidélité du débit des denrées, qui se vendent au poids, à l'aune où à la mesure; en conséquence, cette disposition embrasse tous les réglements de police, ayant pour objet d'assurer cette fidélité, ainsi par exemple, ceux qui concernent la taxe de la viande (*Cassation*, 17 mars 1810. *Bull. Crim.*, tom. XV, n°. 2, pag. 75); la fixation du poids des morceaux de viande, que les bouchers peuvent vendre, ou étaler aux boucheries publiques (*Cassation*, 3 mai 1811. *Bull. Crim.*, tom. XVI, n°. 3, pag. 138); la vérification annuelle des poids et mesures, et la défense de conserver dans les boutiques et magasins, aucuns poids ou mesures prohibés ou non vérifiés (*Cassation*, 10 septembre 1819. *Bull. Crim.*, tom. XXIV, n°. 9, pag. 307 et 22 décembre 1820, tom XXV, n°. 12, pag. 458); la fixation des espèces de pain que les boulangers peuvent fabriquer et exposer en vente, et du poids que ces pains doivent avoir (*Cassation*, 12 août 1813, et 15 octobre 1818) (A); la fixation des lieux où doivent être déposés les grains destinés à l'approvisionnement des marchés et ceux où ils doivent être renfermés, lorsqu'ils n'ont pas été vendus (*Cassation*, 11 juin 1813. *Bull. Crim.*, tom. XVIII, n°. 10, pag. 320; 24 février 1820. *Bull. Crim.*, tom. XXV, n°. 2, pag. 91).

Il s'agit, en outre, 2°. De l'inspection sur la salubrité des comestibles, exposés en vente publique, sur quoi il faut faire observer, que lorsque le tribunal de simple police, prononce une peine contre celui qui a exposé en vente des comestibles gâtés ou corrompus, il doit en même temps, en prononcer la confiscation et destruction en vertu de l'art. 20 de la loi du 19=22 juillet 1791, qui, par là même quelle contient une mesure d'ordre public, n'est point rapportée (*Cassation*, 15 février 1811. *Bull. Crim.*, tom. XVI, n°. 1er., pag. 33 (B). A l'égard des boissons falsifiées, voyez Code pénal, art. 475, n°. 6.

(A) Voyez *pièces justificatives*, *n°.* 1er. Voyez *aussi l'art.* 479, *nos.* 5 *et* 6 *Code pénal.*

(B) *Cet article s'exprime ainsi « En cas d'exposition en vente, de » comestibles gâtés, corrompus ou nuisibles, ils seront confisqués et » détruits...... ».*

fléaux calamiteux, tels que les incendies, les épidémies, les épizooties, en provoquant aussi, dans ces deux derniers cas, l'autorité des administrations de département et de district (1).

6°. Le soin d'obvier ou de remédier aux évènemens fâcheux qui pourraient être occasionnés par les insensés ou les furieux, laissés en liberté et par la divagation des animaux mal-faisants ou féroces (2).

Art. 4. Les spectacles publics ne pourront

---

(1) La disposition de ce §. est applicable, aux défenses faites, par l'autorité administrative, de couvrir les maisons en chaume, ou roseaux (*Cassation*, 23 avril 1819. *Bull. Crim.*, tom. XXIV, n°. 4, pag. 167), ou d'en construire, ou réédifier les façades en bois, ou colombage (*Cassation*, 29 décembre 1820, tom. XXV, n°. 12, pag. 466), de fumer, dans les temps de sécheresse, dans l'intérieur des maisons et sur les chemins qui les bordent (*Cassation*, 5 septembre 1812. *Bull. Crim.*, tom. XVII, n°. 9, pag. 391), de s'immiscer dans le service du ramonage des cheminées à moins d'être commissionné par la police (*Cassation*, 24 août 1815. *Bull. Crim.*, tom. XX, n°. 7, pag. 94); de faire sècher du lin, ou du chanvre, dans les fours et cheminées, et de brûler les chenevotes en provenant, dans l'intérieur des maisons et bâtimens, d'enfumer les sabots dans l'intérieur des communes et enfin à celles de sonner les cloches pendant les temps d'orage.

Elle s'applique encore à l'injonction de tenir les chiens enfermés pendant les grandes chaleurs (*Cassation*, 19 août 1819. *Bull. Crim.*, tom. XXIV, n°. 8, pag. 283); aux défenses de nourrir, dans l'intérieur des villes, des lapins, pigeons, cochons et autres animaux propres à causer des exhalaisons insalubres (*Cassation*, 1er. juillet 1808. *Bull. Crim.*, tom. XIII, n°. 7, pag. 302), et à celles d'étaler et vendre, ailleurs qu'à la halle aux poissons, de la morue trempée et tout autre poisson salé trempé (*Cassation*, 26 janvier 1821, *Bull. Crim.*, tom. XXVI, n°. 1er., pag. 19). Toutes ces mesures ont en effet pour but de prévenir trois fléaux dangereux, le feu, la rage et la peste, ou tout au moins les maladies épidémiques.

(2) *Voyez* l'art. 475 du Code pénal, qui a expressement pour but le même objet.

être permis et autorisés que par les officiers municipaux : ceux des entrepreneurs et directeurs actuels, qui ont obtenu des autorisations, soit des gouverneurs des anciennes provinces, soit de toute autre manière, se pourvoiront devant les officiers municipaux, qui confirmeront leur jouissance, pour le temps qui en reste à courir, à la charge d'une redevance envers les pauvres.

Art. 5. Les contraventions à la police, ne pourront être punies que de l'une de ces deux peines, ou de la condamnation à une amende pécuniaire ou de l'emprisonnement par forme de correction, pour un temps qui ne pourra excéder trois jours dans les campagnes, et huit jours dans les villes, dans les cas les plus graves (1).

Art. 6. Les appels des jugemens en matière de police, seront portés au tribunal de district (2); et ces jugemens seront exécutés par provision, nonobstant l'appel, et sans y préjudicier (3).

---

(1) Nous avons dit dans l'introduction, que la disposition pénale de cet article, doit être remplacée par celle des articles 600 et 606 du Code de brumaire, qui sont ainsi conçus :

Art. 600. = « Les peines de simple police, sont celles qui consistent » dans une amende de la valeur de trois journées de travail ou au-dessous, » ou dans un emprisonnement qui n'excède pas trois jours ».

Art. 606. = « Le tribunal de police gradue, selon les circonstan» ces, et le plus ou moins de gravité du délit, les peines qu'il est chargé » de prononcer sans; néanmoins, qu'elles puissent en aucun cas, ni » être au-dessous d'une amende de la valeur d'une journée de travail ou » d'un jour d'emprisonnement, ni s'élever au-dessus de la valeur de » trois journées de travail, ou de trois jours d'emprisonnement ».

(2) Aujourd'hui, le tribunal correctionnel, Code d'instruction, article 174.

(3) L'art. 173 du Code d'instruction, veut au contraire, et avec bien plus de raison, que l'appel soit suspensif.

4

ART. 7. Les officiers municipaux sont spécialement chargés de dissiper les attroupemens et ameutemens populaires, conformément aux dispositions de la loi martiale, et responsables de leur négligence dans cette partie.

LOI CONCERNANT LES BIENS ET USAGES RURAUX ET LA POLICE RURALE.

Du 28 *septembre* = 6 *octobre* 1791.

TITRE II.

De la Police rurale.

ART. 1er. La police des campagnes est spécialement sous la juridiction des juges de paix, et des officiers municipaux (1), et sous la surveillance des gardes champêtres (2), et de la gendarmerie.

ART. 2. Tous les délits ci-après mentionnés, sont, suivant leur nature, de la compétence du juge de paix, ou de la municipalité du lieu, où ils auront été commis (3).

---

(1) Le Code rural comprend des délits correctionnels, et des délits de police municipale, ou contraventions de simple police. Aux termes de la loi du 19 = 22 juillet 1791, les juges de paix étaient compétens pour connaître des premiers, et les officiers municipaux des seconds. Voilà pourquoi, l'art. 1er. commence par déclarer que la police des campagnes, est spécialement sous la juridiction des juges de paix, et des officiers municipaux, ce qui doit s'appliquer maintenant, aux tribunaux correctionnels et aux tribunaux de simple police, chacun suivant leur compétence.

(2) *Voyez* la note sur l'art. 16 du Code d'instruction criminelle.

(3) Cette disposition se rapporte également à la loi du 19 = 22 juille

Art. 3. Tout délit rural ci-après mentionné, sera punissable d'une amende ou d'une détention, soit municipale, soit correctionnelle, ou de détention et d'amende réunies, suivant les circonstances et la gravité du délit, sans préjudice de l'indemnité qui pourra être dûe à celui qui aura souffert le dommage. Dans tous les cas, cette indemnité sera payable par préférence à l'amende, l'indemnité et l'amende sont dûes, solidairement par les délinquants (1).

Art. 4. Les moindres amendes, seront de la valeur d'une journée de travail au taux du pays,

---

1791, qui, ainsi que nous venons de le dire, avait institué les juges de paix, juges correctionnels, et les officiers municipaux, juges de simple police; mais aujourd'hui que cet état de choses est changé, il faut entendre l'article dans ce sens, que tous les délits mentionnés dans le Code rural, sont, suivant leur nature, c'est-à-dire, suivant qu'ils constituent un délit proprement dit, ou une simple contravention, de la compétence des tribunaux correctionnels ou de celle des tribunaux de simple police, en observant, à l'égard de ceux-ci, les règles fixées par les art. 139 et 166 du Code d'instruction criminelle.

(1) La première partie de cet article permet de cumuler l'amende et la détention, suivant les circonstances, et la gravité du délit, et en exécution de cette disposition, plusieurs articles du Code rural, prononcent en même temps, et une amende, et un emprisonnement. Mais la même faculté ne se trouvant rappelée, ni dans l'art. 600 du Code de brumaire, aux termes duquel les peines de simple police sont celles qui consistent dans une amende de la valeur de trois journées de travail ou au-dessous, *ou* dans un emprisonnement qui n'excède pas trois jours, ni dans l'article 606 du même Code, qui fixe le minimum de ces peines, à une amende de la valeur d'une journée de travail, *ou* à un jour d'emprisonnement; ni enfin, dans l'art. 2 de la loi du 23 thermidor, qui porte que ce minimum, pour tout délit rural et forestier, ne pourra jamais être au-dessous de trois journées de travail, *ou* de trois jours d'emprisonnement, il en résulte l'abrogation de la disposition de l'art. 3 ci-dessus, en ce qui concerne le cumul de l'amende et de la détention.

déterminé par le directoire du département (1). Toutes les amendes ordinaires qui n'excèderont pas la somme de trois journées de travail, seront doubles en cas de récidive, dans l'espace d'une année, ou si le délit a été commis, avant le lever ou après le coucher du soleil; elles seront triples, quand les deux circonstances précédentes se trouveront réunies : elles seront versées dans la caisse de la municipalité du lieu (2).

---

(1) Le préfet.

(2) Cet article contient trois dispositions principales.

La première fixe le minimum de l'amende, à la valeur d'une journée de travail, mais nous avons déjà vu, que suivant l'art. 2 de la loi du 23 thermidor an IV, ce minimum doit toujours être de trois journées de travail, c'est-à-dire, du maximum de l'art. 606 du Code de brumaire, et comme suivant l'art. 600 du même Code, article déclaré applicable aux délits ruraux, par l'art. 605, §. 9, l'amende de simple police, ne peut excéder trois journées de travail, on voit qu'il n'y a plus, ni minimum, ni maximum, et que lorsque le juge de police, prononce une amende contre l'auteur d'un délit rural simple, quelconque, c'est-à-dire, dénué des circonstances aggravantes, prévues par la loi, il doit toujours porter cette amende à la valeur de trois journées de travail (*Cassation*, 3 janvier 1811. *Bull. Crim.*, tom. XVI, no. 1er., pag. 5).

La seconde prévoit le cas de récidive, et veut que lorsqu'elle a lieu, dans l'espace d'une année, les amendes ordinaires soient doublées, et la même peine est prononcée, dans le cas ou le délit aurait été commis avant le lever ou après le coucher du soleil. A l'égard de la récidive, il faut remarquer, qu'au moyen du changement opéré par l'article 605, §. 9 du Code de brumaire, changement qui influe nécessairement sur toutes les dispositions du Code rural, ce n'est plus l'art. 4 ci-dessus, qu'il faut consulter pour connaitre la peine applicable au cas de récidive, et savoir quand il y a récidive, mais bien les dispositions du Code de brumaire, relatives à cet objet; or, d'une part, l'art. 607 de ce Code, dispose « qu'en cas de récidive les *peines* suivent la pro-» portion réglée par les lois des 19 juillet et 28 septembre 1791, et ne » peuvent en conséquence être prononcées que par le tribunal correc-» tionnel »; d'autre part, l'art. 608 porte « que pour qu'il y ait lieu à » augmentation de peines, pour cause de récidive, il faut qu'il y ait » eu un premier jugement, rendu contre le prévenu, pour pareil délit, » dans les douze mois précédents, et dans le ressort du même tribunal

ART. 5. Le défaut de payement des amendes, et des dédommagemens ou indemnités, n'entrai-

---

» de police » ; ce sont donc ces deux articles qui doivent régler aujourd'hui la peine et les cas de la récidive, pour les délits ruraux et forestiers, compris dans le Code rural et non prévus par le Code pénal ; car, il est à remarquer aussi, que l'art. 483 de ce dernier Code, qui traite de la récidive, est seulement applicable aux contraventions, qui sont l'objet de ses dispositions.

Mais l'art. 4 qui nous occupe, ne prononce que le doublement de l'amende, et ne dispose pas de la même manière à l'égard de la détention. Il en est de même de l'art. 27 de la loi du 19 = 22 juillet 1791. En doit-on conclure qu'il n'est pas permis de doubler l'emprisonnement ? Nous ne le pensons pas ; et en effet, ne perdons pas de vue que l'art. 607 précité, porte qu'en cas de récidive les *peines*, et non pas seulement l'*amende* suivent la proportion réglée par les lois des 19 juillet et 28 septembre 1791. Quelle est la proportion suivie par ces lois, en cas de récidive ? C'est le *doublement*. De quelles peines entend parler l'art. 607 du Code de brumaire ? Évidemment de celles dont il est question dans les art. 600 et 606. En quoi consistent elles ? Dans une amende de la valeur d'une à trois journées de travail, ou dans un emprisonnement d'un à trois jours, ou, s'agit-il d'un délit rural ? dans une amende de la valeur de trois journées de travail, ou dans un emprisonnement de trois jours, d'après la loi du 23 thermidor an IV, art. 2 ; ce sont donc en définitive ces dernières peines qui doivent être *doublées*, et comme l'emprisonnement en fait partie, il faut décider que, lorsqu'il y a récidive, on doit prononcer le doublement, non seulement de l'amende, mais encore de l'emprisonnement, lorsqu'il y a lieu. Quant à la compétence du tribunal qui doit en connaître, le même art. 607 décide, que la peine ne peut plus être appliquée, que par le tribunal correctionnel ; et cette décision est conforme aux lois qui régissaient alors la matière. En effet, le tribunal correctionnel connaissait autrefois de tous les délits dont la peine excédait trois journées de travail, ou trois jours d'emprisonnement (art. 150, n°. 2 du Code de brumaire). Or, le doublement de la peine, l'élevant à six journées de travail ou à six jours d'emprisonnement, parce que c'est toujours le maximum de la peine ordinaire qui sert de base, pour fixer celle de la récidive, les tribunaux de simple police n'étaient plus compétents, et la peine ne pouvait plus être appliquée, par conséquent, que par les tribunaux correctionnels. Il doit en être encore de même aujourd'hui, quoique les attributions des juges de simple police, aient été augmentées par les art. 465 et 466 du Code pénal, qui les autorisent à prononcer depuis un franc, jusqu'à quinze francs d'amende ; et depuis

nera la contrainte par corps, que vingt-quatre heures après le commandement. La détention remplacera l'amende, à l'égard des insolvables; mais sa durée en commutation de peine, ne pourra excéder un mois. Dans les délits pour lesquels cette peine n'est point prononcée, et dans les cas graves, ou la détention est jointe à l'amende, elle pourra être prolongée du quart du temps prescrit par la loi (1).

Art. 6. Les délits mentionnés au présent décret qui entraîneraient une détention de plus de trois

---

un jusqu'à cinq jours d'emprisonnement. Il est vrai, ainsi que nous l'avons déjà fait remarquer dans notre introduction, que six journées de travail, dont la valeur peut être portée à six francs, ne sont pas hors des attributions actuelles des tribunaux de police simple, mais on ne peut pas dire la même chose de six jours d'emprisonnement, et comme c'est encore le maximum de la peine, qui fixe les limites de la compétence (*Cassation*, 25 juin 1813, tom. XVIII, n°. 11, pag. 345), il faut également décider aujourd'hui, comme le fait l'art. 607 du Code de brumaire, que dans le cas de récidive en matière de délit rural, comme en matière de contraventions, autres que celles prévues par le Code pénal, c'est le tribunal correctionnel qui peut seul en connaître. Cette solution, il faut en convenir, est en opposition avec le principe consacré par le Code pénal, que la récidive ne change pas la compétence; principe qui dérive des art. 58, 474, 478 et 482; mais cette espèce d'irrégularité, tient à la différence d'un jour, car elle n'existerait pas, si le Code pénal eut élevé la compétence des juges de police, à six jours d'emprisonnement, au lieu de cinq. Il n'appartient qu'au législateur de la faire disparaître, et elle disparaitra sans doute, quand on s'occupera de la révision du Code rural.

Les principes que nous venons de développer, relativement à la récidive, sont communs à la disposition du même art. 4, qui porte que l'amende sera également doublée, si le délit a été commis avant le lever ou après le coucher du soleil, et à la troisième disposition, d'après laquelle l'amende doit être triplée, quand les deux circonstances de la récidive et de l'absence du soleil, se trouvent réunies.

(1) Toute cette disposition est abrogée, par les articles 467 et 469 du Code pénal.

jours, dans les campagnes, et de plus de huit jours dans les villes, seront jugés par voie de police correctionnelle, les autres le seront par voie de police municipale (1).

---

(1) Nous avons fait voir dans notre introduction, comment il fallait entendre cet article, et le combiner avec l'art. 605, n°. 9 du Code de brumaire, et nous avons indiqué, en même temps, les bases d'après lesquelles on pouvait reconnaître les faits, dont la répression devait appartenir aujourd'hui aux tribunaux correctionnels, et ceux qui devaient être de la compétence des tribunaux de simple police. Mais puisque la Cour régulatrice en a décidé autrement, puisqu'elle pense que le n°. 9 de l'art. 605 précité, n'apporte aucune modification aux dispositions du Code rural, comme elle, nous ferons abstraction de cet article, et prenant ces dispositions telles qu'elles ont été conçues originairement, nous allons faire connaître l'esprit de la jurisprudence de la Cour de cassation.

Commençons par rappeler, que les tribunaux de simple police, connaissent aujourd'hui de tous les faits qui donnent lieu à une amende d'un franc à quinze francs, ou à un emprisonnement d'un à cinq jours, et que les tribunaux correctionnels au contraire, connaissent de tous les faits qui entraînent une amende de plus de quinze francs et un emprisonnement de plus de cinq jours ; ceci posé il faut distinguer :

Si le maximum de l'amende ou de l'emprisonnement, excède celui des peines de simple police, le fait doit être considéré comme constituant un délit dont la connaissance est dévolue au tribunal correctionnel. Nous disons le *maximum*, parce que c'est toujours le maximum qui sert de base pour asseoir la compétence. Il suffit, en effet, que la peine déterminée par la loi, puisse excéder le pouvoir des tribunaux de police simple, pour qu'ils ne puissent en connaître et pour que l'affaire soit portée au tribunal correctionnel, qui ayant caractère pour prononcer le *minimum* aussi bien que le *maximum*, ne trouve pas, comme le juge de simple police, dans une compétence singulièrement limitée, un obstacle à prononcer ce maximum, toutes les fois que les circonstances de la cause, exigent qu'il soit appliqué. Autrement, chaque tribunal pourrait se rendre compétent par cela seul qu'il restreindrait la peine à la quotité plus ou moins forte, qui se trouverait dans ses attributions. C'est donc *ab origine litis* que la compétence doit être réglée, et comme à cette époque, la quotité des peines encourues ne peut être déterminée avec précision, c'est sur le maximum de la peine applicable au délit que doit se régler cette compétence, sans avoir égard à la faculté légale de prononcer une peine moindre (*Cassa-*

Art. 7. Les maris, pères, mères, tuteurs, maîtres, entrepreneurs de toute espèce, seront

---

tion, 4 brumaire an XIII, *Bull. Crim.*, tom. X, n°. 1er., pag. 19; *Idem.*, 16 janvier 1807. *Bull. Crim.*, tom. XII, n°. 1er., pag. 27; et 25 juin 1813, tom. XVIII, n°. 11, pag. 345). Ainsi tous les faits qui, d'après le Code rural, donnent lieu à une peine excédant quinze francs d'amende, ou à cinq jours d'emprisonnement, doivent être attribués aux tribunaux correctionnels, quel que soit d'ailleurs, le minimum de cette peine.

Les mêmes principes s'appliquent au cas où la peine d'emprisonnement étant fixée à une durée égale, ou supérieure à la détention de police simple, l'amende n'est pas déterminée par la loi. Dès que l'amende est indéterminée, ce qui a lieu souvent pour les délits ruraux, il est impossible de savoir si celle qui sera prononcée excédera ou non la compétence des juges de simple police; d'un autre côté, ce n'est pas sur la condamnation prononcée que cette compétence doit se régler, mais sur celle qui peut et qui doit l'être. Il faut donc recourir de suite au tribunal qui peut le plus, comme le moins, c'est-à-dire, au tribunal correctionnel; car, celui de simple police qui ne peut jamais que le moins, se trouverait arrêté, comme dans le premier cas, dès qu'il y aurait lieu de prononcer le plus.

Cependant, comme l'amende quoiqu'indéterminée doit toujours être calculée sur une base donnée, afin de ne rien laisser à l'arbitraire, par exemple, sur le dommage fait à la partie lésée, il faut encore distinguer: si la valeur du dommage n'est pas connue d'une manière légale, c'est devant le tribunal correctionnel que la demande devra être portée; si, au contraire, le dommage est connu et évalué, soit par la partie lésée dans sa demande, soit par des procès-verbaux dressés au moment du délit, si, disons nous, il est évalué à une somme qui range le fait sous la juridiction du tribunal de simple police; c'est ce tribunal qu'il faudra saisir de l'action, parce que toute incertitude cessant, sa compétence n'est plus douteuse, et l'on n'a plus à craindre les inconvéniens graves, qui seraient le résultat d'une marche différente, c'est-à-dire, la nécessité de recourir à un second tribunal après s'être inutilement adressé à une première juridiction (*Cassation*, 6 messidor an IX, *Bull. Crim.*, tom. VI, n°. 9, pag. 421; et 1er. messidor an XIII, tom. X, n°. 6, pag. 283).

Enfin, si le fait prévu est puni d'une amende, ou d'un emprisonnement dont la quotité et la durée soient égales, ou inférieures aux peines actuelles de simple police, il n'y a aucune difficulté; ce fait constitue évidemment une contravention, dont la connaissance appartient exclusivement au tribunal de simple police. On fera seulement

civilement responsables des délits, commis par leurs femmes et enfants, pupilles, mineurs, n'ayant pas plus de vingt ans et non mariés, domestiques, ouvriers, voituriers et autres subordonnés. L'estimation du dommage sera toujours faite par le juge de paix, ou ses assesseurs, ou par des experts par eux nommés (1).

Art. 8. Les domestiques, ouvriers, voituriers ou autres subordonnés, seront à leur tour, responsables de leurs délits, envers ceux qui les emploient (2).

Art. 9. Les officiers municipaux veilleront généralement à la tranquillité, à la salubrité, et à la sûreté des campagnes; ils seront tenus particulièrement de faire, au moins une fois par an, la visite des fours et cheminées, de toutes mai-

---

observer, que d'après les dispositions de l'art. 2 de la loi du 23 thermidor an IV, ce tribunal ne peut jamais prononcer moins qu'une amende de la valeur de trois journées de travail, ou trois jours d'emprisonnement (*Cassation*, 3 janvier 1811. *Bull. Crim.*, tom. XVI, n°. 1, pag. 5).

(1) La responsabilité dont il est parlé en cet article, ne s'applique point aux amendes qui peuvent être prononcées contre les délinquants, parce que l'amende est une peine, et qu'une peine ne peut être infligée qu'à l'auteur même du fait, qui donne lieu à la peine. Elle s'entend seulement des restitutions, dommages intérêts et frais, adjugés à la partie lésée (*Cassation*, 11 septembre 1818, *Journal du Palais*, 2e. vol., 1819, pag. 209). Du reste, le Code pénal n'ayant pas renouvelé cette première disposition de l'article, elle ne peut être invoquée que pour les délits et contraventions, qu'il n'a pas prévus. Quant aux autres cas, où il peut y avoir lieu à responsabilité, ils sont réglés par le livre III, titre IV, chap. II du Code civil. (Code pénal, art. 74). A l'égard de la seconde disposition qui veut que l'estimation du dommage, soit toujours faite par le juge de paix, elle est maintenue par l'art. 148 du Code d'instruction criminelle.

(2) Cet article est la conséquence du précédent, il faut lui appliquer les mêmes principes.

sons et de tous bâtimens, éloignés de moins de cent toises d'autres habitations: ces visites seront préalablement annoncées huit jours d'avance.

Après la visite, ils ordonneront la réparation ou la démolition des fours et des cheminées qui se trouveront dans un état de délabrement, qui pourrait occasionner un incendie ou d'autres accidents; il pourra y avoir lieu à une amende au moins de six livres et au plus de vingt-quatre livres (1).

Art. 10. Toute personne qui aura allumé du feu dans les champs, plus près que cinquante toises des maisons, bois, bruyères, vergers, haies, meules de grains, de paille ou de foin, sera condamnée à une amende égale à la valeur de douze journées de travail, et payera, en outre le dommage que le feu aurait occasionné: le délinquant pourra de plus, suivant les circonstances, être condamné à la détention de police municipale (2).

---

(1) La Cour de cassation a décidé le 21 thermidor an XII (*Bull. Crim.*, tom. IX, n°. 7, pag. 300), que la peine prononcée par cet article, ne pouvait être appliquée que par le tribunal correctionnel, mais cette peine ayant été abrogée depuis, par les n°s. 1 et 5, de l'article 471 du Code pénal, qui punissent d'une amende de un à cinq francs,

1°. Ceux qui auront négligé d'entretenir, réparer ou nettoyer les fours, cheminées, ou usines, où l'on fait usage du feu.

2°. Ceux qui auront négligé ou refusé d'obéir à la sommation émanée de l'autorité administrative, de réparer ou démolir, les édifices menaçant ruine, il ne faut plus s'arrêter à l'arrêt.

Voyez au surplus l'article 458 du même Code, qui règle le cas où le défaut de nettoiement, réparation ou entretien des fours, cheminées, etc., a été la cause d'un incendie.

(2) On voit par ces expressions, il *payera, en outre, le dommage*

Art. 11. Celui qui achetera des bestiaux hors des foires et marchés, sera tenu de les restituer gratuitement au propriétaire en l'état où ils se trouveront, dans le cas où ils auraient été volés (1).

Art. 12. Les dégats que les bestiaux de toute espèce, laissés à l'abandon, feront sur les propriétés d'autrui, soit dans l'enceinte des habitations, soit dans un enclos rural, soit dans les champs ouverts, seront payés par les personnes qui ont la jouissance des bestiaux. Si elles sont insolvables, ces dégats seront payés par celles qui en ont la propriété. Le propriétaire qui éprouvera les dommages aura le droit de saisir les bestiaux sous l'obligation de les faire conduire dans les vingt-quatre heures, au lieu du dépôt qui sera désigné à cet effet par la municipalité.

Il sera satisfait aux dégats, par la vente des

---

que le feu aurait occasionné, que l'article s'applique au cas, où le feu allumé n'a causé aucun incendie, comme à celui où il en a occasionné un, mais au moyen de ce que celui-ci est prévu par l'art. 458 du Code pénal, et rangé au nombre des délits, il faut restreindre la disposition de cet article, à celui qui aura simplement allumé du feu dans les champs, sans observer les distances prescrites, et cela, quoiqu'il n'en soit résulté aucun dommage. Quant à l'application de la peine, elle sera, (suivant que douze journées de travail, en les calculant d'après la valeur locale, feront porter l'amende à une somme excédant ou n'excédant pas quinze francs) de la compétence du tribunal correctionnel ou de celle du tribunal de simple police (*Cassation*, 16 frimaire an XII. *Bull. Crim*, tom. IX, no. 2, pag. 61); lequel dans tous les cas, ne peut jamais condamner à une amende moindre, que trois journées de travail (loi du 27 thermidor an IV, art. 2).

(1) La loi ne prononce aucune peine, contre celui qui achète des bestiaux hors des foires et marchés, parce qu'il est suffisamment puni, par l'obligation de les rendre sans indemnité au propriétaire, lequel, au surplus, à trois ans pour les revendiquer (Code civil, art. 2279).

bestiaux, s'ils ne sont pas réclamés, ou si le dommage n'a point été payé dans la huitaine du jour du délit.

Si ce sont des volailles, de quelqu'espèce que ce soit, qui causent le dommage, le propriétaire, le détenteur ou le fermier, qui l'éprouvera pourra les tuer; mais seulement sur le lieu, au moment du dégat (1).

---

(1) Cet article règle seulement la manière dont sera payé le dégat, fait par des bestiaux *laissés à l'abandon* (A), soit dans l'enceinte des habitations, soit dans un enclos rural, soit dans les champs ouverts (ce qui ne peut s'appliquer aux bois, qui sont d'ailleurs l'objet de l'art. 38); et il dispose en conséquence, qu'il sera satisfait à ces dégats, à l'égard des bestiaux, par la saisie et vente, s'ils ne sont pas réclamés ou si le dommage n'est pas payé dans la huitaine du délit, et à l'égard des volailles, en les tuant sur le lieu même au moment du dégat, sur quoi il faut faire observer, 1°. que ce droit de tuer les volailles est l'équivalant de celui de saisie, accordé à l'égard des bestiaux, pour assurer l'indemnité dûe à celui qui a souffert le dommage, saisie qui est impraticable sur les volailles, et que l'exercice de ce droit n'empêche pas que les dégats causés par elles, ne soient un délit rural, qui doit être puni, comme ceux causés par les bestiaux (*Cassation*, 11 août 1808. *Bull. Crim.*, tom. XIII, n°. 8, pag. 358; 22 août 1816, tom. XXI, n°. 8, pag. 122); 2°. ces expressions *bestiaux laissés* à l'abandon, ne comprennent évidemment que les quadrupèdes domestiques, et ne peuvent s'appliquer aux pigeons qui voués en quelque sorte à la divagation, par leur nature et par leur instinct, ne sont pas susceptibles d'être gardés à vue, et ne sauraient conséquemment, jamais être considérés ni comme laissés à l'abandon, ni comme étant compris sous la dénomination de *volailles*, parce que cette dénomination ne s'applique qu'aux oiseaux qu'on tient en état de domesticité, en un mot à ceux qu'on élève et qu'on nourrit dans les basses cours; d'où il suit que l'art. 1er., n'est point

(A) *L'art. 24 prévoit le cas où les bestiaux ont été conduits volontairement sur le terrain d'autrui, pour y paccager, et l'art. 475, n°. 10 du Code pénal, celui où ils n'ont fait qu'y* passer. *Voyez ces deux articles.*

Art. 13. Les bestiaux morts, seront enfouis dans la journée à quatre pieds de profondeur, par le propriétaire, et dans son terrain, ou voiturés à l'endroit désigné par la municipalité pour y être également enfouis, sous peine, par le délinquant, de payer une amende de la valeur d'une journée de travail et les frais de transport et d'enfouissement (1).

---

applicable aux dégats causés par des pigeons, sur les propriétés d'autrui (*voyez* Pièces justificatives, n°. 2, l'arrêt de la Cour de cassation du 30 octobre 1813), le propriétaire ou fermier du champ dévasté par ces animaux, n'a que le choix, ou de s'en emparer après les avoir tués sur son terrain, dans le cas prévu par l'art. 2 de la loi du 4 août 1789, ou de se pourvoir en dommages intérêts, contre le propriétaire, mais par action civile seulement.

Quant à la peine applicable au délit prévu par ce même article 12, c'est-à-dire, à l'abandon de bestiaux ou volailles sur le terrain d'autrui, elle n'y est pas déterminée, et de cette omission l'on pourrait induire que le législateur, n'a entendu en prononcer aucune pour le cas dont il s'agit. Mais il faut considérer que ce même article dans le cours de ses dispositions qualifie de *délit*, le fait dont il s'agit; or, tout délit devant être puni, il faut en se fondant sur les dispositions générales de l'art. 3, combiné avec celles des art. 605, n°. 9, 600 et 606 du Code de brumaire, et 2 de la loi du 23 thermidor, décider que le délit, ou plutôt la contravention dont il s'agit, doit être punie d'une amende de trois journées de travail ou de trois jours d'emprisonnement (*Cassation*, 22 août 1816, *Bull. Crim.*, tom. XXI, n°. 8, pag. 122; et 27 août 1819, tom. XXIV, n°. 8, pag. 297) (A).

(1) Cette disposition ne concerne que les bestiaux morts naturelle-

(A) *La même Cour a décidé le* 15 *février* 1811 (*Bull. Crim.*, tom. XVI, n°. 1er., pag. 41), *qu'il y avait délit, et par suite, qu'il y avait lieu à l'application de la peine, lors même que les bestiaux ou volailles laissés à l'abandon, n'auraient fait aucun dommage et cela, par le motif que c'est principalement l'*abandon *des bestiaux, c'est-à-dire, la négligence du propriétaire, que la loi a voulu punir. Cependant l'art.* 12 *ne semble fait que pour le cas où il y a dégats; d'un autre côté, lorsqu'aucun dommage n'a eu lieu, le propriétaire est-il fondé à se plaindre?*

Art. 14. Ceux qui détruiront les greffes des arbres fruitiers ou autres, et ceux qui écorceront ou couperont en tout ou en partie des arbres sur pied, qui ne leur appartiendront pas, seront condamnés à une amende double du dédommagement dû au propriétaire et à une détention de police correctionnelle, qui ne pourra excéder six mois (1).

Art. 15. Personne ne pourra inonder l'héritage de son voisin, ni lui transmettre volontairement les eaux, d'une manière nuisible, sous peine de payer le dommage, et une amende qui ne pourra excéder la somme du dédommagement (2).

---

ment ou par suite d'une maladie non contagieuse, et le défaut d'exécution des mesures qu'elle prescrit, entraîne aujourd'hui une amende de la valeur de trois journées de travail ou un emprisonnement de trois jours (loi du 23 thermidor an IV, art. 2). A l'égard des bestiaux morts par suite d'une épizootie, leur enfouissage exige plus de précautions, et le mode en est fixé par des réglements particuliers, dont l'exécution est formellement maintenue par l'art. 461 du Code pénal. Ces réglements résultent d'arrêts du conseil d'état des 19 juillet 1746, 31 janvier 1771, et 16 juillet 1784; ils prononcent des peines qui ne peuvent être appliquées, que par le tribunal correctionnel.

(1) Ces délits sont prévus par les art. 445, 446 et 447 du Code pénal; il y a par conséquent abrogation de l'art. 14 ci-dessus.

(2) Cet article contient deux dispositions prohibitives : par la première, il est défendu d'inonder l'héritage de son voisin, et cette défense générale, s'applique à toutes les espèces d'inondations, sur lesquelles il n'est pas disposé spécialement, et quels qu'en aient été les moyens. Par la seconde, qui est différente de la première, puisqu'elle en est séparée par une particule disjonctive, il est défendu de transmettre ses eaux, à l'héritage de son voisin d'une manière nuisible, et cette prohibition particulière qui ne suppose pas une inondation, n'est relative qu'aux dommages que peuvent causer les eaux dans le cours qu'on leur a donné, ou dans un cours naturel auquel on aurait fait produire des effets nuisibles, par des moyens quelconques.

ART. 16. Les propriétaires ou fermiers de moulins et usines, construits ou à construire,

---

L'art. 16 qui suit, est spécial pour les propriétaires ou fermiers de moulins et usines; il ne comprend pas les propriétaires ou fermiers d'étangs; sa disposition, par conséquent, ne peut être appliquée aux dommages causés par ces individus, aux propriétés voisines, par la trop grande élévation du déversoir de leurs eaux ou autrement; ces dommages restent donc dans la première disposition dudit art. 15, et doivent être punis conformément à cet article, c'est-à-dire, en appliquant les principes de la Cour de cassation rappelés sur l'art. 6, d'une amende qui ne pourra excéder la somme du dédommagement. A la vérité l'art. 457 du Code pénal qui a le même objet que l'art. 16 précité, comprend les personnes jouissant d'étangs, comme celles qui possèdent des moulins et usines, mais sa disposition n'étant relative qu'aux dommages produits par *l'élévation du déversoir de leurs eaux au-dessus de la hauteur déterminée par l'autorité compétente*, elle doit être restreinte à ce cas. Quant aux dommages causés de toute autre manière, même par la trop grande élévation d'un déversoir, dont la hauteur n'aurait point été fixée par l'autorité administrative; il faut recourir à l'art. 15 ci-dessus (*Cassation*, 23 janvier 1819, *Bull. Crim.*, tom. XXIV, n°. 1er., pag. 27). A l'égard de l'amende encourue pour le délit, elle est indéterminée; c'est donc au tribunal correctionnel qu'il appartient de l'appliquer (*Cassation*, 6 brumaire an IX, *Bull. Crim.*, tom. VI, n°. 9, pag. 421; 4 brumaire an XIII, tom. X, n°. 1er., pag. 19; et 18 juillet 1806, tom. XI, n°. 5, pag. 209), si cependant la valeur du dommage était connue, et portée à une somme moindre que quinze francs, il y aurait lieu de s'adresser au tribunal de simple police. (*Voyez* la note sur l'art. 6).

L'article 15 qui nous occupe, rappelle un genre de contravention bien commun dans les campagnes, et qui cependant, ne paraît prévu ni par le Code rural, ni par aucune loi particulière. Nous voulons parler des contraventions aux réglements sur la police des rivières, ruisseaux et canaux non navigables, et notamment des prises d'eaux irrégulières.

L'art. 646 du Code civil, porte que celui dont la propriété borde une eau courante, autre que celle qui est déclarée dépendance du domaine public, par l'art. 538, peut s'en servir à son passage pour l'irrigation de ses propriétés.

L'exercice immodéré de ce droit, de la part des propriétaires supérieurs, pouvant porter le plus grand préjudice aux propriétaires inférieurs, les préfets dont les départements sont traversés par des rivières et ruisseaux non navigables, ont pris depuis long-temps des arrêtés,

seront garants de tous dommages que les eaux pourraient causer aux chemins ou aux propriétés voisines par la trop grande élévation du déversoir ou autrement ; ils seront forcés de tenir les eaux à une hauteur qui ne nuise à personne, et qui sera fixée par le directoire du département, d'après l'avis du directoire de district. En cas de

---

ayant pour objet, de régler l'usage du droit d'irrigation et d'en déterminer le mode, ainsi que les jours et heures, pendant lesquels il doit y être procédé.

Il s'est agi, en suite de savoir : qui de l'autorité administrative ou de l'autorité judiciaire, serait appelée à connaître des contraventions à ces règlements. La question a été soumise au conseil d'état, et par avis du 24 ventose an XII (non inséré au Bulletin des Lois), il a été décidé que la loi du 29 floréal an X, relative aux contraventions en matière de grande voirie, n'était point applicable à celles commises *aux réglements de police sur les rivières non navigables, canaux et autres petits cours d'eaux*, et que ces contraventions devaient, selon les lois existantes, être portées suivant leur nature, devant le tribunal de police municipale ou correctionnel, ou devant les tribunaux civils, s'il s'agissait de contestations intéressant la propriété. Mais quelle peine infligera-t-on aux contrevenants ? L'avis du conseil d'état est muet sur cette seconde question. Il se contente de renvoyer aux lois existantes, ce qui suppose qu'en effet il en existe ; cependant, nous avons cherché ces lois et nous n'avons pu les trouver, nous sommes même portés à croire qu'il n'y en a pas qui soient spéciales au cas dont il s'agit ; nous avons cherché aussi à reconnaître, si les réglements en question pouvaient se rattacher à l'un des objets de police, prévus par l'art. 3, titre II de la loi du 24 août 1790 ; et nous nous sommes convaincus, qu'ils y étaient entièrement étrangers ; ne croyons pas néanmoins, qu'il n'existe aucun moyen légal de punir ces sortes de contraventions. Ce moyen existe, on le trouve dans les dispositions de l'art. 471, n°. 5 du Code pénal. En effet, de même que les rivières et canaux navigables ou flottables, font partie de la grande voirie, de même les rivières, canaux et ruisseaux non navigables, sont compris dans les objets de petite voirie. Or, l'art. 471, n°. 5 précité du Code pénal, punit d'une amende d'un franc à cinq francs, ceux qui négligent ou refusent d'exécuter les réglements ou arrêtés concernant la petite voirie : on doit donc appliquer cette peine aux contraventions dont il s'agit.

contravention, la peine sera une amende qui ne pourra excéder la somme du dédommagement (1).

ART. 17. Il est défendu à toute personne de recombler les fossés, de dégrader les clotures, de couper des branches de haies vives, d'enlever des bois secs des haies, sous peine d'une amende de la valeur de trois journées de travail. Le dédommagement sera payé au propriétaire, et, suivant la gravité des circonstances, la détention pourra avoir lieu, mais au plus pour un mois (2).

ART. 18. Dans les lieux qui ne sont sujets, ni au parcours, ni à la vaine pâture pour toute chèvre, qui sera trouvée sur l'héritage d'autrui, contre le gré du propriétaire de l'héritage, il sera payé une amende de la valeur d'une journée de travail, par le propriétaire de la chèvre.

---

(1) Cet article ne parle que des propriétaires ou fermiers de *moulins et usines*, il est remplacé aujourd'hui par l'art. 457 du Code pénal, qui, ayant essentiellement le même objet, comprend de plus les propriétaires ou fermiers d'étangs, comme ceux des moulins et usines ; c'est donc cet article qui doit faire règle, toutes les fois qu'il s'agit d'un dommage, causé par la trop grande élévation d'un déversoir de moulins, usines et étangs. Mais comme d'après ce même article, il n'y a de délit, qu'autant que le propriétaire ou fermier a dépassé la hauteur déterminée par l'autorité administrative, et qu'il y a eu surélévation du déversoir (*Cassation*, 2 février 1816, *Bull. Crim.*, tom. XXI, n°. 2, pag. 16), c'est l'article 15 qui précède, que l'on appliquera, quand le dommage aura été occasionné par la trop grande élévation d'un déversoir, dont la hauteur n'aurait pas été déterminée, parce que les tiers ne doivent pas souffrir de la négligence du propriétaire ou fermier à faire fixer la hauteur de ses eaux (*voyez* la note sur l'art. 15).

(2) La disposition de cet article, qui constitue d'ailleurs un délit, est remplacé par l'art. 456 du Code pénal ; ainsi que cela résulte de ces expressions dudit article. « Quiconque aura *en tout, ou en partie*, comblé les fossés, détruit les clôtures, etc. » : l'enlèvement d'une branche, constitue évidemment une destruction partielle.

Dans les pays de parcours ou de vaine pâture, où les chèvres ne sont pas rassemblées et conduites en troupeau commun, celui qui aura des animaux de cette espèce, ne pourra les mener aux champs qu'attachés, sous peine d'une amende de la valeur d'une journée de travail, par tête d'animal.

En quelque circonstance que ce soit, lorsqu'elles auront fait du dommage aux arbres fruitiers ou autres, haies, vignes, jardins, l'amende sera double, sans préjudice du dédommagement dû au propriétaire (1).

Art. 19. Les propriétaires ou les fermiers d'un même canton, ne pourront se coaliser pour faire baisser ou fixer à vil prix la journée des ouvriers ou les gages des domestiques, sous peine d'une amende du quart de la contribution mobilière des délinquants, et même de la détention de police municipale, s'il y a lieu (2).

---

(1) Cet article comprend trois dispositions : la première, relative au pâturage des chèvres, dans les pays, non sujets au parcours, ou à la vaine pâture : la seconde, relative au pâturage des mêmes animaux, dans les pays de parcours et de vaine pâture, et il prononce pour l'une et l'autre, la peine d'une amende de la valeur d'une journée de travail, par tête d'animal, peine qui doit être remplacée aujourd'hui, par celle d'une amende de trois journées de travail ou de trois jours d'emprisonnement (*voyez* art. 6).

La troisième prévoit le cas, où ces chèvres ont fait du dommage aux arbres fruitiers ou autres, haies, vignes et jardins, et dans cette hypothèse, il double l'amende. En conséquence, il sera prononcé, mais alors par le tribunal correctionnel, six jours de travail ou six jours d'emprisonnement.

(2) Cet article fait regretter que l'on n'ait point encore exécuté le projet, conçu depuis si long-temps, de refaire le Code rural, il répugne en effet, à notre législation actuelle, de prendre la contribution mobi-

Art. 20. Les moissonneurs, les domestiques et ouvriers de la campagne ne pourront se liguer entre eux pour faire hausser et déterminer le prix des gages ou des salaires, sous peine d'une amende qui ne pourra excéder la valeur de douze journées de travail et en outre de la détention de police municipale (1).

Art. 21. Les glaneurs, les rateleurs, et les grapilleurs, dans les lieux où les usages de glaner, rateler et grapiller sont reçus, n'entreront dans les champs, prés et vignes récoltés et ouverts, qu'après l'entier enlèvement des fruits. En cas de contravention, les produits du glanage, du ratelage et du grapillage, seront confisqués, et

---

lière pour base de la fixation d'une amende. Ajoutons, que si la contribution mobilière est portée à une somme considérable, ce qui n'est pas rare aujourd'hui, l'amende ne sera plus en proportion avec la nature du fait, et cependant, cette amende est la peine principale; car, quoiqu'il soit aussi question, dans l'article, de la détention de police, on voit que cette mesure est subordonnée aux circonstances, et laissée à l'arbitrage du juge. Cet inconvénient disparaissait sous le système de réduction que nous avions adopté par application du n°. 9, de l'art. 605 du Code de brumaire; système d'après lequel, le fait prévu par l'art. 19, constituerait aujourd'hui une contravention rurale, punissable d'une amende de la valeur de trois journées de travail ou de trois jours d'emprisonnement. Mais nous avons abandonné ce système, il faut donc prendre l'article tel qu'il est, et porter la demande devant le tribunal de simple police, ou devant le tribunal correctionnel, suivant que le quart de la contribution mobilière du délinquant, portera l'amende à un taux qui fera rentrer le délit dans les attributions de l'un ou de l'autre de ces tribunaux.

Il s'agit au surplus dans l'art. 19 et dans le suivant des travaux de l'agriculture, ils ne sont donc pas abrogés par les art. 415 et 416 du Code pénal, qui n'ont pour objet, suivant la rubrique sous laquelle ils sont placés, que la violation des réglements relatifs aux *manufactures*, au *commerce* et aux *arts*.

(1) *Voyez* pour la compétence la note sur l'art. 10.

suivant les circonstances, il pourra y avoir lieu à la détention de police municipale. Le glanage, le ratelage et le grapillage sont interdits, dans tout enclos rural, tel qu'il est défini à l'art. 6 de la 4e. section du titre Ier. du présent décret (1).

---

(1) Le glanage a toujours été considéré comme la propriété du pauvre, le principe en est consacré jusques dans l'Écriture Sainte, et il se trouve formellement rappelé, dans une ordonnance de Saint-Louis de 1261; aussi est-il peu de pays où il ne soit point admis, à moins que les localités ne s'y opposent? Il en est de même du ratelage et du grapillage, qui s'appliquent l'un aux prés, et l'autre aux vignes. Cependant, comme ces usages ne sont pas approuvés de tout le monde (*Voyez* le projet du nouveau Code rural, chap. III, art. 8.), l'art. 21 ne les érige pas en loi; il dispose seulement que dans les pays où ils sont reçus (et par là il les maintient implicitement) on ne pourra entrer dans les champs, prés et vignes, qu'après l'entier enlèvement des fruits, sous peine de confiscation du produit du glanage, ratelage et grapillage, et suivant les circonstances, de la détention de police municipale. Mais cette dernière peine se trouve remplacée, tant pour le cas prévu par la première disposition du susdit art. 21, que pour le cas où il aura été glané, ratelé ou grapillé avant ou après le coucher du soleil, par celle prononcée par les art. 471, no. 10 et 473 du Code pénal. A l'égard de la confiscation, elle n'est pas rappelée par ce dernier Code. On ne peut donc plus la prononcer, sauf à ordonner au profit et sur la demande du propriétaire du champ, la restitution du produit du glanage fait en contravention à la loi.

Ne perdons pas de vue, au reste, que la prohibition prononcée par l'art. 21, est étrangère aux propriétaires des champs récoltés, ceux-ci d'après l'art. 2, titre Ier., sect. 1re., du présent Code, ont le droit de disposer de la totalité de leurs récoltes, elle ne concerne parconséquent que les individus à qui, en considération de leur indigence, on abandonne les épis et les grappes qu'ils trouvent dans les champs et les vignes d'autrui, après que la récolte a été enlevée, ainsi elle ne fait point obstacle à ce que le propriétaire dispose à sa volonté, par lui-même ou par les siens des épis épars dans son champ, dont la récolte n'est pas encore enlevée et qui parconséquent n'est pas encore ouvert à l'exercice du glanage; en agissant ainsi, il ne glane pas, il recueille seulement des fruits qui lui appartiennent et que la loi laisse encore à sa disposition. Il ne peut donc être passible de l'application de l'article dont il s'agit (*Cassation*, 28 janvier 1820, *Bull. Crim.*, tom. XXV, no. 1er., pag. 44).

ART. 22. Dans les lieux de parcours ou de vaine pâture, comme dans ceux où ces usages ne sont point

---

Le même article, dans sa seconde disposition, interdit le glanage, le ratelage et le grapillage dans tout enclos rural et, par une circonstance assez extraordinaire, il ne statue rien sur la peine encourrue par ceux qui enfreindraient cette prohibition, quoiqu'en pareille circonstance les art 22, 24, 25 et 30 veulent qu'elle soit doublée. Mais puisqu'il est *interdit*, il doit être puni quand il a lieu; car alors, il y a infraction à la loi. C'est donc le cas, en appliquant ici les principes consacrés par l'arrêt cité, sur l'art. 12, de punir le glanage, ratelage ou grapillage dans un enclos rural (A), des peines établies par l'art. 3 combiné avec les art. 605, n°. 5, 600 et 606 du Code de brumaire, et 2 de la loi du 23 thermidor suivant.

A côté du glanage, se place naturellement le *chaumage*, usage qui a pour origine le même principe que celui du glanage, et qu'on trouve également consacré dans l'Écriture Sainte, ainsi que dans l'ordonnance de Saint-Louis. Mais prenons garde que les rédacteurs du Code rural, qui n'ont point oublié le glanage, non plus que le ratelage et le grapillage, n'ont cependant fait aucune mention du chaumage, quoique l'un les conduisit nécéssairement à l'autre. Concluons donc, en appliquant les principes professés dans l'avis du conseil d'État déjà cité, du 18 février 1812 (*Voyez* pièces justificatives, n°. 9.), que cet usage se trouve implicitement abrogé, que les cultivateurs ont le droit de disposer de la totalité de leur chaume, et enfin, que le refus de se conformer à un arrêté municipal, enjoignant aux cultivateurs de marquer une certaine quantité de chaume et d'abandonner le reste aux pauvres, ne constitue pas une contravention de police (*Voyez* à cette occasion, pièces justificatives, n°. 5, l'arrêt de la Cour de cassation du 29 thermidor an IX).

Remarquons en finissant que l'art. 21 du Code rural, et l'art. 471 du Code pénal, sont uniquement relatifs à la prohibition de glaner, rateler, ou grapiller, dans les champs non encore dépouillés et avant le lever ou après le coucher du soleil, ils ne contiennent rien de particulier

(A) *Un héritage est réputé clos, quand il est entouré d'un mur de quatre pieds de hauteur avec barrière ou porte, ou lorsqu'il est exactement fermé et entouré de palissades ou de treillages ou d'une haie vive ou d'une haie sèche, faite avec des pieux, ou cordelée avec des branches, ou de toute autre manière de faire les haies en usage dans chaque localité; ou enfin, d'un fossé de quatre pieds de large au moins à l'ouverture et de deux pieds de profondeur.* (Code rural, sect. V, art. 6).

établis, les pâtres et les bergers ne pourront mener les troupeaux d'aucune espèce dans les champs moissonnés et ouverts que deux jours après la récolte entière, sous peine d'une amende de la valeur d'une journée de travail. L'amende sera double si les bestiaux d'autrui ont pénétré dans un enclos rural (1).

---

sur le mode du glanage, ratelage ou grapillage ; ce mode est donc subordonné à l'empire des usages et réglements particuliers, auxquels renvoie l'art. 484 du Code pénal, et notamment à l'empire d'un arrêt de réglement du parlement de Paris du 7 juin 1779, qui défend de glaner et rateler, avec des rateaux à dents de fer dans les prés et terres ensemencés en luzernes, trefles, sainfoins, etc., et qui, en cas de contravention, prononce une amende de vingt livres, contre les contrevenants (*Cassation*, 23 décembre 1818, *Journal du Palais*, tom. III, 1819, pag. 410).

(1) Cette disposition semble contrarier les principes généraux sur la propriété posés dans l'art. 1er., titre Ier., sect. 1re. du Code rural, d'après lesquels les propriétés sont affranchies de toute servitude personnelle. Mais l'article précédent ayant maintenu l'usage du glanage dans les champs récoltés et ouverts en faveur des habitants des lieux où il est reçu, c'est pour assurer à ces habitants l'exercice de ce droit, que l'art. 22 défend, dans sa première disposition, de mener paître des bestiaux quelconques sur les champs moissonnés et ouverts dans les deux jours qui suivent l'enlèvement intégral de la récolte; et comme cette défense est générale et absolue, relativement aux champs ouverts, elle comprend nécessairement les propriétaires de ces champs, comme les autres individus : c'est ce qui résulte des termes de la seconde disposition; en énonçant qu'elle ne concerne que l'introduction des bestiaux d'*autrui*, elle démontre évidemment que la première doit être appliquée à l'introduction des bestiaux du maître du champ, comme à celle des bestiaux qui ne lui appartiennent pas. Le propriétaire qui contrevient à cette défense, encourt donc comme tout autre, la peine portée par cet article (*Cassation*, 18 octobre 1817, *Bull. Crim.*, tom. XXII, no. 10, pag. 260). Cette peine d'après les dispositions de l'art. 2 de la loi du 23 thermidor an IV, doit être aujourd'hui dans le premier cas, d'une amende de trois journées de travail, ou de trois jours d'emprisonnement, et du double dans le second, c'est-à-dire, s'il y a eu violation de clôture.

ART. 23. Un troupeau atteint de maladie contagieuse, qui sera rencontré au pâturage, sur les terres du parcours ou de la vaine pâture, autres que celles qui auront été désignées pour lui seul, pourra être saisi par les gardes champêtres, et même par toute personne ; il sera ensuite mené au lieu du dépôt qui sera désigné à cet effet par la municipalité.

Le maître de ce troupeau sera condamné à une amende de la valeur d'une journée de travail par tête de bêtes à laine, et à une amende du triple par tête d'autre bétail.

Il pourra en outre, suivant la gravité des circonstances, être responsable du dommage que son troupeau aurait occassionné, sans que cette responsabilité puisse s'étendre au-delà des limites de la municipalité.

A plus forte raison cette amende et cette responsabilité auront lieu, si ce troupeau a été saisi sur les terres qui ne sont point sujettes au parcours ou à la vaine pâture (1).

ART. 24. Il est défendu de mener sur le terrain d'autrui, des bestiaux d'aucune espèce et en

---

(1) Cet article n'est que la conséquence de l'art. 19, titre Ier., sect. IV, qui impose à tout propriétaire d'un troupeau malade, l'obligation d'en faire la déclaration à la municipalité, et autorise celle-ci à assigner un cantonnement au troupeau sur le terrain du parcours ou de la vaine pâture, dans le cas où il en existerait dans la commune, et dans le cas contraire, ordonne que le propriétaire sera tenu de garder sur ses héritages, son troupeau malade. Mais toute cette législation se trouve abrogée par les art. 459, 460 et 461 du Code pénal, qui dans les trois cas prévus, prononcent des peines correctionnelles.

aucun temps, dans les prairies artificielles, dans les vignes, oseraies, dans les plants de capriers, dans ceux d'oliviers, de muriers, de grenadiers, d'orangers et arbres du même genre, dans tous les plants ou pépinières d'arbres fruitiers ou autres, faits de mains d'hommes.

L'amende encourue pour le délit, sera une somme de la valeur du dédommagement dû au propriétaire ; l'amende sera double si le dommage a été fait dans un enclos rural, et suivant les circonstances, il pourra y avoir lieu à la détention de police municipale (1).

---

(1) La défense portée dans la première disposition de cet article est générale, et s'applique dès lors, à tous les terrains qui sont susceptibles d'éprouver du dommage, par l'introduction de bestiaux, et qui ne sont pas l'objet d'une disposition particulière, elle embrasse notamment les prairies naturelles, qui ne sont comprises dans aucuns des articles, soit du Code rural, soit du Code pénal, mais elle est subordonnée aux différentes exceptions apportées par la loi, et par exemple, à l'égard des prairies naturelles, à celles résultant de l'art. 10, titre Ier., sect. IV du présent Code, qui dans les pays de parcours et de vaine pâture, permet d'y conduire les bestiaux après la récolte de la première herbe.

Il n'en est pas de même de la prohibition contenue en la seconde disposition, elle est impérative et n'admet aucune restriction ; en aucun temps, il n'est permis de conduire des bestiaux dans les prairies artificielles, dans les vignes, oseraies ; ainsi à l'égard des prairies artificielles, cette prohibition s'étend même aux terrains soumis à l'exercice du droit de parcours ou de vaine pâture (*Cassation*, 4 juillet 1817, *Bull. Crim.*, tom. XXII, no. 7, pag. 145.) ; relativement à la peine applicable au fait dont il s'agit, il faut décider, conformément à la jurisprudence de la Cour de cassation, qu'elle est de la compétence de la police correctionnelle ; car, l'amende est indéterminée (*Cassation*, 1er. messidor an XIII, *Bull. Crim.*, tom. X, no. 6, pag. 283 ; 16 janvier 1807, tom. XII, no. 1er., pag. 27 ; 2 novembre 1810, tom. XV, no. 6, pag. 258, et 1er. août 1819, Sirey, an 1819, tom. XIX, 1re. partie, pag. 153).

On a vu dans l'article 12 du présent Code, de quelles peines sont susceptibles ceux qui laissent leurs bestiaux ou volailles à l'*abandon* sur les propriétés d'autrui. Nous venons de voir dans l'art. 24 comment sont

Art. 25. Les conducteurs des bestiaux revenant des foires, ou les menant d'un lieu à un autre, même dans les pays de parcours ou de vaine pâture, ne pourront les laisser pacager sur les terres des particuliers, ni sur les communaux, sous peine d'une amende de la valeur de deux journées de travail, en outre du dédommagement; l'amende sera égale à la somme du dédommagement, si le dommage est fait sur un terrain ensemencé, ou qui n'a pas été dépouillé de sa récolte, ou dans un enclos rural.

A défaut de payement, les bestiaux pourront être saisis et vendus, jusqu'à concurrence de ce qui sera dû pour l'indemnité, l'amende et autres frais relatifs; il pourra même y avoir lieu, envers les conducteurs, à la détention de police municipale, suivant les circonstances (1).

Art. 26. Quiconque sera trouvé gardant à vue ses bestiaux dans les récoltes d'autrui, sera condamné, en outre du payement du dommage, à

---

punis ceux qui les y conduisent pour *paître ou divaguer.* Nous verrons, dans les articles 471, n°. 14, et 475, n°. 10 du Code pénal, qui, il faut le dire en passant, ne sont point abrogatifs de l'art. 24 du Code rural, la peine qu'encourent ceux qui les font ou laissent simplement *passer* sur ces mêmes propriétés (*Cassation*, 1er. août et 31 décembre 1818, Sirey, an 1819, tom. XIX, 1re. partie, pag. 153 et 154).

Voyez la note sur l'art. 475, n°. 10 du Code pénal.

(1) Deux espèces d'amende sont prononcées par cet article; l'une de la valeur de deux journées de travail, et l'autre égale à la somme du dédommagement. La première doit être portée à trois journées de travail, d'après l'art. 2 de la loi du 23 thermidor et appliquée par le tribunal de simple police; la seconde est indéterminée et se trouve par conséquent du ressort de la police correctionnelle (*Voyez* la note sur l'art. 6).

une amende égale à la somme du dédommagement, et pourra l'être suivant les circonstances, condamné à une détention qui n'excédera pas une année (1).

Art. 27. Celui qui entrera à cheval dans les champs ensemencés, si ce n'est le propriétaire ou ses agens, payera le dommage et une amende de la valeur d'une journée de travail, l'amende sera double si le délinquant y est entré en voiture; si les blés sont en tuyaux et que quelqu'un y entre même à pied, ainsi que dans toute autre récolte pendante, l'amende sera au moins de la valeur d'une journée de travail, et pourra être d'une somme égale à celle due pour dédommagement au propriétaire (2).

Art. 28. Si quelqu'un, avant leur maturité, coupe ou détruit de petites parties de blé en vert ou d'autres productions de la terre, sans intention manifeste de les voler, il payera en dédommagement au propriétaire une somme égale à la valeur que l'objet aurait eue dans sa maturité ; il sera condamné à une amende égale à la somme

---

(1) Ce délit pouvant entraîner un emprisonnement d'une année, est de la compétence du tribunal correctionnel.

(2) Cet article prévoit trois contraventions, 1°. le passage *à cheval* sur un terrain ensemencé ; 2°. le passage en voiture sur le même terrain ; 3°. et le passage soit à *pied*, soit à *cheval*, soit en voiture, sur un terrain chargé de blés en tuyau, ou de toute autre récolte pendante, ainsi qu'on le voit par ces termes de l'article *et que quelqu'un y entre même à pied*. Mais toutes ces contraventions sont comprises sous les expressions générales des art. 491, nos. 13 et 14, et 495, nos. 9 et 10 du Code pénal ; il y a donc abrogation de l'article ci-dessus.

du dédommagement, et il pourra l'être à la détention de police municipale (1).

Art. 29. Quiconque sera convaincu d'avoir dévasté des récoltes sur pied ou abattu des plans venus naturellement ou faits de main d'homme, sera puni d'une amende double du dédommage-

---

(1) Deux contraventions sont l'objet de cet article, où l'on a *coupé* avec le fer, où l'on a *détruit* de toute autre manière de petites parties de blé en vert ou d'autres productions de la terre, mais sans intention manifeste de les voler. La première est réglée aujourd'hui, à l'égard des grains et des fourrages, du moins, par les art. 449 et 450 du Code pénal. Ces mots *si quelqu'un, avant leur maturité, coupe*, ne concernent plus parconséquent, que le cas où il s'agit de productions de la terre autres que des *grains* et des *fourrages*, et ceux-ci, *si quelqu'un avant leur maturité, détruit*, restent pour la destruction de petites parties de blé en vert ou d'autres productions de la terre, et, par exemple, ils reçoivent leur application à une contravention bien commune dans les campagnes. C'est celle connue sous le nom de *ratirage*. Un cultivateur veut s'aggrandir aux dépens de son voisin. En conséquence au lieu de se renfermer dans ses limites, il place sa charrue sur le champ de ce voisin et traçant ensuite son sillon il lui enlève une ou deux rayes de terre qu'il réunit au sien, espérant que cette légère anticipation ne sera pas découverte. En agissant ainsi, il détruit nécessairement les productions qui peuvent exister sur ces raies de terre; et il se rend dès lors coupable de la contravention prévue par l'art. 28 ci-dessus. On ne peut pas dire, en effet, qu'il ait l'intention de voler ces productions puisque son principal objet est de s'aggrandir aux dépens de son voisin et non de lui enlever tout ou partie de sa récolte; il en est de même des *reprises de terre*, c'est-à-dire, du fait par lequel le voisin usurpé se faisant justice à lui-même reprend la terre envahie sur lui et détruit à son tour les productions confiées à cette terre (*Voyez Compétence des juges de paix*, par M. Henrion de Pansey, pag. 180). On appliquera donc à l'une et à l'autre de ces contraventions, la peine fixée par l'art. 28 ci-dessus, après toutefois que la question de propriété, si elle est élevée, aura été décidée par les tribunaux civils (*Voyez* la note sur l'article 40). Au surplus l'amende est indéterminée, car elle doit être égale à la somme du dédommagement dû à la partie lésée. Lors donc que ce dommage n'est pas fixé à une somme égale ou inférieure à l'amende de police, l'application en est dévolue au tribunal correctionnel (*Voyez* la note sur l'art. 6).

ment dû au propriétaire, et d'une détention qui ne pourra excéder deux années (1).

Art. 30. Toute personne convaincue d'avoir de dessein prémédité, méchamment sur le terrain d'autrui, blessé ou tué des bestiaux ou chiens de garde, sera condamné à une amende double de la somme du dédommagement. Le délinquant pourra être détenu un mois, si l'animal n'a été que blessé, et six mois si l'animal est mort de sa blessure ou en est resté estropié; la détention pourra être du double, si le délit a été commis la nuit, ou dans une étable, ou dans un enclos rural (2).

---

(1) Ce délit est prévu par l'art. 444 du Code pénal, et puni d'un emprisonnement de deux à cinq ans

(2) Cet article dispose pour le cas où quelqu'un *méchamment*, *de dessein prémédité*, c'est-à-dire *volontairement*, *sur le terrain d'autrui*, (ce qui doit s'entendre soit du terrain d'un tiers, soit du terrain dont le maître de l'animal est propriétaire, locataire ou fermier), a *blessé ou tué des bestiaux ou chiens de garde*, mais sa disposition doit être restreinte aux *blessures volontaires*, en observant, 1°. qu'ici comme dans les art. 11, 12, 13, 24, 25, 26 et 38, le mot bestiaux est générique et comprend toutes les espèces d'animaux employés au service de l'agriculture tels que les chevaux et autres bêtes de somme ou de monture, les bœufs, etc. (*Cassation*, 5 février 1818, *Bull. Crim.*, tom. XXIII, n°. 2, pag. 43); 2°. et que le délit dont il s'agit est, tant à raison de la quotité de l'amende dont le montant est indéterminé qu'à raison de la durée de l'emprisonnement, de la compétence du tribunal correctionnel.

Nous disons que la disposition de l'article 30 doit être limitée aux blessures volontaires, et en effet, le *meurtre commis volontairement* est réglé, pour les bestiaux, par l'article 453 du Code pénal, et pour les chiens de garde par l'art. 454; il est vrai, que ces deux derniers articles ne parlent que du meurtre fait sans nécessité et que l'art. 30 au contraire, parle de celui qui est fait méchamment et de dessein prémédité, circonstances qui semblent l'aggraver. Mais ces mots *sans nécessité*, embrassent évidemment toutes les espèces de meurtres

Art. 31. Toute rupture ou destruction d'instrumens de l'exploitation des terres, qui aura été commise dans les champs ouverts, sera punie d'une amende égale à la somme du dédommagement dû au cultivateur, et d'une détention qui ne sera jamais moins d'un mois, et qui pourra être prolongée jusqu'à six, suivant la gravité des circonstances (1).

Art. 32. Quiconque aura déplacé ou supprimé des bornes, ou pieds corniers, ou autres arbres plantés ou reconnus pour établir les limites entre différents héritages, pourra, en outre du payement du dommage et des frais de replacement des bornes, être condamné à une amende de la valeur de douze journées de travail, et sera puni

---

qui ne sont pas commandés par le droit d'une légitime défense de sa personne, de ses propriétés ou de ses animaux domestiques; l'art. 30 du Code rural, se trouve donc abrogé quant à ce point, par l'art 453 du Code pénal; il est vrai encore que ce même art. 30 du Code rural, ne stipule qu'à l'égard des *chiens de garde*, ensorte qu'il paraît spécial pour ces animaux fidèles qui, veillant tandis que leurs maîtres se livrent au repos, ont droit à une protection particulière. Mais l'art. 454 du Code pénal ne distingue pas, il parle des animaux domestiques en général. Or, un chien de garde est un animal domestique, comme un chien de chasse, ou un chien de salon. L'art. 454 du Code pénal est postérieur à l'art. 30 du Code rural; il prononce à peu de choses près la même peine que ce dernier article, il a donc entendu y déroger quant au meurtre des chiens de garde.

A l'égard des mêmes délits, (c'est-à-dire, du meurtre et des blessures volontaires), *commis sur un terrain dont le maître de l'animal n'est pas propriétaire, locataire ou fermier*, ils sont compris sous les expressions générales du no. 1er. de l'art. 479 du Code pénal. Enfin, relativement aux blessures faites involontairement, et au meurtre involontaire, ces contraventions sont prévues par les art. 479, nos. 2, 3 et 4, et 480, no. 1er. du Code pénal.

(1) *Voyez* les art. 451 et 455 du Code pénal, qui ont le même objet.

par une détention dont la durée, proportionnée à la gravité des circonstances, n'excédera pas une année, la détention cependant pourra être de deux années, s'il y a transposition de bornes à fin d'usurpation (1).

Art. 33. Celui qui, sans la permission du propriétaire ou fermier, enlevera des fumiers, de la marne, ou tous autres engrais portés sur les terres sera condamné à une amende qui n'excédera pas la valeur de six journées de travail, en outre du dédommagement, et pourra l'être à la détention de police municipale ; l'amende sera de douze journées et la détention pourra être de trois mois, si le délinquant a fait tourner à son profit lesdits engrais (2).

---

(1) L'art. 456 du Code pénal prévoit également le cas de déplacement et de suppression de bornes, ou de pieds corniers ou autres arbres servant de limites, et il prononce contre le délinquant, outre une amende qui ne peut être au-dessous de cinquante francs, ni excéder le quart des restitutions et dommages intérêts, un emprisonnement d'un mois à un an ; il diffère cependant de l'artice 32 ci-dessus, en ce qu'il ne parle pas du cas où la transposition de bornes a été faite, dans la vue de cacher une usurpation, circonstance qui aggrave nécessairement le délit. Mais comme il est général et s'applique à toute transposition, à toute suppression, à tout déplacement *volontaire* de bornes *reconnues*, il est évident qu'il abroge les dispositions du Code rural à cet égard, sauf au juge à user de la latitude qui lui est laissée dans l'application de la peine, suivant les circonstances et la moralité du fait.

(2) Le fait dont il est mention dans la première disposition de cet article, constitue une contravention rurale punissable d'une amende qui ne peut être au-dessus de six, ni au-dessous de trois journées de travail, suivant l'art. 2 de la loi du 23 thermidor an IV, et qui à raison de sa modicité ne peut jamais être que de la compétence du tribunal de simple police.

Celui qui fait l'objet de la seconde, dégénère en délit, car, il caractérise un véritable vol, et sous ce rapport, on pourrait croire qu'il

Art. 34. Quiconque maraudera, dérobera des productions de la terre qui peuvent servir à la nourriture des hommes ou d'autres productions utiles, sera condamné à une amende égale au dédommagement dû au propriétaire ou fermier ; il pourra aussi suivant les circonstances du délit, être condamné à la détention de police municipale (1).

Art. 35. Pour tout vol de récolte fait avec des paniers ou sacs, ou à l'aide des animaux de charge, l'amende sera du double du dédommagement, et la détention, qui aura toujours lieu, pourra être de trois mois, suivant la gravité des circonstances (2).

---

doit être puni conformément à l'art. 401 du Code pénal, qui est général et embrasse toutes les espèces de vols, non prévus dans les articles qui le précédent et au nombre desquels ne se rencontre pas celui dont il s'agit. Mais il est de principe que les lois générales, ne dérogent point aux lois spéciales à moins qu'elles n'aient essentiellement le même objet. Or, d'une part, le Code rural est une loi spéciale et particulière aux délits ruraux, d'autre part, l'enlèvement frauduleux des engrais de la terre constitue un délit rural ; il faut donc décider que l'article 33 du Code rural, n'est point rapporté par l'article 401 du Code pénal, et appliquer la même décision aux vols prévus par les articles 34, 35, 36, 37 et 44 (*Cassation*, 19 février 1813, *Bull. Crim.*, tom. XVIII, n°. 3, pag. 82).

(1) Cet article est général, et embrasse tous ces petits larcins de fruits et autres productions de la terre, dont quelque fois, on ne se fait pas assez de scrupule ; il devra donc être appliqué dans tous les cas (sauf celui prévu par le n°. 9 de l'art. 471 du Code pénal), en observant que l'amende étant indéterminée, puisqu'elle a pour base le dédommagement dû au propriétaire ou fermier, le tribunal correctionnel est seul compétent pour la prononcer (*Cassation*, 8 août 1806, *Bull. Crim.*, tom. XI, n°. 5, pag. 225, et 26 avril 1810, tom. XV, n°. 3, pag. 116).

(2) L'art. 388 du Code pénal prévoit aussi le vol de récoltes, et il le punit même assez rigoureusement ; mais la Cour de cassation ayant décidé plusieurs fois, notamment par arrêts des 13 août et 6 novembre 1812, *Bull. Crim.*, tom. XVII, n°. 8, pag. 357, et n°. 10, pag. 457,

Art. 36. Le maraudage ou enlèvement de bois fait à dos d'hommes, dans les bois taillis ou futaies, ou autres plantations d'arbres des particuliers ou communautés, sera puni d'une amende double du dédommagement dû au propriétaire. La peine de la détention pourra être la même que celle portée en l'article précédent (1).

Art. 37. Le vol commis dans les bois taillis, futaies et autres plantations d'arbres des particuliers ou communautés, exécuté à charge de bête de somme ou de charrette, sera puni d'une détention, qui ne pourra être de moins de trois jours, ni excéder six mois, le coupable paiera en outre une amende triple de la valeur du dédommagement dû au propriétaire (2).

Art. 38. Les dégats faits dans les bois taillis des particuliers ou des communautés, par des

---

que ce vol devait s'entendre des fruits de la terre détachés de leurs tiges ou de leurs branches, par le fait du propriétaire et abandonnés à la foi publique, sur le sol qui les a produits, l'art. 35 ci-dessus ne concernera plus que le vol de cette récolte non coupée, commis *soit de jour, soit de nuit, par une ou plusieurs personnes* (*Cassation*, 22 mars 1816, *Bull. Crim.*, tom. XXI, n°. 3, pag. 31), mais toujours à l'aide de sacs, paniers ou bêtes de charge, autrement le fait rentrera dans le simple maraudage.

(1) Ce délit est comme le précédent, de la compétence du tribunal correctionnel.

(2) Remarquons sur cet article, qui au surplus constitue un délit, qu'à l'exemple de l'art. 36, il restreint sa disposition aux vols commis *dans les bois taillis, futaies et autres plantations d'arbres*, il ne peut donc être appliqué à des vols de bois, commis sur des terrains qui ne sont ni des plantations, ni des futaies, ni des bois taillis (*Cassation*, 8 juin 1820, *Bull. Crim.*, tom. XXV, n°. 6, pag. 231). C'est alors l'art. 401 du Code pénal qui devient applicable.

bestiaux ou troupeaux, seront punis de la manière suivante :

Il sera payé d'amende, pour une bête à laine, une livre ; pour un cochon, une livre ; pour une chèvre, deux livres ; pour un cheval, ou autre bête de somme, deux livres ; pour un bœuf, une vache, ou un veau, trois livres.

Si les bois taillis sont dans les six premières années de leur croissance, l'amende sera double.

Si les dégats sont commis en présence du pâtre, et dans les bois taillis de moins de six années, l'amende sera triple.

S'il y a récidive dans l'année, l'amende sera double, et s'il y a réunion des deux circonstances précédentes, ou récidive avec une des deux circonstances, l'amende sera quadruple ; le dédommagement, dû au propriétaire, sera estimé de gré à gré ou à dire d'experts (1).

---

(1) Nous ferons remarquer sur cet article 1°. que la poursuite des délits et contraventions, commis dans les bois des communes, appartient exclusivement à l'administration forestière (arrêté du 19 ventôse an X), et comme d'après les dispositions de l'art. 139, n°. 4 du Code d'instruction criminelle, les juges de simple police ne doivent connaître que des contraventions forestières *poursuivies à la requête des particuliers*, il en résulte que le tribunal correctionnel est seul compétent pour appliquer aux délits et contraventions commis dans les bois des communes, les dispositions tant de l'art. 38 ci-dessus, que des art. 36 et 37 qui précèdent.

2°. Que la compétence des tribunaux en cette matière, dépend de la nature et de la quantité de bestiaux trouvés en délit. Si le nombre de ces bestiaux est tel que la somme des amendes encourues excède quinze francs, c'est le tribunal correctionnel qui devra en connaître. Dans le cas contraire, c'est le tribunal de simple police, lequel au surplus, ne pourra jamais porter l'amende à une somme moindre que trois journées de travail, d'après l'art. 2 de la loi du 23 thermidor an IV (*Cassation*,

ART. 39. Conformément au décret sur les fonctions de la gendarmerie, tout dévastateur des

---

4 brumaire an XIV, *Bull. Crim.*, tom. X, n°. 9, pag. 421; et 27 juin 1811, tom. XVI, n°. 14, pag. 183);

3°. Que d'après les dispositions combinées des art. 1er. et 3 du titre XIX de l'ordonnance de 1669, de l'art. 16 du titre XII de la loi forestière du 28 septembre 1791, d'un décret du 17 nivôse an XIII, et d'un avis du conseil d'État, approuvé le 16 frimaire an XIV, les bestiaux ne peuvent sans délit être introduits dans les bois communaux, si ce n'est dans les cantons reconnus et déclarés défensables par le conservateur local; déclaration que ceux qui l'invoquent doivent justifier, par la production d'un acte émané du conservateur. C'est pourquoi la peine applicable à ce délit est indépendante de la question de savoir s'il est ou n'est pas résulté de dommage de l'introduction des bestiaux dans ces bois, et par suite, cette introduction est toujours punissable d'après les dispositions de l'art. 38 ci-dessus (*Cassation*, 26 décembre 1806, *Bull. Crim.*, tom. XI, n°. 9, pag. 389; 21 mars 1817, tom. XXII, n°. 3, pag. 74; 30 mai 1818, tom. XXIII, n°. 5, pag. 207; 23 juin 1820, tom. XXV, n°. 6, pag. 248);

4°. Que d'après la prohibition expresse, portée en l'art. 13, titre XIX de l'ordonnance de 1669, il n'est permis en aucun temps d'assimiler les moutons et les chèvres aux autres bestiaux dont l'introduction dans les bois est permise en certains cas, déterminés par la même ordonnance, d'où il suit, que la permission accordée par une délibération communale, approuvée du préfet, aux habitants d'une commune de mener paître leurs bestiaux dans les bois de ladite commune, ne peut autoriser ces habitants à y conduire des chèvres et des moutons, et que ceux qui se le permettent, contreviennent formellement au susdit article 13, titre XIX de l'ordonnance de 1669, et encourent les peines déterminées par l'art. 38 du Code rural (*Cassation*, 6 juin 1817, *Bull. Crim.*, tom. XXII, n°. 6, pag. 117);

5°. Que tout ce que nous venons de dire ne concerne que les dégats commis dans les bois *taillis* des particuliers et des communautés; à l'égard de ceux commis dans les *futaies* des mêmes individus, ils doivent être réglés par les dispositions de l'art. 13, titre XIX de l'ordonnance de 1669, qui forme le droit commun en cette partie (*Cassation*, 21 février 1811, *Bull. Crim.*, tom. XVI, n°. 2, pag. 49; et 20 février 1812, tom. XVII, n°. 2, pag. 65). Quant à ceux commis dans les autres plantations d'arbres, faites de mains d'homme, ils sont l'objet de l'art. 24 du présent Code;

6°. Et enfin, que les dégats dont il est question dans l'art. 38, doivent s'entendre de dégats commis par des bestiaux ou troupeaux conduits

bois, des récoltes, ou chasseur masqué, pris sur le fait, pourra être saisi par tout gendarme national, sans aucune réquisition d'officier civil.

Art. 40. Les cultivateurs, ou tous autres, qui auront dégradé, ou détérioré, de quelque manière que ce soit, des chemins publics, ou usurpé sur leur largeur, seront condamnés à la réparation, ou à la restitution, et à une amende qui ne pourra être moindre de trois livres, ni excéder vingt quatre livres (1).

---

exprès dans les bois pour y pacager. Quant aux dommages commis par les mêmes animaux par le résultat d'un *simple passage*, ils sont l'objet de l'art. 475, n°. 10 du Code pénal, en observant néanmoins, que ce dernier article ne concerne que les bois taillis des *particuliers* (*Cassation*, 11 septembre 1818, *Journal du Palais*, tom. II, 1819, pag. 209).

(1) La disposition de cet article est générale: elle comprend parconséquent tous les chemins publics quelconques; cependant, il faut la restreindre aux chemins vicinaux et communaux et comme l'amende encourue pour ce délit peut être portée à vingt-quatre francs, c'est-à-dire, à un taux qui excède la compétence des tribunaux de simple police, c'est devant le tribunal correctionnel, qu'il faudra porter la demande en réparation du délit (*Cassation*, 23 frimaire an XIII, *Bull. Crim.*, tom. X, n°. 2, pag. 71; 4 pluviose même année, tom. X, n°. 3, pag. 113; 30 janvier 1807, tom. XII, n°. 2, pag. 50; 12 novembre suivant, tom. XII, n°. 10, pag. 464; 20 juillet 1809, tom. XIV, n°. 6, pag. 263; 28 décembre même année, tom. XIV, n°. 9, pag. 398; 30 mars 1810, tom. XV, n°. 2, pag. 85; 21 février 1811, tom. XVI, n°. 1er., pag. 44; 2 mai suivant, tom. XVI, n°. 3, pag. 156; et enfin, 29 juin 1820, tom. XXV, n°. 6, pag. 250).

A l'égard des mêmes délits, commis sur les grandes routes, ils sont de la compétence de l'autorité administrative (Loi du 29 floréal an X, art. 19); avec cette distinction néanmoins, que celle-ci ne peut prononcer que la peine pécuniaire et que pour l'application de la peine corporelle, elle doit renvoyer devant le tribunal compétent (Décision du conseil d'État, du 21 mars 1807, approuvée le 23 avril suivant).

Enfin à l'égard des délits semblables, commis sur la voie publique, c'est-à-dire, sur les rues, places et carrefours des villes et villages, ils

ART. 41. Tout voyageur, qui déclora un champ, pour se faire un passage dans sa route,

---

sont l'objet de l'art. 605, §. 2 du Code du 3 brumaire, qui les punit d'une amende de la valeur d'une à trois journées de travail, ou d'un emprisonnement d'un à trois jours (*Cassation*, 2 mai 1811, *Bull. Crim.*, tom. XVI, n°. 3, pag. 136. Merlin, *Répertoire de Jurisprudence*, tom. XIV, pag. 663, verbo *Voie publique*).

Nous ferons à l'occasion de cet article une remarque importante. Si le prévenu d'un délit de dégradation, détérioration ou usurpation de chemin public, prétend qu'il est propriétaire du terrain, et que c'est en cette qualité qu'il a agi, le juge devra surseoir à statuer sur la contravention reprochée, et renvoyer les parties devant les tribunaux civils pour faire juger la question de propriété. En effet, les tribunaux criminels, compétents pour connaître des crimes, délits et contraventions, ne le sont pas pour statuer sur les questions préjudicielles, qui naissent à l'occasion de ces crimes, délits et contraventions. En prononçant sur de pareilles questions ils commettraient donc un excès de pouvoir, dont la conséquence serait d'entraîner la cassation de leur jugement (*Cassation*, 10 janvier, 14 février, 28 mars, 17 mai, 23 octobre, 7 novembre, et 19 décembre 1806, *Bull. Crim.*, tom. XI, n°. 1er., pag. 15, 19 et 46; n°. 2, pag. 74; n°. 3, pag. 130; n°. 7, pag. 291 et 322; n°. 9, pag. 388).

Ils sont compétents, il est vrai, pour prononcer sur l'action civile, c'est-à-dire, sur celle intentée par la partie lésée. Mais il y a une différence essentielle entre l'action civile, et les questions préjudicielles. La première s'entend des demandes en restitutions, réparations, dommages intérêts et frais, réclamés par ceux à qui un crime, un délit ou une contravention, ont porté quelque préjudice, et comme ces demandes sont une conséquence et une suite nécessaire de l'action publique, les tribunaux criminels sont autorisés à en connaître accessoirement à celle-ci. Les questions préjudicielles au contraire ne dépendent en aucune manière de l'action publique ou criminelle, et loin de là, elles lui *préjudicient*, puisque c'est de leur solution que dépend la question de savoir s'il y a, ou s'il n'y aura pas lieu à cette action. C'est même pour cela qu'on les nomme préjudicielles. Ainsi, par exemple, dans l'espèce qui nous occupe, si le prévenu d'une contravention de dégradation, détérioration ou usurpation d'un chemin prétendu public, soutient et parvient à prouver que ce chemin est sa propriété, il est évident qu'il n'y aura plus de contravention; c'est donc le cas avant tout de faire statuer sur la question de propriété, et comme cette question est purement civile, le juge de police ne peut se dispenser de renvoyer devant

paiera le dommage fait au propriétaire, et, de plus, une amende de la valeur de trois journées de travail (1), à moins que le juge de paix du canton ne décide que le chemin public était impraticable, et alors les dommages et les frais de clôture seront à la charge de la communauté (2).

Art. 42. Le voyageur qui, par la rapidité de sa voiture, ou de sa monture, tuera ou blessera des bestiaux sur les chemins, sera condamné à une amende égale à la somme du dédommagement dû au propriétaire des bestiaux (3).

Art. 43. Quiconque aura coupé, ou détérioré des arbres plantés sur les routes, sera condamné

---

les juges civils, en observant que quand même la question préjudicielle élevée devant un tribunal de simple police, se trouverait de la compétence du juge de paix, le magistrat qui forme l'un et l'autre tribunal, ne peut pas statuer par un seul et même jugement sur cette question et sur le délit qu'elle tend à détruire (*Cassation*, 2 thermidor an XI, *Bull. Crim.*, tom. VIII, n°. 7, pag. 310.).

Il existe cependant deux circonstances où les juges criminels peuvent, malgré l'exception préjudicielle, prononcer de suite sur les délits ou contraventions portés devant eux, c'est 1°. lorsque l'exception de propriété est dénuée de toute vraisemblance et détruite par les pièces mêmes du procès, ensorte qu'il est évident qu'elle n'est proposée que pour reculer le jugement de la contestation (*Cassation*, 30 octobre 1807, *Bull. Crim.*, tom. XII, n°. 10, pag. 440); 2°. Lorsque le droit allégué, même supposé prouvé, n'empêche pas qu'il y ait infraction à la loi (*Cassation*, 7 avril 1809, *Bull. Crim.*, tom. XIV, n°. 3, pag. 141).

(1) C'est-à-dire aujourd'hui, une amende de la valeur de trois journées de travail ou un emprisonnement de trois jours, il s'agit d'une contravention (Loi du 23 thermidor, art. 2).

(2) Bien entendu que dans cette hypothèse, il ne sera prononcé aucune peine : dès que le chemin était impraticable, il n'y a plus de délit, aussi l'article ne met-il à la charge de la commune que les *dommages et frais de clôture.*

(3) Cette contravention est prévue par l'art. 479, n°. 2 du Code pénal.

à une amende triple de la valeur des arbres, et à une détention qui ne pourra excéder six mois (1).

Art. 44. Les gazons, les terres, ou les pierres des chemins publics ne pourront être enlevés, en aucun cas, sans l'autorisation du directoire du département. Les terres ou matériaux appartenant aux communautés, ne pourront également être enlevés, si ce n'est par suite d'un usage général établi dans la commune, pour les besoins de l'agriculture, et non aboli par une délibération du conseil général.

Celui qui commettra l'un de ces délits, sera, en outre de la réparation du dommage, condamné, suivant la gravité des circonstances, à une amende qui ne pourra excéder vingt quatre livres, ni être moindre de trois livres ; il pourra

(1) L'art. 448 du Code pénal contient une disposition à-peu-près semblable, mais l'art. 446 auquel il renvoie, ne parle que de celui qui a mutilé, coupé ou écorcé un arbre de *manière à le faire périr.* Il doit donc être restreint à cette hypothèse, cependant comme il n'est pas présumable qu'on ait eu l'intention de laisser impunies des détériorations qui, sans mettre l'arbre en péril peuvent cependant lui faire beaucoup de tort, on appliquera l'art 448 du Code pénal, combiné avec l'art. 446 du même Code, si l'arbre est en danger de périr, et l'art. 23 ci-dessus, si ces détériorations ne sont pas de nature à le faire mourir, en observant néanmoins, la distinction établie dans la décision du conseil d'État, précitée, du 21 mars 1807.

Toutes ces dispositions concernent les arbres plantés sur les routes même, comme ceux plantés sur les riverains. Mais à l'égard de ceux-ci, il faut excepter aujourd'hui, le cas où c'est le propriétaire du terrain qui les a coupés, sans autorisation, arrachés ou fait périr. Dans ce cas, il est passible d'une amende égale à la triple valeur de l'arbre détruit, laquelle est prononcée comme en matière de grande voirie (Décret du 16 décembre 1811, art. 101 et 108).

Pour ce qui concerne les arbres appartenant aux particuliers, autres que ceux plantés sur les routes, *voyez* l'art. 14 du présent Code.

de plus être condamné à la détention de police municipale (1).

Loi concernant l'Échenillage des Arbres.

Du 26 ventôse an IV. — Bull. 33, *n°*. 242.

Art. 1.er Dans la décade de la publication de la présente loi, tous propriétaires, fermiers, locataires, ou autres faisant valoir leurs propres héritages, ou ceux d'autrui, seront tenus, chacun en droit soi, d'écheniller, ou faire écheniller les arbres étant sur lesdits héritages, à peine d'amende, qui ne pourra être moindre de trois journées de travail, et plus forte de dix (2).

Art. 2. Ils seront tenus, sous les mêmes peines, de brûler sur le champ les bourses et toiles qui seront tirées des arbres, haies ou buissons, et ce, dans un lieu où il n'y aura aucun danger de communication de feu, soit pour les bois, arbres et bruyères, soit pour les maisons et bâtimens (3).

(1) Il faut rappeler sur cet article, l'observation faite sur l'art. 40, si l'enlèvement dont il s'agit a eu lieu sur une grande route, c'est l'autorité administrative qui devra en connaître sauf en ce qui concerne la peine corporelle (*voyez* la note sur l'art. 40); au contraire, s'il a été commis sur un chemin vicinal ou communal, c'est au tribunal de police correctionnelle qu'il faudra s'adresser (*Cassation*, 4 brumaire an XIV, *Bull. Crim.*, tom. X, n°. 9, pag. 418; 13 octobre 1808, tom. XIII, n°. 9, pag. 425; et 4 août 1809, tom. XIV, n°. 7, pag. 289).

(2) Cette amende est remplacée aujourd'hui, par celle prononcée par l'art. 471, n°. 8 du Code pénal.

(3) L'ordre d'écheniller comprend nécessairement celui de faire tout ce qui est convenable, pour que le but de la loi soit rempli, et conséquem-

Art. 3. Les administrateurs de département feront écheniller, dans le même délai, les arbres étant sur les domaines nationaux non affermés.

Art. 4. Les agens et adjoints des communes sont tenus de surveiller l'exécution de la présente loi, dans leurs arrondissemens respectifs; ils seront responsables des négligences qui y seront découvertes.

Art. 5. Les commissaires du directoire exécutif, près les municipalités, sont tenus, dans la deuxième décade de la publication, de visiter tous les terrains garnis d'arbres, d'arbustes, haies, ou buissons, pour s'assurer que l'échenillage aura été fait exactement, et d'en rendre compte au ministre chargé de cette partie.

Art. 6. Dans les années suivantes, l'éche-

---

ment, l'obligation de détruire les bourses et toiles tirées des arbres. Ce n'est pas *écheniller* dans toute l'étendue de ce mot que d'enlever les bourses et toiles, et ne pas les détruire. D'un autre côté la mesure ordonnée par l'art. 2 de la loi du 26 ventôse, est prescrite *sous les mêmes peines*, que celles énoncées en l'art. 1er. Or, puisque la peine de cet article change, celle de l'art. 2 doit également changer. Enfin, ne serait il pas contradictoire que deux contraventions de même nature et ayant le même résultat fussent punies de peines différentes? Par exemple, qu'en cas de récidive, les uns fussent punis de la prison et non les autres, et que les uns fussent jugés en simple police et les autres en police correctionnelle (*Voyez* la note sur l'art. 4 du Code rural). Concluons donc que l'art. 471, no. 8 du Code pénal, s'applique à ceux qui n'échenillent pas comme à ceux qui, après avoir échenillé, ne détruisent pas les bourses et toiles qu'ils tirent des arbres.

Le même article 2 de la loi du 26 ventôse, en ordonnant de brûler les bourses et toiles tirées des arbres, défend de le faire dans un lieu où il y aurait danger de communication pour le feu. Mais ce fait rentrant dans les dispositions de l'article 9 du Code rural et 458 du Code pénal, c'est à ces deux articles qu'il faudra recourir, suivant que l'oubli de cette sage précaution aura ou n'aura pas occasionné un incendie.

nillage sera fait, sous les peines portées par les articles ci-dessus, avant le premier ventôse.

Art. 7. Dans le cas où quelques propriétaires ou fermiers auraient négligé de le faire pour cette époque, les agens et adjoints le feront faire aux dépens de ceux qui l'auront négligé, par des ouvriers qu'ils choisiront. L'exécutoire des dépenses leur sera délivré par le juge de paix, sur les quittances des ouvriers, contre lesdits propriétaires et locataires, et sans que ce paiement puisse les dispenser de l'amende.

Art. 8. La présente loi sera publiée le premier pluviôse de chaque année, à la diligence des agents des communes, sur le réquisitoire du commissaire du directoire exécutif.

Lois relatives a l'exécution des jugemens criminels (1).

Du 22 *Germinal an IV.* — *Bull.* 39, *n°.* 319.

Art. 1.er Les commissaires du directoire exécutif près les tribunaux, requerront les ouvriers, chacun à leur tour, de faire les travaux nécessaires pour l'exécution des jugemens, à la charge de leur en faire compter le prix ordinaire.

Art. 2. Tout ouvrier qui refuserait de déférer à la réquisition desdits commissaires, sera condamné, la première fois, par voie de police simple, à un emprisonnement de trois jours, et,

(1) *Voyez* la note sur l'art. 475, n°. 12 du Code pénal.

en cas de récidive, il sera condamné, par voie de police correctionnelle, à un emprisonnement qui ne pourra être moindre d'une décade, ni excéder trente jours.

Décret du 18 juin 1811,

Sur les frais en matière criminelle.

Art. 114. La loi du 22 germinal an IV, relative à la réquisition des ouvriers, pour les travaux nécessaires à l'exécution des jugemens, continuera d'être exécutée.

Les dispositions de la même loi, seront observées dans le cas où il y aurait lieu de faire fournir un logement aux exécuteurs.

Lois sur le timbre des affiches, avis et annonces.

Du 9 Vendémiaire an VI. — Bull. 148 *n.°* 1447.

Art. 56. ....

.... Toutes les affiches autres que celles d'actes émanés d'autorité publique, quelle que soit leur nature ou leur objet, seront assujettis au timbre fixe ou de dimension (1).

---

(1) Sont exceptées les affiches manuscrites et celles dites à la brosse, c'est-à-dire, celles qui sont faites avec des caractères en cuivre, (Décisions du ministre des finances, des 7 brumaire an VI, 7 décembre 1813, 24 septembre 1819 et 18 juillet 1820).

Du 6 *Prairial an VII.* — *Bull.* 282. *n.°* 2960.

Art. 1.er Les avis imprimés, quel qu'en soit l'objet, qui se crient et se distribuent dans les rues et lieux publics, ou que l'on fait circuler de toute autre manière, seront assujettis au droit de timbre, à l'exception des adresses contenant la simple indication de domicile, ou le simple avis de changement.

Du 28 *Avril* 1816. — *Bull.* 81. *n.°* 623, *p.* 489.

Art. 68. Il est défendu aux imprimeurs de tirer aucun exemplaire desdites annonces, affiches ou avis, sur papier non timbré, sous prétexte de les faire frapper d'un timbre extraordinaire.

. . . .

Art. 69. La contravention d'un imprimeur, à ces dispositions, sera punie d'une amende de cinq cents francs, sans préjudice du droit de Sa Majesté de lui retirer sa commission (1).

Ceux qui seront convaincus d'avoir ainsi fait afficher et distribuer des imprimés non timbrés, seront condamnés à une amende de cent francs.

Les afficheurs et distributeurs seront, en outre,

(1) Les amendes encourues pour contravention aux lois sur le timbre se poursuivent par voie de contrainte, et en cas de refus, par action devant le tribunal de première instance jugeant en matière civile (Loi du 13 brumaire an VII, art. 31 et 32).

condamnés aux peines de simple police, déterminées par l'art. 474 du Code pénal (1).

L'amende sera solidaire, et emportera contrainte par corps (2).

---

(1) Il semble résulter de ces expressions *seront en outre condamnés*, etc., que la peine d'emprisonnement prononcée contre les afficheurs et distributeurs est indépendante de l'amende et qu'ils doivent être soumis cumulativement à ces deux peines, mais d'abord on se demande, dans cette hypothèse, qu'elle amende devra être prononcée contre eux? Sera-ce celle de 500 fr. à laquelle sont assujettis les imprimeurs, ou celle de 100 fr. déterminée contre ceux qui font afficher ou distribuer? Ensuite on voit que la loi a gradué la peine suivant la nature du fait; or, cette proportion serait-elle suivie en prononçant l'amende et l'emprisonnement contre des individus qui ne sont que les instruments passifs de ceux qui les emploient? Enfin il est évident que l'emprisonnement a été substitué à l'amende, à raison de l'insolvabilité ordinaire de ceux dont on se sert pour la distribution des affiches et annonces; insolvabilité qui, en leur assurant l'impunité, aurait rendu la loi illusoire par rapport à eux. Ces mots *en outre* du IIIe. § de l'article 69, ne doivent donc pas être pris dans un sens corrélatif avec les deux paragraphes précédents, mais seulement comme synonimes de ceux-ci : *à l'égard des, quant aux*. Cette discussion démontre au reste avec quelle scrupuleuse attention on doit peser l'emploi des terme dans la rédaction des lois.

L'art. 474 auquel, par un choix assez difficile à expliquer, renvoie le même paragraphe veut que la peine d'emprisonnement ait toujours lieu pendant trois jours au plus, c[illegible] les personnes et dans les cas qui y sont spécifiés. C'est parconséq[illegible] un à trois jours d'emprisonnement qui doivent être prononcés contre les afficheurs et distributeurs d'affiches, avis et annonces non timbrés.

(2) L'art. 61 de la loi du 9 vendémiaire an VI, soumettait aussi à la solidarité les imprimeurs, distributeurs et afficheurs d'affiches non timbrées. Mais elle ne prononçait qu'une amende de 100 fr., contre les uns et contre les autres. Au contraire, la loi nouvelle a créé une peine différente pour chaque prohibition qu'elle a établie. Il y a donc aujourd'hui trois contraventions bien distinctes, et dès lors la solidarité dont parle la disposition finale de l'art. 69 ne doit s'entendre qu'entre les auteurs de la même contravention, c'est à dire, que tous les imprimeurs qui co-opèrent à l'impression d'une affiche non timbrée répondent solidairement de l'amende de 500 fr. encourue pour ce fait, et que tous ceux qui font afficher ou distribuer cette même affiche, sont soli-

LOI RELATIVE AU RÉGIME, A LA POLICE ET A L'ADMINISTRATION DES BACS ET BATEAUX SUR LES FLEUVES, RIVIÈRES ET CANAUX NAVIGABLES.

Du 6 frimaire an VII (1). — *Bull.*, 246, n°. 2218.

§. V.

De la Police.

ART. 31. Les opérations relatives à l'administration, la police, et la perception des droits de passage sur les fleuves, rivières et canaux navigables, appartiendront aux administrations centrales de département, dans l'étendue desquelles se trouvera situé le passage, sans préjudice de la surveillance de l'administration municipale de chaque lieu; la poursuite des délits criminels et de police, continuera, conformément au Code des délits et des peines, à être de la compétence des tribunaux.

ART. 32. Lorsque les passages seront communs

---

dairement tenus de l'amende de 100 fr. dont la loi punit ce genre d'infraction. Mais elle ne peut s'entendre, dans ce sens, que l'imprimeur est responsable de l'amende encourue par ceux qui ont fait afficher ou distribuer et réciproquement ceux-ci, de celle encourue par l'imprimeur. Il n'y a pas d'homogénéité entre les amendes, il n'y a donc pas lieu à l'application du principe sur la solidarité, autrement il faudrait dire que cette solidarité doit s'étendre jusque sur l'afficheur ou le distributeur, et un pareil système n'est pas soutenable.

(1) Cette loi a été maintenue par l'art. 251 de celle sur les finances, du 28 avril 1816.

à deux départements limitrophes, l'administration et la police desdits passages appartiendront à l'administration centrale dans l'arrondissement de laquelle se trouvera située la commune la plus prochaine du passage ; en cas d'égalité de distance, la population la plus forte déterminera ; en conséquence la gare, le logement et le domicile de droit du passager, seront toujours établis de ce côté.

Art. 33. L'attribution donnée par l'article précédent, aux administrations centrales dans l'arrondissement desquelles se trouve située la commune la plus prochaine du passage, déterminera également celle des tribunaux civils, criminels, de police et de justice de paix, chacun suivant leur compétence.

Art. 34. Dans le cours de vendémiaire et de germinal de chaque année, sans préjudice des autres visites qui pourraient être jugées nécessaires, les administrations centrales prescriront aux ingénieurs des ponts et chaussées de faire, en présence des administrations municipales, ou d'un commissaire nommé par elles, la visite des bacs, bateaux, et autres objets dépendans de leur service, afin de juger s'ils sont régulièrement entretenus.

Art. 35. S'il se trouve des réparations ou des reconstructions à faire auxquelles les adjudicataires soient assujettis, ils y seront contraints par les administrations centrales, ainsi et par les mêmes voies que pour les autres entreprises nationales.

Dans le cas contraire, il y sera pourvu, et le paiement s'en fera ainsi qu'il sera ci-après expliqué.

Art. 36. Les ingénieurs constateront également la situation des travaux construits dans le lit des rivières, sur les cales, ports, abordages et chemins nécessaires pour y arriver. Ils observeront les changemens qui pourraient être survenus dans leur cours, soit à raison des débordemens, éboulis, glaces, ensablement, soit à raison de toute autre cause.

Ils indiqueront ensuite les travaux à faire, et si, pour leur confection, il était utile de changer le cours de l'eau, le concours de l'agence des eaux et forêts sera nécessaire, et son avis sera annexé au procès-verbal.

Art. 37. Si aucun des événemens prévus par l'article précédent ou tous autres, survenaient dans l'intervalle d'une visite à l'autre, et qu'il fut indispensable d'y pourvoir sans délai, l'administration municipale, sur l'avis que lui en donnera l'adjudicataire, fera faire provisoirement tout ce qui sera utile au service.

Art. 38. L'administration municipale en informera de suite l'administration centrale, qui ordonnera une visite extraordinaire à laquelle il sera procédé ainsi qu'il est dit à l'art. 36.

Art. 39. Si par l'effet des événemens, prévus par les art. 36 et 37 les changemens à faire aux cales, ports, abordages et chemins il fallait en ouvrir de nouveau sur des propriétés particulières, la nécessité en sera constatée par procès-verbal dressé en présence des parties intéressées qui pourront y faire insérer leurs dires et réquisitions; l'indemnité sera fixée conformément à l'article 358 de l'acte constitutionnel (1).

Art. 40. Si cependant le changement de chemins, ports et abordages n'était qu'accidentel et momentané à cause du gonflement des rivières, fleuves et canaux, les administrations centrales, sur l'avis des administrations municipales, et à dire d'experts, pourvoiront aux indemnités qui seront acquittées sur les droits de bacs, après l'approbation du directoire exécutif.

Art. 41. Le directoire exécutif, se fera rendre compte de la situation des passages, et prononcera sur la nécessité d'établir des bacs et bateaux alternant sur les deux rives, lorsque la communication exigera cette mesure.

Art. 42. Il désignera aussi les passages dont la communication devra être suspendue depuis le coucher du soleil jusqu'à son lever; et pendant cette suspension, les bacs, bateaux, et agrès, devront être fermés avec des chaînes et cadenas solides.

Art. 43. Aux passages où le service public, les intérêts du commerce et les usages particuliers, résultant de la nature du climat et de la hauteur des marées, exigeront une communication non interrompue, le directoire fera règler par les administrateurs (eu égard aux temps et

---

(1) Aujourd'hui l'art. 545 du Code civil.

aux lieux), le service des veilleurs ou quarts qui devront être établis pour ces passages.

Art. 44. Le directoire déterminera également les mesures de police, et de sûreté relatives à chaque passage. En conséquence, il désignera les lieux, les circonstances dans lesquelles le bac ou bateau devra avoir attaché à sa suite un batelet ou canot, et celles dans lesquelles les batelets ou canots devront être disposés à la rive, à l'effet de porter secours à ceux des passagers auxquels un accident imprévu ferait courir quelques risques.

Il prescrira le mode le plus convenable d'amarrer les bacs et bateaux, lors de l'embarquement et du débarquement, afin d'éviter les dangers que le recul du bateau pourrait occasionner.

Il fixera aussi le nombre des passagers, et la quantité de chargement que chaque bac ou bateau devra contenir en raison de sa grandeur.

Art. 45. Les adjudicataires et nautonniers maintiendront le bon ordre dans leurs bacs et bateaux pendant le passage, et seront tenus de désigner aux officiers de police, ceux qui s'y comporteraient mal, ou qui par leur imprudence, compromettraient la sûreté des passagers.

Art. 46. Dans les lieux où les passages de nuit sont autorisés, les veilleurs ou quarts exigeront des voyageurs, autres que les domiciliés, la représentation de leurs passe-ports, qui devront être visés par l'administration municipale ou l'officier de police des lieux.

Les conducteurs de voitures publiques, courriers des malles et porteurs d'ordres du gouvernement, seront dispensés de cette dernière formalité.

Art. 47. Les adjudicataires ne pourront se servir que de gens de rivières ou mariniers reconnus capables de conduire sur les fleuves, rivières et canaux; à cet effet les employés devront avant que d'entrer en exercice, être munis de certificats des commissaires civils de la marine, dans les lieux où ces sortes d'emplois sont établis, ou de l'attestation de quatre anciens mariniers-conducteurs donnée devant l'administration municipale de leur résidence, dans les autres lieux.

§. VI.

De l'acquit des droits de Bac, et des exceptions y relatives.

Art. 48. Tous individus voyageurs, conducteurs de voitures, chevaux, bœufs ou autres animaux et marchandises, passant dans les bacs, bateaux, passe-cheval, seront tenus d'acquitter les sommes portées aux tarifs.

Art. 49. Ne sont point dispensés du paiement desdits droits les entrepreneurs d'ouvrages et fournitures faits pour le compte de la république, ni ceux des charrois à la suite des troupes.

Art. 50. Ne seront point toutefois assujetis au paiement des droits compris auxdits tarifs, les juges, les juges de paix, administrateurs, commissaires du directoire, ingénieurs des ponts et chaussées, lorsqu'ils se transporteront pour raison de leurs fonctions respectives, les cavaliers et officiers de gendarmerie, les militaires en marche, les officiers lors de la durée et dans l'étendue de leur commandement.

§. VII.

Dispositions pénales.

Art. 51. Il est enjoint aux adjudicataires mariniers, et autres personnes employées au service des bacs, de se conformer aux dispositions de police administrative et de sûreté contenues dans la présente loi, ou qui pourraient leur être imposées par le directoire et les administrations pour son exécution, à peine d'être responsables, en leur propre et privé nom, des suites de leur négligence, et en outre être condamnés, pour chaque contravention, à une amende de la valeur de trois journées de travail; le tout à la diligence des commissaires du directoire exécutif, près les administrations centrales et municipales.

Art. 52. Il est expressément defendu aux adjudicataires, mariniers, et autres personnes employées au service des bacs et bateaux, d'exiger dans aucun temps autres et plus fortes sommes que celles portées aux tarifs à peine d'être condamnés par le juge de paix du canton (1), soit sur la réquisition des parties plaignantes, soit sur celle des commissaires du Directoire à la

(1) Comme juge de police.

restitution des sommes induement perçues, et en outre par forme de simple police, à une amende qui ne pourra être moindre de la valeur d'une journée de travail, et d'un jour d'emprisonnement, ni excéder la valeur de trois journées de travail, et trois jours d'emprisonnement: le jugement de condamnation sera imprimé et affiché aux frais du contrevenant.

En cas de récidive, la condamnation sera prononcée par le tribunal de police correctionnel, conformément à l'art. 607 du Code des délits et des peines (1).

ART. 53. Si l'exaction est accompagnée d'injures, menaces, violences, ou voies de fait, les prévenus seront traduits devant le tribunal de police correctionnelle, et, en cas de conviction, condamnés, outre les réparations civiles et dommages intérêts, à une amende qui pourra être de cent fr., et à un emprisonnement qui ne pourra excéder trois mois.

---

(1) Quelle peine prononcera-t-on dans ce cas? L'article ne l'exprime pas; il renvoie à l'art. 607 du code du 3 brumaire an IV, qui dispose que lorsqu'il y a récidive les peines suivent la proportion reglée par les lois des 19 Juillet et 28 Septembre 1791, et celles-ci, en pareille circonstance, prononcent le doublement de la peine. (*Voyez* Code rural art. 4)

C'est donc le double de celle fixée par l'art. 52 ci-dessus qui doit être prononcé toutes les fois qu'il y a récidive; et comme au moyen de ce doublement la détention peut être portée à six jours, c'est à dire, à un taux qui excède la compétence des juges de simple police, soit qu'on la considère d'après le Code de brumaire, soit qu'on la considère d'après le Code pénal, il faut décider, comme le fait l'article précité, que, dans ce cas, la condamnation doit être prononcée par le tribunal correctionnel.

Art. 54. Les adjudicataires seront, dans tous les cas, civilement responsables des restitutions, dommages-intérêts, amendes et condamnations pécuniaires, prononcées contre leurs préposés et mariniers.

Art. 55. Ils pourront même, dans le cas de récidive, légalement prononcée par un jugement, être destitués par les administrations centrales, sur l'avis des administrations municipales et alors leurs baux demeureront résiliés sans indemnité.

Art. 56. Toute personne qui se soustrairait au paiement des sommes portées auxdits tarifs, sera condamnée par le juge de paix du canton, outre la restitution des droits, à une amende qui ne pourra être moindre de la valeur d'une journée de travail, ni excéder trois jours,

En cas de récidive, le juge de paix prononcera, outre l'amende, un emprisonnement qui ne pourra être moindre d'un jour, ni être de plus de trois, et l'affiche du jugement sera aux frais du contrevenant.

Art. 57. Si le refus de payer était accompagné d'injures, menaces, violences ou voies de fait, les coupables seront traduits devant le tribunal de police correctionnelle, et condamnés, outre les réparations civiles et dommages et intérêts, à une amende qui pourra être de 100 francs, et un emprisonnement qui ne pourra excéder trois mois.

Art. 58. Toute personne qui aura aidé ou favorisé la fraude, ou concouru à des contraventions aux lois sur la police des bacs, sera condamnée aux mêmes peines que les auteurs des fraudes ou contraventions.

Art. 59. Toute personne qui aurait encouru quelques unes des condamnations prononcées par les articles précédents, sera tenue d'en consigner le montant au greffe du juge de paix du canton, ou de donner caution solvable, laquelle sera reçue par le juge de paix ou l'un de ses assesseurs.

Sinon seront ses voitures et chevaux mis en fourrière, et les marchandises déposées à ses frais jusqu'au paiement, jusqu'à la consignation, ou jusqu'à la réception de la caution.

Art. 60. Toute consignation ou dépôt sera restitué immmédiatement après l'exécution du jugement qui aura prononcé sur le délit, pour raison duquel les consignations ou dépôts auront été faits.

Art. 61. Les délits plus graves et non prévus par la présente, ou qui se compliqueraient avec ceux qui y sont énoncés, continueront d'être jugés suivant les dispositions des lois pénales existantes, auxquelles il n'est point dérogé. . . . . . .

. . . .

§. IX.

Dispositions générales.

Art. 70. Le directoire exécutif fera passer aux administrations centrales toutes les instructions convenables pour le maintien du bon ordre et de la police à exercer envers les adjudicataires des bacs et bâteaux, ainsi que pour tout ce qui sera relatif à l'exécution de la présente loi.

ART. 71. Les dispositions de la présente loi ne sont point applicables au département de la Seine, dans lequel la loi du 16 brumaire an V, sur les bacs, bateaux et batelets continuera d'être exécutée.

Cependant sont abrogées les dispositions pénales prononcées par ladite loi : celles énoncées en la présente seront appliquées aux contrevenants dans l'étendue du département de la Seine, comme dans toute l'étendue de la République.

LOIS SUR LA MANIÈRE DE JUGER LES CONTESTATIONS RELATIVES AUX PAIEMENS D'OCTROIS MUNICIPAUX.

Du 2 vendémiaire an VIII (*Bull.* 313, *n.*° 3304).

ART. 1.er Les contestations civiles qui pourront s'élever sur l'application du tarif ou sur la quotité des droits exigés par les receveurs des octrois municipaux et de bienfaisance, créés par les lois existantes, ou qui pourront être créés dans les diverses communes de la République pour l'acquit de leurs dépenses locales, celles des hospices civils et secours à domicile, seront portées pardevant le juge de paix de l'arrondissement, à quelque somme que le droit contesté puisse s'élever, pour être par lui jugées sommairement et sans frais, soit en dernier ressort, soit à la charge d'appel, suivant la quotité de la somme.

Art. 2. Les amendes encourues en vertu desdites lois seront prononcées par les tribunaux de simple police ou de police correctionnelle, suivant la quotité de la somme (1).

Art. 3. Lorsqu'il y aura lieu à contestation sur l'application du tarif, ou sur la quotité du droit exigé par le receveur, tout porteur ou conducteur d'objets compris dans le tarif, sera tenu de consigner entre les mains du receveur le droit exigé; il ne pourra être entendu qu'en rapportant au juge qui devra en connaître, la quittance de ladite consignation.

Loi du 27 frimaire an VIII (*Bull.* 338, *n°.* 3479).

....

....

Art. 6. Les employés à la perception des octrois recevront une commission, savoir; le préposé en chef, s'il y a lieu, de la part du gouvernement, et les autres employés, de la part de l'administration de département.

Les uns et les autres en seront toujours porteurs, ainsi que du tarif et du réglement fait pour en assurer l'exécution.

Art. 7. Avant d'entrer en exercice, ils prêteront serment devant le juge de paix dans l'ar-

---

(1) Avant et depuis cette loi, l'amende a été portée tantôt au triple tantôt au double, le plus souvent au décuple du droit d'octroi; mais elle a été définitivement fixée à la valeur de l'objet soumis au droit par l'art. 11 de la loi du 27 frimaire suivant, confirmé par l'art. 28 de l'ordonnance du 9 décembre 1814.

rondissement duquel siège l'administration municipale, et il en sera fait mention au pied de leur commission, le tout sans autres frais que les droits d'enregistrement.

Art. 8. Leurs procès-verbaux constatant la fraude seront affirmés devant le même juge de paix, dans les vingt-quatre heures de leur date, sous peine de nullité, et ils feront foi en justice jusqu'à l'inscription de faux.

. . . .

. . . .

Art. 11. Tout porteur et conducteur d'objets de consommation compris au tarif de l'octroi, sera tenu de faire sa déclaration au bureau de recette le plus voisin, et d'en acquitter les droits avant de les faire entrer dans la commune, sous peine d'une amende égale à la valeur de l'objet soumis au droit d'octroi.

La même amende sera encourue par les fabricants et autres débiteurs des droits d'octroi perceptibles dans l'intérieur de la commune, faute par eux d'avoir fait leur déclaration dans les délais, ou à l'époque déterminée par les réglements qui auront été faits en exécution de l'art. 2 de la présente.

Ces amendes, après qu'elles auront été prononcées, seront acquittées entre les mains du receveur du bureau, et sur-le-champ, de la part du condamné; sinon, à l'égard des objets saisis dans les vingt-quatre heures de leur vente. Une moitié appartiendra aux employés de l'octroi, l'autre sera versée par le receveur à la caisse des recettes municipales et communales.

....

....

Art. 17. Les amendes encourues, d'après les dispositions de la présente, seront prononcées par les tribunaux de simple police, ou de police correctionnelle, suivant la quotité de la somme.

Ordonnance du 9 *décembre* 1814. (*Bull.* 66, *n°.* 560, *pag.* 585).

TITRE IV.

De la Perception.

Art. 28. Tout porteur ou conducteur d'objets assujettis à l'octroi sera tenu, avant de les introduire, d'en faire la déclaration au bureau, d'exhiber aux préposés de l'octroi les lettres de voiture, connoissemens, chartes-parties, acquits à caution, congés, passe-avants et toutes autres expéditions délivrées par la régie des impositions indirectes, et d'acquitter les droits, sous peine d'une amende égale à la valeur de l'objet soumis au droit. A cet effet, les préposés pourront, après interpellation, faire sur les bateaux, voitures, et autres moyens de transport, toutes les visites, recherches et perquisitions nécessaires, soit pour s'assurer qu'il n'y existe rien qui soit sujet aux droits, soit pour reconnaître l'exactitude des déclarations. Les conducteurs seront tenus de faciliter toutes les operations nécessaires auxdites vérifications.

La déclaration relative aux objets arrivant par eau, contiendra la désignation du lieu de déchargement, lequel ne pourra s'effectuer que les droits n'aient été acquittés, ou au moins valablement soumissionnés.

TITRE IX.

Du Contentieux.

Art. 75. Toutes contraventions aux droits d'octroi seront constatées par des procès-verbaux, lesquels pourront être rédigés par un seul préposé, et auront foi en justice. Ils énonceront la date du jour où ils sont rédigés, la nature de la contravention, et, en cas de saisie, la déclaration qui en aura été faite au prévenu; les noms, qualités et résidence de l'employé verbalisant, et de la personne chargée des poursuites; l'espèce, poids ou mesures des objets saisis; leur évaluation approximative; la présence de la partie à la description, ou la sommation qui lui aura été faite d'y assister; le nom, la qualité et l'acceptation du gardien; le lieu de la rédaction du procès-verval et l'heure de la clôture.

Art. 76. Dans le cas où le motif de la saisie portera sur le faux ou l'altération des expéditions, le procès-verbal énoncera le genre de faux, les altérations ou surcharges : lesdites expéditions, signées et paraphées du saisissant, *ne varietur*, seront annexées au procès-verbal qui contiendra la sommation faite à la partie de les parapher, et sa réponse.

Art. 77. Si le prévenu est présent à la rédaction du procès-verbal, cet acte énoncera qu'il lui en a été donné lecture et copie : en cas d'absence du prévenu, si celui-ci a domicile ou résidence connue dans le lieu de la saisie, le procès-verbal lui sera signifié dans les vingt-quatre heures de la clôture. Dans le cas contraire, le procès-verbal sera affiché dans le même délai, à la porte de la maison commune.

Ces procés-verbaux, significations et affiches pourront être faits tous les jours indistinctement.

Art. 78. L'action résultant des procès-verbaux en matière d'octroi, et les questions qui pourront naître de la défense du prévenu, seront de la compétence exclusive, soit du tribunal de simple police, soit du tribunal correctionnel du lieu de la radaction du procès-verbal, suivant la quotité de l'amende encourue.

Art. 79 Les objets saisis par suite des contraventions aux réglements d'octroi seront déposés au bureau le plus voisin, et si la partie saisie ne s'est pas présentée dans les dix jours, à l'effet de payer la quotité de l'amende par elle encourue, ou si elle n'a pas formé, dans le même délai, opposition à la vente, la vente des objets sera faite par le receveur, cinq jours après l'apposition, à la porte de la maison commune et autres lieux accoutumés, d'une affiche signée de lui, et sans aucune autre formalité.

Art. 80. Néanmoins, si la vente des objets saisis est retardée, l'opposition pourra être formée jusqu'au jour indiqué pour ladite vente. L'opposition sera motivée et contiendra assignation, à jour fixe, devant le tribunal désigné en l'article 78, suivant la quotité de l'amende encourue, avec élection de domicile dans le lieu où siège le tribunal. Le délai de l'échéance de l'assignation ne pourra excéder trois jours.

Code Pénal. (20 *février* 1810.)

LIVRE QUATRIÈME.

Contraventions de Police et Peines.

CHAPITRE PREMIER.

Des Peines.

Art. 464. Les peines de police sont (1) :

L'emprisonnement ;

---

(1) Quoique l'affiche du jugement ne soit pas rangée par la loi au nombre des peines de police, les tribunaux peuvent néanmoins l'ordonner ;

1°. Lorsqu'elle a été demandée par la partie civile, par ce qu'alors elle n'a pas le vrai caractère de peine et ne peut être considérée que comme dommages-intérêts accordée à cette partie civile (*Cassation*, 23 mars 1811. *Bull. Crim.*, tom. XVI, n°. 2, pag. 70) ;

2°. Lorsqu'elle est prescrite dans l'intérêt public, par exemple, dans les cas prévus par la loi du six frimaire an VII, sur les bacs et bateaux,

L'amende (2);

---

et par celle du 18 novembre 1814, sur la célébration des dimanches et fêtes, par ce qu'alors elle doit être considérée comme une mesure de police, dont l'objet est de donner à la condamnation une plus grande publicité par forme de réparation civile, et par ce moyen de rendre l'exemple plus utile (*Cassation*, 26 mars 1819. *Bull. Crim*, tom. XXIV, n°. 3, pag. 128).

(1) L'art. 42 de la loi du 19=22 juillet 1791, voulait que les amendes prononcées en police municipale et correctionnelle, fussent solidaires entre les complices.

L'art. 55 du Code pénal a étendu cette solidarité aux restitutions, dommages intérêts et frais. Mais il parait en avoir restreint l'effet, aux condamnations prononcées pour *crimes et délits*; que doit-on décider à l'égard des contraventions de police?

Cette question qui est de la plus haute importance en amène une autre, non moins sérieuse, qui s'y trouve naturellement liée, et qui n'est pas non plus formellement décidée par le Code pénal. C'est celle de savoir si la loi admet la complicité en cette matière; toutes deux méritent un examen particulier.

Le Code pénal du 25 septembre = 6 octobre 1791, s'était occupé de la complicité, mais seulement à l'égard des crimes. « Lorsqu'un » *crime* aura été commis, porte l'art. 1er. du titre III, quiconque sera » convaincu d'avoir par dons, promesses, etc. »; et comme ce Code n'est relatif en effet qu'aux crimes, le mot crime doit être pris dans son sens propre.

La loi rendue au mois de juillet de la même année, sur l'organisation de la police municipale et correctionnelle, est-à-peu-près muette à l'égard de la complicité. Elle porte seulement, ainsi que nous l'avons déjà dit, que les amendes prononcées en police municipale et correctionnelle, seront solidaires *entre les complices*. Il est vrai que cette disposition est un aveu tacite, qu'elle reconnaissait la complicité, tant à l'égard des délits, qu'à l'égard des contraventions. Aussi paraît-il que l'usage avait rendu communes à ces dernières infractions, les règles établies par le Code pénal de 1791, pour la complicité en matière de crimes.

Le Code des délits et des peines, du 3 brumaire an IV, est encore plus laconique; il se borne à maintenir l'exécution des lois précédentes. Il faut en excepter toutes fois, celles relatives à la police municipale; car de nouveaux tribunaux de police ayant été créés par ce Code, sur des bâses entièrement nouvelles, c'est dans le titre 1er. du ~~livre~~ III, exclusivement consacré aux contraventions de police, qu'on a dû chercher désormais les règles qui devaient les concerner. Du reste, on n'y trouve aucune disposition concernant la complicité.

Le Code pénal de 1810 n'est pas plus positif; un livre spécial est également consacré aux contraventions de police et la même lacune qui se remarque dans le titre 1er. du livre III du Code de brumaire, relativement à la complicité, se retrouve dans le quatrième livre de celui de 1810. L'art. 59, chapitre unique du livre second, est le seul endroit de ce Code où il en soit question. Mais cet article qui ne concerne que les *crimes* et les *délits*, ne paraît pas devoir s'appliquer aux contraventions de police, à l'égard desquelles, nous le répétons, il existe un livre unique que le législateur semble avoir destiné à réunir toutes les règles qui doivent les concerner.

Les mêmes observations s'appliquent à la solidarité.

L'art. 42 de la loi du 19 = 22 juillet 1791, ne l'avait prononcée que pour les amendes municipales et correctionnelles; l'art. 55 du Code pénal l'a étendue aux restitutions, dommages-intérêts et frais, mais il l'a restreinte aux condamnations prononcées pour *crimes* et *délits*. Quant aux contraventions, on ne trouve aucune disposition dans ce Code, d'où l'on puisse leur appliquer celle de l'art. 55; bien plus, on voit par l'ensemble du livre 1er., dans lequel se rencontre ce dernier article, que ces mots *crimes* et *délits* doivent être pris, comme dans l'art. 59, dans leur sens propre. En effet, le législateur commence par donner, dans un titre préliminaire, la définition des trois espèces d'infractions punissables, c'est-à-dire, des crimes, des délits et des contraventions. Puis, après avoir posé dans l'art. 2 de ce même titre, un principe commun à ces trois infractions, il ne s'occupe plus que des crimes et délits qui sont l'objet des trois premiers livres, et il réserve pour le quatrième tout ce qui a rapport aux contraventions Enfin, et comme pour empêcher qu'on ne voulut appliquer à ces contraventions quelques uns des principes tracés dans le livre 1er., pour les crimes et délits, il a soin de répéter dans ce quatrième livre ceux de ces mêmes principes qu'il veut rendre communs aux contraventions.

C'est ainsi qu'après avoir dit dans l'art. 52 que la condamnation à l'amende, aux restitutions, aux dommages-intérêts et aux frais, entraînerait la contrainte par corps, et qu'après avoir fixé dans l'art. 53 la durée de l'emprisonnement, à l'égard des insolvables condamnés pour crimes ou pour délits, quand la condamnation serait prononcée au profit de l'État, il répète ces dispositions dans les art. 467 et 469, au titre des contraventions de police.

C'est ainsi, encore, qu'après avoir déclaré dans l'art. 54, qu'en cas de concurrence de l'amende avec les restitutions et dommages-intérêts, ces dernières condamnations seraient acquittées de préférence, il a soin par l'art. 468, de rendre cette disposition commune aux contraventions. Mais il ne rappelle pas l'art. 55, et cette omission qu'il est bien difficile de ne pas regarder comme volontaire, d'après le choix qu'il a fait dans le livre Ier. des articles qu'il voulait reporter dans le livre IVe., cette omission, disons nous, laisse à penser qu'il a eu l'intention, d'abord d'affranchir les amendes de police de la solidarité à laquelle elles avaient été soumises par la loi du 19 juillet 1791, et ensuite, de ne pas étendre celle prononcée par l'art. 55 du Code pénal aux réstitutions, dommages-intérêts et frais (A) adjugés pour contraventions de police.

Nonobstant ces raisons, nous n'hésitons pas à penser que l'art. 59, l'art. 4 du Code pénal, et même l'art. 1er. de la loi du 17 mai 1819, sont applicables aux contraventions de police aussi bien qu'aux crimes et aux délits.

Et d'abord les art. 54 et 59 ne sont pas les seuls dont l'omission se fasse remarquer dans le livre des contraventions. On peut encore signaler les art. 64 et 66. Le premier portant « qu'il n'y a *ni crime*, *ni délit*, » lorsque le prévenu était en état de démence au temps de l'action, » ou lorsqu'il a été contraint par une force à laquelle il n'a pu résister ». Le second relatif à l'acquittement de l'accusé lorsqu'il a moins de seize ans et qu'il est décidé qu'il a agi sans discernement. Ces deux articles, par la place qu'ils occupent dans le livre II, ne sont encore relatifs qu'aux crimes et aux délits. Mais quel est le magistrat qui oserait punir l'auteur même d'une simple contravention, s'il reconnait que cet individu ne jouit pas de ses facultés intellectuelles, ou qu'il a agi sans discernement ? Les articles dont il s'agit ne sont donc que l'expression d'un principe naturel, qui est de tous les temps et de tous les lieux, et qu'il est impossible, sous ce rapport, de ne pas considérer comme une règle générale applicable à toutes les espèces d'infractions, prévues par la loi ; ainsi disparait l'argument tiré du silence de la loi sur la complicité et la solidarité en matière de contraventions.

Ensuite, et pour ce qui est de la complicité, il faut considérer qu'elle existe de fait et indépendamment de toute disposition législative. Il est évident, en effet, que celui qui provoque l'auteur d'un crime ou d'un délit à le commettre, ou qui lui en fournit les moyens, ou enfin qui l'assiste dans la consommation de ce crime ou de ce délit, il est évident, disons nous, qu'il n'est pas moins coupable que celui qui commet réellement ce délit. L'homme qui met le poignard à la main d'un autre en lui indiquant l'usage qu'il doit en faire, commet aussi bien un meurtre que celui qui enfonce le fer dans le sein de la victime. C'est donc avec autant de vérité que de précision, que l'on définit le complice, *celui qui a part à un crime.* Sans les conseils de ce complice, sans les facilités qu'il a procurées ou sans l'assistance qu'il a donnée, le crime n'aurait peut être pas été commis ; il y a donc coopéré de fait

(A) Voyez *la note sur l'art.* 162 *du Code d'instruction criminelle.*

et d'intention ; son action, parconséquent, s'identifie avec celle de l'auteur principal, pour ne former qu'un seul et même délit. En un mot, il s'établit entre cet auteur principal et le complice, une indivision morale d'après laquelle on ne peut plus séparer le fait de provocation, de préparation ou d'assistance, du fait de consommation. Or, quand la loi punit celui-ci, il est conforme à la raison, comme à l'équité, qu'elle punisse également l'autre.

Tels sont les motifs qui ont déterminé le législateur à déclarer en thèse générale, que le complice d'un crime ou d'un délit, serait puni de la même peine que l'auteur principal de ce crime ou de ce délit. Il semble même qu'il n'avait pas besoin d'en faire l'objet d'une disposition écrite, car la raison l'avait décidé avant lui. S'il l'a fait, s'il a tracé en même temps les caractères de la complicité; c'est, n'en doutons pas, afin de lever jusqu'au moindre scrupule, c'est afin, surtout, qu'en l'absence d'une règle précise, on ne regardât pas comme acte de complicité d'un crime ou d'un délit, des faits qui, bien qu'ayant quelque rapport avec ce crime ou ce délit, ne s'y rattacheraient néanmoins que d'une manière éloignée et indirecte.

Maintenant, puisque la loi punit et doit nécessairement punir le complice d'un crime ou d'un délit, pourquoi ne punirait-elle pas celui d'une contravention? Celui, par exemple, qui aide un individu à cueillir un fruit à un arbre en lui prêtant le secours de son corps, ne commet il pas la contravention prévue par l'art. 461, n.° 9, du Code pénal aussi bien que celui qui détache le fruit de l'arbre? Serait-ce à cause de leur peu d'importance? Non sans doute, car les peines étant proportionnées, dans ce cas, à la nature du fait, ce motif ne peut être d'aucune considération. D'ailleurs, nous le répétons, les deux faits, dont se compose dans l'hypothèse la contravention, dépendent tellement l'un de l'autre, il y a une telle liaison entr'eux qu'ils sont indivisibles; il y a donc obligation, disons plus, il y a nécessité pour le magistrat de les punir simultanément, et de leur appliquer la peine attachée par la loi, à la contravention à laquelle ils ont conjointement donné naissance.

Ajoutons, en terminant, que la loi du 19 = 22 juillet 1791 ne s'expliquait pas catégoriquement sur la complicité, et cependant l'orateur du gouvernement atteste dans son Exposé des Motifs du livre II du Code pénal, que l'*usage, autorisé par la raison*, avait rendu communes aux délits municipaux et correctionnels, les règles établies par le Code pénal de 1791, sur la complicité à l'égard des crimes; la raison n'a pas changé, l'usage doit donc être le même.

Ainsi, le complice, ou si l'on aime mieux le co-auteur d'une contravention sera puni *de la même peine* que celui qui aura commis *de fait* la contravention; c'est-à-dire, *de la peine prononcée par la loi contre la contravention* indépendamment des circonstances particulières, personnelles à l'auteur principal et qui, à son égard, pourraient faire aggraver la peine, comme par exemple, le cas d'une récidive : le complice dans cette hypothèse ne sera passible que de la peine ordinaire. En effet, s'il s'est rendu propre le fait qui constitue la contravention, il n'en est pas moins étranger à celui qui donne lieu à l'aggravation de peine et dès lors cette aggravation ne peut s'étendre sur lui (*Cassation*, 3 juillet 1806, *Bull. Crim.*, tom. XI, n°. 4, pag. 185).

A l'égard de la solidarité il faut distinguer.

S'agit-il des restitutions et dommages-intérêts adjugés au profit de la partie lésée ? Il n'y a aucune difficulté, la condamnation doit être prononcée solidairement contre l'auteur principal et contre le complice. Puisque les deux faits, celui de *provocation*, de *préparation* ou d'*assistance* et celui de *consommation* ont également concourru à constituer la contravention, tous deux sont également la cause du dommage dont cette contravention a été la suite ; l'auteur de chacun de ces faits, doit donc être condamné à le réparer et comme il y a solidarité dans les actions, il doit y en avoir de même dans la condamnation.

C'est d'ailleurs un principe d'équité naturelle consacré par la loi civile (Code civil, art. 1382), que tout fait quelconque de l'homme, qui cause à autrui un dommage oblige celui par la faute duquel il est arrivé à le réparer. C'est autant par le fait du complice, que par celui de l'auteur principal, que la contravention a été commise, c'est autant par la faute de ce complice que par celle de l'auteur principal que le dommage a été causé, il en doit donc aussi bien que lui, la réparation pleine et entière, et comme cette réparation pourrait quelquefois ne pas être complète si la personne lésée avait à craindre l'insolvabilité de l'un ou de l'autre des auteurs du fait qui a donné lieu au dommage, il est évident que chacun d'eux doit répondre de la totalité de ce dommage vis-à-vis de la personne qui l'a souffert, sauf la division entre eux.

Relativement à l'amende, il y a un peu plus de doute ; il s'agit d'une peine et dans notre législation criminelle où tout est positif, une peine ne peut être prononcée qu'en vertu d'une loi ; d'un autre côté les fautes sont personnelles. Lors donc que le complice a subi la peine qu'il a encourue et qu'il a payé l'amende à laquelle il a été condamné, il semble contraire à la justice qu'il soit encore tenu de celle qu'un autre a également encourue. S'il est cause qu'une infraction a été commise, il ne l'est pas de l'insolvabilité de l'auteur principal de cette infraction.

En y réfléchissant cependant avec attention, on reconnait bientôt que les mêmes principes d'où découle la solidarité des condamnations aux restitutions et dommages-intérêts, doivent être étendus à la condamnation à l'amende.

D'abord, la solidarité des condamnations en matières criminelles est aussi ancienne que la législation elle-même. C'est un principe sage, qui

Et la confiscation de certains objets saisis (1).

ART. 465. L'emprisonnement, pour contravention de police, ne pourra être moindre d'un jour, ni excéder cinq jours, selon les classes, distinctions et cas ci-après spécifiés.

---

principe tutélaire, un principe attesté par tous les auteurs, et notamment par Lacombe, IIIe. partie, chap. XXIV, no. 27; en un mot, c'est un moyen de répression trop fort et trop puissant pour qu'on puisse supposer que le législateur ait entendu l'abandonner, même à l'égard des contraventions de police.

Ensuite, si la personne au préjudice de laquelle la contravention a été commise, a droit à la réparation du dommage qu'on lui a causé, la société dont les intérêts ont été blessés par cette contravention y a le même droit. Or, l'amende est à celle-ci, ce que sont les dommages-intérêts à l'autre, et puisqu'il est démontré que le complice est tenu de la totalité des premiers, il l'est par là même qu'il doit aussi être tenu de la totalité des seconds; à la vérité, le fait d'insolvabilité lui est étranger et sous ce rapport, il semble qu'il ne devrait pas en être responsable. Mais par cela seul qu'il a coopéré à la contravention, il s'est soumis à toutes les conséquences que cette contravention pouvait entraîner, et il est devenu responsable, non seulement de son propre fait, mais encore du fait de celui qu'il a provoqué, aidé ou assisté à la commettre. La conséquence ici est une condamnation à l'amende contre l'auteur principal: à défaut de solvabilité de celui-ci, le complice doit donc répondre de cette amende. Car encore une fois, c'est également par son fait qu'elle a été encourue.

Enfin l'art. 42 de la loi du 19 = 22 juillet 1791, est formel. Déjà la Cour de cassation a décidé que l'art. 20 de cette loi n'est point abrogé par le motif qu'il contenait une mesure d'ordre public (*Voyez* la note sur le no. 4 de l'art. 3 de la loi du 24 août 1790). Pourquoi n'en serait-il pas de même de l'art. 42, c'est également une disposition d'ordre public qui intéresse tout à la fois la société et le fisc? Elle doit donc être considérée comme maintenue, quoique non formellement rappelée par le Code pénal. C'est au surplus ce qui a été implicitement jugé par arrêt de la même Cour du 22 avril 1813 (*Voyez* Pièces justificatives, no. 11).

(1) (*La confiscation de certains objets saisis*). Si donc ces objets n'ont pas été saisis au moment où la contravention a été reconnue et constatée, il n'y a pas lieu à confiscation. C'est ce qui résulte plus expressément encore des termes des articles 472, 477 et 481, où le mot *confiscation* est toujours précédé de celui de saisie; d'où il suit que l'une ne peut être prononcée qu'autant que l'autre a eu lieu préalablement.

Les jours d'emprisonnement sont des jours complets de vingt-quatre heures.

Art. 466. Les amendes, pour contravention, pourront être prononcées depuis un franc jusqu'à quinze francs inclusivement, selon les distinctions et classes ci-après spécifiées, et seront appliquées au profit de la commune où la contravention aura été commise.

Art. 467. La contrainte par corps a lieu pour le paiement de l'amende: néanmoins le condamné ne pourra être, pour cet objet, détenu plus de quinze jours, s'il justifie de son insolvabilité (1).

Art. 468. en cas d'insuffisance des biens, les restitutions et les indemnités dues à la partie lésée sont préférées à l'amende.

Art. 469. Les restitutions, indemnités et frais entraîneront la contrainte par corps, et le condamné gardera prison jusqu'à parfait paiement. Néanmoins, si ces condamnations sont prononcées au profit de l'Etat, les condamnés pourront jouir de la faculté accordée par l'art. 467, dans le cas d'insolvabilité prévue par cet article (2).

Art. 470. Les tribunaux de police pourront aussi, dans les cas déterminés par la loi, prononcer la confiscation, soit des choses saisies en contravention, soit des choses produites par la

---

(1) L'article 52 contient une disposition semblable à l'égard des amendes prononcées en police correctionnelle, sauf que la durée de la détention est portée à six mois par l'article 53. *Voyez* à cette occasion, Pièces justificatives n°. 6, la circulaire du Ministre de la justice, qui règle le mode d'exécution de ces deux articles; les dispositions en sont applicables à l'article 467 ci-dessus, et à l'art. 469 ci-après.

(2) *Voyez* la Circulaire citée dans la note ci-dessus.

contravention, soit des matières ou des instruments qui ont servi, ou étaient destinés à la commettre (1).

CHAPITRE II.

Contraventions et Peines.

SECTION PREMIÈRE.

Première Classe.

ART. 471. Seront punis d'amende, depuis un franc jusqu'à cinq francs inclusivement :

1.° Ceux qui auront négligé d'entretenir, réparer ou nettoyer les fours, cheminées ou usines, où l'on fait usage du feu (2) ;

2.° Ceux qui auront violé la défense de tirer en certains lieux des pièces d'artifices (3) ;

3.° Les aubergistes et autres, qui, obligés à l'éclairage, l'auront négligé ; ceux qui auront négligé de nettoyer les rues ou passages, dans les communes où ce soin est laissé à la charge des habitants (4) ;

---

(1) Pourvu que ces matières et instruments aient été saisis ; *voyez* la note sur l'art. 484.

(2) *Voyez* l'art. 9 du Code rural, et l'article 479, n°. 4, du présent Code.

(3) Si les artifices tirés en contravention ont occasionné, soit un incendie, soit seulement quelque dommage, c'est, dans le premier cas, l'article 458 qu'il faut appliquer, et dans le second, l'article 479, n°. 1er.

(4) S'il y avait, non pas négligence, mais refus d'employer le mode de nettoiement, ou de se conformer aux dispositions particulières adoptées par l'autorité locale, c'est la première partie du n°. 5 ci-après, qu'il faudrait appliquer.

Il arrive très-souvent que le nettoiement des rues, et l'enlèvement

4.° Ceux qui auront embarrassé la voie publique, en y déposant ou y laissant, sans nécessité, des matériaux ou des choses quelconques qui empêchent ou diminuent la liberté ou la sûreté du passage ; ceux qui, en contravention aux lois et réglements, auront négligé d'éclairer les matériaux par eux entreposés, ou les excavations par eux faites dans les rues et places (1) ;

5.° Ceux qui auront négligé ou refusé d'exécuter les réglements ou arrêtés concernant la petite voirie (2), ou d'obéir à la sommation émanée de

---

des boues est confié par adjudication à un seul individu. Dans ce cas, cet individu se trouve subrogé à l'obligation des habitants, et soumis par suite aux peines qu'ils encourraient eux-mêmes en contrevenant aux dispositions de la loi relative à cet objet. (*Cassation*, 12 novembre 1813 ; *Bull. Crim.*, tom. XVIII, n°. 19, pag. 583).

(1) L'article 1er. de la loi du 29 floréal an X, attribue à l'autorité administrative la connaissance des contraventions en matière de Grande Voirie. Mais cette attribution n'est pas exclusive; il en résulte seulement que, lorsqu'un terrain sert à-la-fois de rue et de grande-route, les contraventions aux réglements de police qui s'y réfèrent, peuvent être poursuivies concurremment par l'autorité administrative, d'après la loi du 29 floréal an X, et par le tribunal de police, conformément à la loi du 24 août 1790 (tit. XI, art. 3, §. 1er.), et au Code pénal, art. 471, n°. 4 ci-dessus (*Cassation*, 13 juin 1811, *Bull. Crim.*, tom. XVI, n°. 4, pag. 180). *Voyez* la note ci-après).

(2) La voirie se divise en grande et en petite Voirie.

La Grande Voirie comprend 1°. l'ouverture, la confection, l'entretien et la police des routes royales ou grandes routes ; 2°. l'alignement des rues, des villes, bourgs et villages, qui servent de grande route ; 3°. les fleuves, rivières et canaux navigables ou flottables, et leurs chemins de hallage (Lois des 7-14 octobre 1790, art. 1er., et 29 floréal an X, art. 1er.).

La Petite Voirie comprend tout ce qui tient à l'alignement, conservation, sûreté et police des chemins vicinaux et communaux, des rues, places, quais, promenades qui ne font point partie des grandes routes, des rivières, ruisseaux et canaux non navigables ni flottables.

Les contraventions en matière de Grande Voirie, telles que anticipation, dépôts de fumiers ou d'autres objets, et toutes espèces de détériorations sont de la compétence des conseils de préfecture (Lois du

28 pluviôse an VIII, art. 4, alinéa 5; et 29 floréal an X, art. 1er.), excepté, 1o. lorsqu'il s'agit d'une contravention au décret du 23 juin 1806, concernant le poids des voitures, auquel cas le maire des lieux prononce administrativement, sauf le recours au conseil de préfecture (décret précité, titre IX, art. 25); 2o. lorsqu'une contravention de grande voirie entraîne à-la-fois une amende et un emprisonnement; dans ce cas, le conseil de préfecture ne peut prononcer que la première de ces deux peines, et doit, pour l'application de la seconde, renvoyer devant le tribunal compétent (décision du Conseil-d'Etat du 21 mars 1807, approuvée le 23 avril suivant; Sirey, jurisprudence du Conseil-d'Etat, tom. Ier., pag. 82).

Quant aux contraventions en matière de petite voirie, elles sont d'après le no. 5 ci-dessus, de la compétence du tribunal de simple police. En conséquence, toutes les infractions aux réglements faits sur des objets de petite voirie non prévus par une disposition particulière de loi, doivent être punies de l'amende fixée par l'art. 471. C'est ainsi que la Cour de cassation, en se fondant au surplus sur les dispositions de l'article 3, §. 1er. de la loi du 24 août 1790, l'a décidé à l'égard de contraventions commises, 1o. à un arrêté municipal portant défense de laisser divaguer, soit dans l'intérieur de la ville, soit dans les promenades et marchés, des cochons, oies, canards et autres animaux nuisibles à la salubrité et à la sûreté des habitants (20 juin 1812, *Bull. Crim.*, tom. XVII, no. 6, pag. 285); 2o. à un autre arrêté ordonnant la suppression des gouttières saillantes donnant sur la rue (14 octobre 1813; *Bull. Crim.*, tom. XVIII, no. 17, pag. 534); 3o. à un arrêté semblable portant défense de jouer au mail dans les lieux publics (5 mars 1818; *Bull. Crim.*, tom. XXIII, no. 3, pag. 79); et l'on doit décider la même chose à l'égard des contraventions aux réglements qui prescrivent de prendre des alignemens pour la reconstruction ou réparations des maisons (*Cassation*, 29 mars 1821, *Bull. Crim.*, tom. XXVI, no. 3, pag 118); à ceux qui enjoignent aux couvreurs et autres ouvriers travaillant sur les toits de placer au-devant des maisons les signaux d'usage; à ceux qui prescrivent aux marchands forains, ou autres, de tenir leurs chiens attachés sous leurs voitures; et enfin à ceux qui contiennent des mesures de police pour le nettoiement des rues, tels que l'arrosement en été, l'enlèvement des glaces, neiges et boues en hiver, et autres dispositions semblables.

Nous venons de dire que les rivières, ruisseaux et canaux non navigables font partie de la petite voirie; on appliquera donc la disposition du §. 5 ci-dessus, à toutes les contraventions aux réglements de police relatifs à cet objet, et notamment à ceux qui prescrivent à certaines époques, le curage de ces rivières, canaux et ruisseaux, à ceux qui défendent d'y faire rouir du lin ou du chanvre, ou d'y jeter des immondices; et enfin à ceux qui règlent le service des vannes et écluses, ainsi que le

l'autorité administrative, de réparer ou démolir les édifices menaçants ruine (1);

---

mode d'irrigation des propriétés qui bordent les rivières, canaux et ruisseaux non navigables. (*Voyez* la note sur l'article 15 du Code rural).

(1) La Cour de cassation a décidé, le 29 décembre 1820 (*Bull. Crim.*, tom. XXV, n°. 12, pag. 466), dans une affaire où il s'agissait d'un individu prévenu d'avoir refusé d'obéir à la sommation émanée de l'autorité administrative, de démolir une construction faite en contravention à un réglement de police, ayant pour objet de prévenir les incendies, elle a décidé, disons-nous, qu'un tribunal de police n'avait pu, sans méconnaître ses attributions, refuser d'ordonner la démolition de cette construction, laquelle, au surplus, était formellement demandée par le ministère public.

Il est dit dans l'arrêt, que les tribunaux de simple police, créés par le Code d'instruction criminelle de 1808, doivent, comme ceux qu'ils ont remplacés, veiller et tenir la main à l'exécution des réglements de police; qu'ils sont conséquemment investis du pouvoir de prononcer les amendes fixées par le Code pénal, et *d'ordonner les mesures nécessaires pour assurer cette exécution*; que l'obligation de démolir ce qui a été construit au mépris d'un réglement de police, est une conséquence nécessaire de l'obligation de se conformer à ce réglement; que l'exécution n'en peut être assurée que par la démolition d'une construction qu'il prohibe; et enfin que le devoir des tribunaux de police n'est pas moins de faire cesser les contraventions, que d'en punir les auteurs.

Nous respecterons cette décision, et néanmoins qu'il nous soit permis d'opposer quelques réflexions aux motifs avancés par l'arrêt.

Sans doute les tribunaux de police sont chargés de veiller et tenir la main à l'exécution des réglements de police. Mais ils ne le peuvent que de la manière prescrite par la loi, et, pour nous servir des expressions de la Cour de cassation elle-même, *qu'en se renfermant dans le cercle de leur autorité*. Or, de quelle autorité sont-ils investis? comment la loi leur prescrit-elle d'exercer leur surveillance à cet égard? En prononçant, contre ceux qui refusent d'y obéir, les peines légales. En quoi consistent ces peines, dans l'hypothèse? Dans une amende qui peut être portée depuis 1 franc jusqu'à 15 francs. L'article 471 qui prononce cette peine charge-t-il les tribunaux de police d'ordonner aucune autre mesure? Non; ils ne peuvent donc en prescrire aucune. En le faisant, ils empiétraient sur les droits de l'autorité administrative; ils violeraient ouvertement les règles sur la séparation des pouvoirs administratif et judiciaire. Quel inconvénient d'ailleurs ne résulterait-il pas d'une pareille disposition? Aux termes de l'article 165 du Code,

6.° Ceux qui auront jeté ou exposé, au devant de leurs édifices, des choses de nature à nuire par leur chute (1) ou par des exhalaisons insalubres ;

---

d'instruction criminelle, c'est le ministère public qui est chargé de poursuivre l'exécution du jugement. Il faudra donc qu'il commande des ouvriers; qu'il fasse faire des travaux, etc. Mais tout cela n'est-il pas plutôt du ressort de l'autorité administrative que de celui de l'autorité judiciaire? Et si la première change d'avis, si elle revient sur son réglement, en un mot, si elle estime qu'il n'y a plus lieu à démolition, le jugement du tribunal de police restera donc sans exécution. Cependant il est défendu à l'autorité administrative d'entraver la marche des tribunaux, comme il est enjoint aux tribunaux de ne pas s'opposer à l'exécution des actes de l'autorité administrative.

On dit que l'obligation de démolir ce qui a été construit, au mépris d'un réglement de police, est une conséquence nécessaire de l'obligation de s'y conformer, et que l'exécution n'en peut être assurée que par la destruction de ce qui a été fait, au mépris de ses dispositions. Cela est incontestable; mais s'en suit-il que cette destruction doive être ordonnée par les tribunaux de police? Nous ne le pensons pas. Le droit de punir celui qui refuse d'exécuter un réglement de police, n'entraîne pas nécessairement avec lui le droit de forcer à l'exécution *de fait* de ce réglement. Ce sont deux droits différents et indépendants l'un de l'autre; l'un est dévolu aux tribunaux, l'autre n'appartient qu'à l'autorité administrative. Les tribunaux de police ordonneraient donc en vain une mesure que cette autorité peut faire exécuter indépendamment de tout jugement, ou contre laquelle elle peut revenir, quoiqu'elle soit prescrite par un jugement.

Enfin, l'autorité administrative est essentiellement chargée de *prévenir* les délits en général. Pour atteindre ce but, elle est autorisée à faire tous les réglements, et à prendre toutes les mesures convenables; mais elle est seule juge de la nécessité de ces moyens. Or, faire démolir une maison qui, à raison de sa construction, peut être la cause d'un incendie, est évidemment un acte qui rentre dans ses attributions, puisqu'il a pour but de prévenir un délit prévu par la loi. Elle seule est donc compétente pour ordonner cette démolition, et pour la faire exécuter aux frais du propriétaire, s'il refuse d'y procéder lui-même; le tout sans préjudice de l'action du ministère public, pour l'application de la peine encourue par le refus d'obéir à une mesure commandée par l'intérêt public.

(1) Il ne s'agit dans ce §. que du cas où les objets jetés ou exposés en

7.° Ceux qui auront laissé dans les rues, chemins, places, lieux publics, ou dans les champs, des coutres de charrues, pinces, barres, barreaux, ou autres machines, ou instrumens, ou armes, dont puissent abuser les voleurs et autres malfaiteurs (1) ;

8.° Ceux qui auront négligé d'écheniller dans les campagnes ou jardins, où ce soin est prescrit par la loi ou les réglements (2) ;

9.° Ceux qui, sans autre circonstance prévue par les lois, auront cueilli ou mangé, sur le lieu même, des fruits appartenants à autrui (3) ;

10.° Ceux qui, sans autre circonstance, auront glané, râtelé ou grapillé dans les champs non encore entièrement dépouillés et vidés de leurs

---

contravention, n'ont causé aucun dommage ; dans le cas contraire, les faits deviennent un délit, qui est prévu par les articles 319 et 320. (*Cassation*, 20 juin 1812, *Bull. Crim.*, tom. XVII, n°. 7, pag. 289.)

(1) *Voyez* ci-après, l'art. 472.

(2) *Voyez* p. 87, la loi du 26 ventôse an IV, relative à l'échenillage.

(3) Ce §. contient sans doute un vice de rédaction. Il y est dit : « Ceux » qui, sans autre circonstance prévue par les lois, auront cueilli *ou* » mangé sur le lieu même, etc. N'est-ce pas cueilli *et* mangé que le législateur a voulu dire. Celui qui cueille et emporte avec lui une production quelconque de la terre appartenant à autrui, commet un véritable larcin, qui rentre dans le maraudage, prévu par l'art. 34 du Code rural. Au contraire, celui qui cueille un fruit et le mange à l'instant sur le lieu même, fait plutôt un acte de gourmandise qu'un vol, et c'est apparemment cela que le législateur a eu en vue dans le §. IX. Cependant il est possible de l'entendre, dans ce sens, qu'il a pour objet celui qui aura été surpris cueillant un fruit à un arbre, et celui qui aura été surpris mangeant un fruit qu'il venait de cueillir, ou qu'il venait de prendre parmi d'autres fruits déjà cueillis, et laissés par le propriétaire à la foi publique. *Voyez* au surplus la note sur l'art. 34 du Code rural.

récoltes, ou avant le moment du lever ou après celui du coucher du soleil (1);

11.° Ceux qui, sans avoir été provoqués, auront proféré contre quelqu'un des injures autres que celles prévues, depuis l'art. 367, jusques et compris l'art. 378 (2);

---

(1) L'art. 21 du Code rural, prononçait en pareil cas, la confiscation du produit du glanage, râtelage et grapillage, faits intempestivement, mais cette disposition n'étant pas renouvelée elle doit-être considérée comme abrogée. *Voyez* cet article, ainsi que la note qui y est jointe; *Voyez* aussi l'art. 473, ci-après.

(2) Tous les articles cités dans ce §. sont abrogés par la loi du 17 mai 1819. Il faut donc lire : *autres que celles prévues par le chapitre 5 de cette loi.*

Les juges de paix se trompent souvent dans l'application des peines en matière d'injure. Cela provient de ce qu'ils ne distinguent pas assez celles qui sont de leur compétence de celles qui appartiennent à la juridiction correctionnelle. Quelques explications sont donc nécessaires pour fixer la jurisprudence sur ce point.

On distingue aujourd'hui la diffamation de l'injure.

« *Toute allégation ou imputation d'un fait* qui porte atteinte à » l'honneur ou à la considération de la personne ou du corps auquel le » fait est imputé, *est une diffamation*. (Loi du 17 mai, art. 13.)

» *Toute expression outrageante, terme de mépris ou invective,* qui » ne renferme l'imputation d'aucun fait, *est une injure.* (*Ibid.*) »

Aux termes de l'article 14 de la loi du 26 mai, les délits de diffamation verbale ou d'injure verbale contre toute personne, et ceux de diffamation ou d'injure *par une voie de publication quelconque*, contre des particuliers, doivent être jugés par les tribunaux de police correctionnelle. Mais, pour cela, il faut que la diffamation ou l'injure réunisse la *gravité* à la *publicité*, c'est-à-dire, 1°. que l'une contienne l'allégation ou l'imputation *d'un fait* capable de porter atteinte à l'honneur ou à la considération de la personne attaquée; l'autre, celle d'un *vice déterminé*. 2°. Que toutes deux aient été ou *consignées dans des écrits ou des imprimés*, etc., ou *proférées dans des lieux et réunions publiques*. Cela résulte des dispositions des articles 18 et 19 de la loi du 17 mai, qui punissent d'une peine correctionnelle la diffamation et l'injure envers les particuliers, lorsqu'elles ont été commises, porte l'ar. 14 de la même loi, par l'un des moyens énoncés en l'article 1er., c'est-à-dire, suivant ce dernier article, soit par des discours proférés

12.° Ceux qui, imprudemment auront jeté des immondices sur quelque personne (1);

13.° Ceux qui, n'étant ni propriétaires, ni usufruitiers, ni locataires, ni fermiers, ni jouissant d'un terrain, ou d'un droit de passage, ou qui n'étant agens, ni préposés d'aucunes de ces personnes, seront entrés et auront passé sur ce terrain, ou sur partie de ce terrain, s'il est préparé ou ensemencé (2);

14.° Ceux qui auront laissé passer leurs bestiaux ou leurs bêtes de trait, de charge ou de monture, sur le terrain d'autrui, avant l'enlèvement de la récolte (3).

---

dans des lieux ou réunions publics, soit par des écrits ou des imprimés, etc., vendus ou distribués. Cela résulte encore de l'art. 20 de la même loi, qui ne met dans les attributions des tribunaux de simple police, que l'injure qui *ne renferme pas l'imputation d'un vice déterminé*, ou *qui n'est pas publique*, d'où il suit que celle qui renferme l'imputation d'un vice déterminé, ou qui est publique, est de la compétence de la police correctionnelle.

Ainsi, les juges de simple police ne sont compétents en cette matière, que lorsqu'il s'agit de diffamation *verbale et non publique*, ou d'injure *verbale non publique, et ne renfermant pas l'imputation d'un vice déterminé*. A la vérité, l'article 20 précité de la loi du 17 mai, semble ne leur attribuer la connaissance que de cette dernière espèce de contravention, mais par cela seul que l'article 18, combiné avec l'article 14, ne punit correctionnellement la diffamation, qu'autant qu'elle est accompagnée de la publicité dont parle l'article 1er., il en résulte que lorsque cette circonstance aggravante n'existe pas, elle rentre dans la classe des injures verbales, et n'est plus passible que des peines de simple police (*Cassation*, 2 décembre 1819, *Journ. du Palais*, tom. I, 1821, pag. 166).

(1) *Voyez* art. 475, n°. 8.

(2) Les termes de ce §. sont génériques; ils comprennent par conséquent le passage à pied, en voiture, ou autrement, sur un terrain *préparé* ou *ensemencé*. Le §. 9 de l'article 475 ci-après, règle le cas du même passage, sur un terrain *chargé d'une récolte pendante par racine*.

(3) En combinant le §. 10 de l'article 475 ci-après, avec le §. 14

Art. 472. Seront en outre confisquées les pièces d'artifices saisies dans le cas du n.° 2 de l'art. 471, les coutres, les instrumens et les armes mentionnés dans le n.° 7 du même article.

Art. 473. La peine d'emprisonnement, pendant trois jours au plus, pourra de plus être prononcée, selon les circonstances, contre ceux qui auront tiré des pièces d'artifice; contre ceux qui auront glané, râtelé, ou grapillé en contravention au n.° 10 de l'art. 471 (1).

Art. 474. La peine d'emprisonnement contre toutes les personnes mentionnées en l'art. 471, aura toujours lieu, en cas de récidive, pendant trois jours au plus (2).

SECTION II.

Deuxième Classe.

Art. 475. Seront punis d'amende, depuis six francs jusqu'à dix francs inclusivement,

1.° Ceux qui auront contrevenu aux bans de vendanges, ou autres bans autorisés par les réglements (3);

---

ci-dessus, on voit qu'il s'agit dans celui-ci du passage de bestiaux ou autres animaux, sur un terrain *chargé d'une récolte coupée et non enlevée*; et dans l'autre du même passage sur un terrain *chargé d'une récolte non coupée*.

(1) *Voyez* la note sur l'art. 480.

(2) *Voyez* art. 483.

(3) Ce §. ne concerne que les bans que les réglemens permettent de faire dans certains lieux, pour fixer le temps des vendanges et *autres récoltes* (*Cassation*, 27 janvier 1820; *Bull. Crim.*, tom. XXV, n°. 1er., pag. 41). On ne peut donc comme incline à le penser l'auteur du Traité de la Législation criminelle de France (tom. II, pag. 253), en faire

2.° Les aubergistes, hôtelliers, logeurs, ou loueurs de maisons garnies, qui auront négligé d'inscrire de suite, et sans aucun blanc, sur un registre tenu régulièrement, les noms, qualités, domicile habituel, dates d'entrée et de sortie de toute personne qui aurait couché ou passé une nuit dans leurs maisons; ceux d'entre eux qui auraient manqué à représenter ce registre aux époques déterminées par les réglements, ou lorsqu'ils en auraient été requis, aux maires, adjoints, officiers ou commissaires de police, ou aux citoyens commis à cet effet: le tout, sans préjudice des cas de responsabilité mentionnés en l'article 73 du présent Code, relativement aux crimes ou aux délits de ceux qui, ayant logé ou séjourné chez eux, n'auraient pas été régulièrement inscrits (1);

3.° Les rouliers, charretiers, conducteurs de voitures quelconques, ou de bêtes de charge qui auraient contrevenu aux réglements par lesquels ils sont obligés de se tenir constamment à portée de leurs chevaux, bêtes de trait ou de charge, et de leurs voitures, et en état de les guider et conduire; d'occuper un seul côté des rues, chemins ou voies publiques; de se détourner ou ranger devant toutes autres voitures, et, à leur

---

l'application aux réglemens relatifs au renfermement des pigeons, nous avons déjà dit que les infractions à ces réglemens ne sont passibles d'aucune peine de police, *voyez* pag. 59, la note sur l'art. 12 du Code rural et pièces justificatives, n°. 2, les arrêts des 13 août et 30 octobre 1813.

(1) *Voyez* l'art. 476 ci-après.

approche, de leur laisser libre au moins la moitié des rues, chaussées, routes et chemins (1);

4.° Ceux qui auront fait ou laissé courir les chevaux, bêtes de trait, de charge ou de monture, dans l'intérieur d'un lieu habité, ou violé les règlements contre le chargement (2), la rapidité, ou la mauvaise direction des voitures (3);

5.° Ceux qui auront établi ou tenu dans les rues, chemins, places ou lieux publics, des jeux de loteries, ou d'autres jeux de hasard (4);

6.° Ceux qui auront vendu ou débité des boissons falsifiées, sans préjudice des peines plus sévères, qui seront prononcées par les Tribunaux de police correctionnelle, dans le cas où elles contiendraient des mixtions nuisibles à la santé (5);

7.° Ceux qui auraient laissé divaguer des fous

---

(1) *Voyez* l'art. 476 ci-après, et, pièces justificatives, n°. 7, les divers réglemens sur les rouliers et voitures.

(2) Il s'agit seulement ici du vice du chargement, et à cet égard, l'art. 7 du décret du 28 août 1808, concernant les voitures publiques allant à destination fixe dispose ainsi: « l'élévation de la charge sera » au plus de 40 centimètres (15 pouces), sur les voitures à quatre roues » et de 25 centimètres (10 pouces), sur les voitures à deux roues »; quant à l'excès de chargement ou de poids, il est réglé par le décret du 23 juin 1806, aux termes duquel il est de la compétence de l'autorité administrative.

(3) *Voyez* art. 476 et 477 ci-après.

(4) Les cabarets et les auberges étant considérés comme lieux publics il faut appliquer la disposition de ce §. à ceux qui se permettraient d'y établir des loteries ou autres jeux de hasard, (*Cassation*, 8 ventôse an X; *Bull. Crim.*, tom. VII, n°. 6, pag. 240; 26 mars 1813, tom. XVIII, n°. 5, pag. 138). *Voyez* au surplus art. 476 et 477, n°. 1er, ci-après.

(5) *Voyez* art. 476 et 477, n°. 2 ci-après. Quant aux comestibles gâtés ou corrompus. *Voyez* la loi du 16 = 24 août, art. 3, n°. 4.

ou des furieux, étant sous leur garde, ou des animaux malfaisans, ou féroces ; ceux qui auront excité ou n'auront pas retenu leurs chiens lorsqu'ils attaquent ou poursuivent les passants, quand même il n'en serait résulté aucun mal ni dommage (1).

8.° Ceux qui auraient jeté des pierres ou d'autres corps durs, ou des immondices contre les maisons, édifices et clôtures d'autrui, ou dans les jardins ou enclos, et ceux aussi qui auraient volontairement jeté des corps durs ou des immondices sur quelqu'un (2) ;

---

(1) Dans le cas contraire, la contravention devient un délit dont la peine est fixée par les art. 319 et 320.

(2) « L'action de cracher à la figure d'un individu peut être consi- » dérée comme caractérisant la contravention prévue par les derniers » mots de ce §.; l'art. 476 ci-après autorise l'emprisonnement en pareil » cas, et à défaut d'autre disposition pénale, applicable au fait dont » il s'agit, on peut recourir à celle-là ». (Legraverand, Traité de la Législation criminelle en France, tom. II, pag. 254).

On a voulu appliquer la même disposition à un individu inculpé d'avoir saisi violemment une jeune fille, sur une place publique, de lui avoir ouvert la bouche et de l'avoir remplie de son. Mais la Cour de cassation, à qui la question a été soumise, s'est prononcée pour la négative. Elle a décidé 1°. que ces faits, qui, dans l'espèce n'avaient été ni précédés ni suivis de coups ou de blessures, étaient étrangers, soit au délit prévu par l'art. 311 du Code pénal, soit au jet de corps durs ou d'immondices dont parle le n°. 8 de l'art. 475 ; 2°. qu'ils avaient le caractère des voies de fait ou violences légères mentionnées à l'art. 19, n°. 2, titre Ier. de la loi du 22 juillet 1791, sur la police municipale et correctionnelle, et à l'art. 605, n°. 8 du Code du 3 brumaire an IV ; 3°. et enfin, qu'ils devaient être punis conformément à ces deux lois. Elle a pensé, à cette occasion, que les voies de fait et violences légères n'étant l'objet d'aucun article du Code pénal de 1810, ni d'aucune loi postérieure à celles du 22 juillet 1791 et du 3 brumaire an IV, les dispositions précitées de ces deux dernières lois, se trouvaient formellement maintenues par l'art. 484 du Code pénal, *voyez Bull. Crim.*, tom. XXVI, n°. 4, pag. 164, l'arrêt du 14 avril 1821.

9.° Ceux qui, n'étant propriétaires, usufruitiers, ni jouissant d'un terrain ou d'un droit de passage, y sont entrés, et y ont passé dans le temps où ce terrain était chargé de grains en tuyau, de raisins ou autres fruits mûrs ou voisins de la maturité (1).

10.° Ceux qui auraient fait ou laissé passer des bestiaux, animaux de trait, de charge, ou de monture sur le terrain d'autrui ensemencé ou chargé d'une récolte, en quelque saison que ce soit, ou dans un bois taillis appartenant à autrui (2).

11.° Ceux qui auraient refusé de recevoir les espèces et monnaies nationales, non fausses ni altérées, selon la valeur pour laquelle elles ont cours.

12.° Ceux qui, le pouvant, auront négligé ou refusé de faire les travaux, le service, ou de prêter les secours dont ils auraient été requis dans les circonstances d'accidents, tumultes, naufrages, inondations, incendies ou autres calamités, ainsi que dans les cas de brigandages, pillages, flagrant délit, clameur publique, ou d'exécution judiciaire (3).

---

(1) *Voyez* la note sur le n°. 15 de l'art. 471 ci-dessus.

(2) *Voyez* la note sur le §. XIV de l'art. 471 ci-dessus, et celle sur les art. 24 et 38 du Code rural.

(3) La disposition de ce §. est générale et embrasse tous ceux qui, *le pouvant*, refuseraient ou négligeraient de faire les travaux, le service, ou de prêter les secours dont ils auraient été requis dans les cas prévus; elle s'appliquera donc à tous ceux qui, désignés par le maire pour assister aux chasses et battues générales prescrites par l'arrêté du Directoire du 19 pluviose an V, pour la destruction des loups, renards, blaireaux et autres animaux nuisibles, n'obtempéreraient pas à cette

13.° Les personnes désignées aux articles 284 et 288 du présent Code (1).

---

réquisition, car la multiplication de ces sortes d'animaux étant une calamité pour les campagnes, chacun est intéressé et doit concourir à leur destruction. (*Voyez* pièces justificatives, n°. 8, l'arrêté du Directoire.) Il faut excepter néanmoins, *les ouvriers de profession* à l'égard desquels la loi du 22 germinal an IV, renouvelée par le décret du 11° juin 1811, lequel est postérieur au Code pénal, contient des dispositions particulières qui doivent être suivies en cas d'exécution judiciaire. Du reste il n'est pas rigoureusement nécessaire que la réquisition soit écrite, il suffit qu'elle émane d'un officier public compétent: on conçoit, en effet, que dans la plupart des circonstances prévues par le §. ci-dessus, l'officier public peut n'avoir ni le temps, ni les moyens de mettre sa réquisition par écrit.

(1) Ces deux articles se rapportant eux-mêmes aux art. 283 et 287, dont ils sont les corollaires, nous allons les transcrire tous les quatre en faisant observer que l'art. 287, paraît abrogé par l'art. 8 de la loi du 17 mai 1819.

ART. 283. « Toute publication ou distribution d'ouvrages, écrits, » avis, bulletins, affiches, journaux, feuilles périodiques ou autres imprimés dans lesquels ne se trouvera pas l'indication vraie des noms, » profession et demeure de l'auteur, ou de l'imprimeur, sera pour » ce seul fait, punie d'un emprisonnement de six jours à six mois, contre » toute personne qui aura sciemment contribué à la publication ou » distribution.

ART. 284. « Cette disposition sera réduite à des peines de simple » police.

» 1°. A l'égard des crieurs, afficheurs, vendeurs ou distributeurs » qui auront fait connaître la personne de laquelle ils tiennent l'écrit » imprimé;

» 2°. A l'égard de quiconque aura fait connaître l'imprimeur.

» 3°. A l'égard même de l'imprimeur qui aura fait connaître l'auteur.

ART. 287. « Toute exposition ou distribution de chansons, pamphlets, figures ou images contraires aux bonnes mœurs, sera punie » d'une amende de seize francs à cinq cents francs, d'un emprisonnement, d'un mois à un an, et de la confiscation des planches et des » exemplaires imprimés ou gravés, de chansons, figures ou autres objets du délit.

Art. 288. « La peine d'emprisonnement et l'amende prononcées par » l'article précédent, seront réduites à des peines de simple police ».

« 1°. A l'égard des crieurs, vendeurs ou distributeurs, qui auront » fait connaître la personne qui leur aura remis l'objet du délit ».

Art. 476. Pourra, suivant les circonstances, être prononcé, outre l'amende portée en l'article précédent, l'emprisonnement pendant trois jours au plus, contre les rouliers, charretiers, voituriers et conducteurs en contravention ; contre ceux qui auront contrevenu à la loi par la rapidité, la mauvaise direction, ou le chargement des voitures ou des animaux ; contre les vendeurs et débitants de boissons falsifiées ; contre ceux qui auraient jeté des corps durs ou des immondices (1).

Art. 477. Seront saisis et confisqués, 1.° les tables, instruments, appareils des jeux ou des loteries établies dans les rues, chemins et voies publiques, ainsi que les enjeux, les fonds, denrées, objets ou lots proposés aux joueurs dans le cas de l'art. 475, n.° 5 (2). 2.° Les boissons falsifiées, trouvées appartenir au vendeur et débitant : ces boissons seront répandues. 3.° Les écrits ou gravures contraires aux mœurs ; ces objets seront mis sous le pilon.

Art. 478. La peine de l'emprisonnement pendant cinq jours au plus, sera toujours prononcée,

---

2°. A l'égard de quiconque aura fait connaître l'imprimeur ou le » graveur.

» 3°. A l'égard même de l'imprimeur ou du graveur qui auront fait » connaître l'auteur ou la personne qui les aura chargés de l'impression » ou de la gravure ».

(1) *Voyez* la note sur l'art. 480.

(2) Le texte porte dans le cas de l'article 476, mais ce ne peut être qu'une erreur, car l'article 476 ne contient rien de relatif aux jeux et loteries, tandis qu'il en est question dans le numéro 5 de l'article 475.

en cas de récidive, contre toutes les personnes mentionnées dans l'art. 475 (1).

SECTION III.

Troisième Classe.

Art. 479. Seront punis de l'amende de onze à quinze francs inclusivement,

1.° Ceux qui, hors les cas prévus depuis l'art. 434 jusques et compris l'art. 462, auront volontairement causé du dommage aux propriétés mobilières d'autrui (2).

2.° Ceux qui auront occasionné la mort, ou la blessure des animaux ou bestiaux appartenant à autrui, par l'effet de la divagation des fous ou furieux, ou d'animaux malfaisants ou féroces, ou par la rapidité ou la mauvaise direction ou

---

(1) *Voyez* la note sur l'art. 483.

(2) Ainsi, par exemple, les articles 454 et 455 punissent de l'emprisonnement et de l'amende, celui qui, sans nécessité, aura tué un animal domestique, *dans un lieu dont celui à qui cet animal appartient est propriétaire, locataire, colon, ou fermier*; mais on ne trouve aucune disposition relative au cas où un animal de cette espèce a été tué, aussi sans nécessité, dans un lieu autre que celui dont le maître de l'animal est propriétaire, locataire, ou fermier, et cependant, dans l'hypothèse, le meurtre dont il s'agit étant fait sans nécessité, constitue un pur acte de méchanceté, qu'il n'a pu être dans l'intention de la loi de laisser sans vengeance, surtout si l'on fait attention qu'elle punit celui qui est le simple résultat de l'imprudence (*Voyez* les §§. 2, 3 et 4). Or, puisqu'elle réprime le meurtre qui est occasionné par la négligence, ou l'imprudence, pourquoi laisserait-elle impuni celui qui, fait volontairement et à dessein de nuire, présente un plus grand caractère de criminalité? Nous pensons, d'après ces motifs, qu'on doit appliquer à ce cas la disposition du §. ci-dessus. Le meurtre d'un animal domestique constitue, en effet, un véritable dommage aux propriétés mobilières d'autrui; il en sera de même si l'animal n'a été que blessé. (*Voyez*, pour les bestiaux, l'art. 30 du Code rural).

le chargement excessif des voitures, chevaux, bêtes de traits, de charge, ou de monture (1).

3.° Ceux qui auront occasionné les mêmes dommages par l'emploi ou l'usage d'armes sans précaution, ou avec maladresse, ou par jet de pierres ou d'autres corps durs (2).

4.° Ceux qui auront causé les mêmes accidents par la vétusté, la dégradation, le défaut de réparation ou d'entretien des maisons ou édifices, ou par l'encombrement ou l'excavation ou telles autres œuvres, dans ou près les rues, chemins, places ou voies publiques, sans les précautions ou signaux ordonnés, ou d'usage (3).

5.° Ceux qui auront de faux poids ou de fausses mesures, dans leurs magasins, boutiques, ateliers, ou maisons de commerce, ou dans les halles, foires ou marchés, sans préjudice des peines qui seront prononcées par les tribunaux de police correctionnelle contre ceux qui auraient fait usage de ces faux poids ou de ces fausses mesures (4).

---

(1) Ce §. et les deux suivants règlent le cas où un animal quelconque appartenant à autrui a été tué ou blessé par l'effet des circonstances y détaillées, c'est-à-dire par conséquent d'une manière involontaire. Quant aux meurtres volontaires et aux blessures volontaires, ils sont l'objet, l'un, des articles 452, 453, 454 et 455 du présent Code, et les autres, de l'article 30 du Code rural, en observant néanmoins que ce dernier article n'étant fait que pour les animaux destinés à l'usage de l'agriculture, c'est au §. 1er ci-dessus qu'on devra recourir lorsqu'il s'agira de tout autre animal.

(2) *Voyez* ci-après l'art. 480, n°. 1, et la note ci-dessus.

(3) *Voyez* la note sur le numéro 2, qui précède.

(4) *Voyez*, 1°., ci-après, les articles 480, n°. 2; et 481, n°. 1. 2°. pag. 46, l'art. 3, n°. 4, de la loi du 24 août 1790, pour la peine à appli-

6.° Ceux qui emploieront des poids ou des mesures différents de ceux qui sont établis par les lois en vigueur (1).

7.° Les gens qui font le métier de deviner et pronostiquer, ou d'expliquer les songes (2).

8.° Les auteurs ou complices de bruits ou tapages injurieux ou nocturnes, troublant la tranquillité des habitants (3).

---

quer à ceux qui ne présentent pas leurs poids et mesures à la vérification annuelle. 3°. Et *Bull. Crim.* des arrêts de la Cour de cassation, tom. XXII, n°. 9, pag. 220; un arrêt du 12 septembre 1817, qui décide que, quoique le Gouvernement, par son arrêté du 29 prairial an IX, ait établi des inspecteurs chargés de surveiller l'exécution de la loi du 1er vendémiaire an IV, relative aux poids et mesures, les commissaires et officiers de police ont néanmoins, en vertu de l'article 16 de cet arrêté, et de la disposition générale de l'article 11 du Code d'instruction criminelle, caractère suffisant pour faire les recherches, et dresser procès-verbal des contraventions en cette matière.

(1) Les poids et mesures sont soumis par les réglements de police à une vérification annuelle, pour en assurer l'exactitude, et défenses sont faites, par les mêmes réglements, de se servir de poids et mesures non vérifiés. Ceux qui enfreignent ces défenses se rendent donc coupables de la contravention prévue par ce paragraphe, puisqu'il est vrai de dire alors que leurs poids et mesures sont différents de ceux établis par les lois en vigueur. (*Cassation*, 5 mars, 1813; *Bull. Crim.*, tom. XVIII, n°. 4, pag. 107). Le même paragraphe est applicable aux aubergistes, traiteurs, cafetiers, cabaretiers, et à tous autres débitants de liquides, qui, malgré les défenses de l'autorité administrative, continuent de faire usage, dans leur débit, pour suppléer les mesures légales, de bouteilles d'ancienne mesure (*Cassation*, 13 mai 1820; *Bull. Crim.*, tom. XXV, n°. 5, pag. 209). *Voyez* au surplus les articles 480, n°. 5, et 481, n°. 2, et l'article 3, n°. 4, de la loi du 24 août 1790, aux termes duquel doivent être punis ceux qui, contrairement aux réglements, conservent, quoique sans en faire usage, des poids et mesures prohibés ou non vérifiés.

(2) *Voyez* art. 480, n°. 4, et 481, n°. 2.

(3) On appliquera la disposition de ce paragraphe aux défenses portées par l'autorité municipale, de teiller du lin ou du chanvre dans

Art. 480. Pourra, selon les circonstances, être prononcée la peine d'emprisonnement pendant cinq jours au plus (1) ;

1.° Contre ceux qui auront occasionné la mort ou la blessure des animaux ou bestiaux appartenant à autrui, dans les cas prévus par le n.° 3 du précédent article ; 2.° contre les possesseurs de faux poids et de fausses mesures ; 3.° contre ceux qui emploient des poids ou des mesures différents de ceux que la loi en vigueur a établis ; 4.° contre les interprètes de songes ; 5.° contre les auteurs ou complices de bruits ou tapages injurieux ou nocturnes.

Art. 481. Seront, de plus, saisis et confisqués, 1.° les faux poids, les fausses mesures ; ainsi que les poids et mesures différents de ceux que la loi a établis ; 2.° les instrumens, ustensiles et costumes, servant, ou destinés à l'exercice du

---

l'intérieur des communes, avant ou après une heure déterminée. (*Cassation*, 12 novembre 1812 ; *Bull. Crim.*, tom. XVII, n°. 11, pag. 484). *Voyez* art. 480, n°. 5.

(1) L'article 479, qui précède, veut que les auteurs des contraventions y énumérées soient punis d'une amende de 11 francs à 15 francs. Les tribunaux de police ne peuvent donc se dispenser d'infliger cette peine au cas de culpabilité reconnue et déclarée. Si l'article 480 porte que l'emprisonnement pourra aussi être prononcé selon les circonstances, dans les cas prévus par les numéros 3, 5, 6 et 8, il ne faut pas induire de ces expressions, que les juges aient la faculté de n'appliquer que l'une ou l'autre peine : il en résulte seulement qu'ils sont autorisés à les cumuler, suivant que le fait présente plus ou moins de gravité ; en sorte que ce n'est qu'accessoirement à la peine d'amende que celle d'emprisonnement peut avoir lieu ; mais, dans aucun cas, cette dernière ne peut être prononcée seule. (*Cassation*, 29 décembre 1815 ; *Bull. Crim.*, tom. XX, n°. 11, pag. 147).

métier de devin, pronostiqueur, ou interprète de songes (1).

Art. 482. La peine d'emprisonnement pendant cinq jours aura lieu, pour récidive, contre les personnes et dans les cas mentionnés en l'art. 479.

Disposition commune aux trois Sections ci-dessus.

Art. 483. Il y a récidive, dans tous les cas prévus par le présent livre, lorsqu'il a été rendu contre le contrevenant, dans les douze mois précédents, un premier jugement pour contravention de police commise dans le ressort du même tribunal (2).

---

(1) *Voyez* la note sur l'art. 464.

(2) Il y a récidive, lorsqu'il a été rendu contre le contrevenant, dans les douze mois précédents, un premier jugement *pour contravention de police* commise dans le ressort du même tribunal; il n'est donc pas nécessaire, comme semblait l'indiquer l'art. 608 du Code de brumaire an IV, par ces expressions *pour pareil délit*, que la seconde contravention résulte d'un fait semblable à celui de la première; il suffit *qu'un premier jugement* ait été rendu contre le prévenu *pour contravention de police* quelconque. Il en est de même en matière criminelle, d'après l'article 56, et en matière correctionnelle, d'après l'article 58, et de ce que tous ces articles exigent seulement l'existence d'une première condamnation, il faut décider, comme l'a fait la Cour de cassation, le 10 février 1820 (*Journ. du Palais*, tom. II, même année, pag. 528), à l'égard d'un individu condamné pour crime, que la prescription de la peine encourue, pour une première contravention, ne fait point obstacle à l'application de la loi sur la récidive, au condamné qui s'est rendu coupable d'une seconde contravention. En effet, la prescription empêche bien d'exécuter la première condamnation, mais elle n'efface pas l'existence de cette première condamnation, et c'est, nous venons de le voir, la seule condition exigée par la loi. Au surplus, l'article 483 est spécial au Code pénal, et ne s'applique qu'aux contraventions prévues par ce Code, et à celles pré-

Disposition générale.

Art. 484. Dans toutes les matières qui n'ont pas été réglées par le présent Code, et qui sont régies par des lois et réglements particuliers, les cours et tribunaux continueront de les observer (1).

Loi relative a la célébration des dimanches et fêtes.

Du 18 *Novembre* 1814.

Art. 1.er. Les travaux ordinaires seront interrompus les dimanches et jours de fêtes reconnues par la loi de l'état (2).

---

vues par la loi du 18 novembre 1814 (article 6 de cette loi); à l'égard des contraventions résultant des lois antérieures, il faut recourir à l'article précité du Code du 3 brumaire an IV, lequel, à l'exception de ces mots, *pour pareil délit*, que remplacent ceux-ci : *pour contravention de police*, dans l'article 483, est conçu dans les mêmes termes que ce dernier article. (*Voyez* la note sur l'article 4 du Code rural).

(1) Cet article dispose que dans toutes les matières qui n'ont pas été réglées par le Code pénal, et qui sont régies par des lois et réglements particuliers, les Cours et tribunaux continueront de les observer. Mais quand une matière doit-elle être considérée comme réglée? Cette question est résolue par un avis du Conseil-d'état du 18 février 1812, qui décide, qu'on doit tenir pour abrogées toutes les anciennes lois, tous les anciens réglements portant sur les matières que le Code pénal a réglées, et à l'égard desquelles il contient un corps complet de législation, quand même ces lois et réglements prévoiraient des cas qui se rattachent à ces matières, mais sur lesquelles ce Code est resté muet. *Voyez* Pièces justificatives, n°. 9.

(2) Cet article et les suivants règlent les obligations auxquelles sont soumis tous les citoyens pour la célébration des dimanches et des fêtes reconnues. Parmi ces obligations, n'est pas comprise celle de tapisser.

ART. 2. En conséquence, il est défendu lesdits jours,

1.° Aux marchands, d'étaler et vendre, les ais et volets des boutiques ouverts ;

2.° Aux colporteurs et étalagistes, de colporter et d'exposer en vente leurs marchandises dans les rues et places publiques ;

3.° Aux artisans et ouvriers, de travailler extérieurement, et d'ouvrir leurs ateliers ;

4.° Aux charretiers et voituriers employés à des services locaux, de faire des chargemens dans les lieux publics de leur domicile.

ART. 3. Dans les villes, dont la population est au-dessous de cinq mille âmes, ainsi que dans les bourgs et villages, il est défendu aux cabaretiers, marchands de vin, débitants de boissons, traiteurs, limonadiers, maîtres de paume et de billard, de tenir leurs maisons ouvertes, et d'y donner à boire et à jouer lesdits jours pendant le temps de l'office.

ART. 4. Les contraventions aux dispositions ci-dessus seront constatées par procès-verbaux des maires et adjoints, ou des commissaires de police (1).

---

l'extérieur des maisons, pour aucune fête, ni pour aucune cérémonie religieuse. La contravention à un arrêté de l'autorité administrative, enjoignant aux habitants de tapisser le devant de leurs maisons, le jour de la Fête-Dieu, ne peut donc être l'objet d'une action devant les tribunaux. (*Cassation*, 20 novembre 1818 ; *Bull. Crim.*, tom. XXIII, n.º 11, pag. 433. *Idem*, 26 novembre 1819, tom. XXIV, n.º 11, pag. 381).

(1) Ceux des gardes-champêtres ne seraient pas recevables ; il ne s'agit point d'un délit rural, et d'après l'article 16 du Code d'instruction

Art. 5. Elles seront jugées par les tribunaux de police simple, et punies d'une amende qui, pour la première fois, ne pourra pas excéder cinq francs.

Art. 6. En cas de récidive, les contrevenants pourront être condamnés au maximum des peines de police (1).

Art. 7. Les défenses précédentes ne sont pas applicables,

1.° Aux marchands de comestibles de toute nature, sauf cependant l'exécution de l'art. 3 (2);

2.° A tout ce qui tient au service de santé;

3.° Aux postes, messageries et voitures publiques;

---

criminelle, ils ne sont compétents que pour constater les délits qui portent atteinte aux propriétés rurales et forestières (*Cassation*, 13 janvier 1819; *Bull. Crim.*, tom. XXIV, n°. 2, pag. 73; 22 avril 1820, *Journ. du Palais*, tom. III, même année, pag. 328). *Voyez* à cette occasion la note sur l'article 154 du Code d'instruction criminelle.

(1) C'est-à-dire au maximum de celles fixées par les articles 465 et 466 du Code pénal. La loi du 18 novembre 1814 étant postérieure à ce Code, ses dispositions s'y rattachent nécessairement.

(2) Quoique par l'effet de l'exception portée en ce paragraphe, les marchands de comestibles puissent librement exposer en vente, les dimanches et fêtes, les marchandises de cette nature, dans leurs boutiques et habitations, il ne résulte ni de la disposition de l'article, ni des autres dispositions de la loi, qu'il ait été apporté une restriction au droit qu'ont les autorités administratives, en vertu de l'article 3, §. 3 de la loi du 24 août 1790, de régler la police des marchés et autres lieux publics, de la manière qui leur paraît la plus utile ou la plus convenable, et, par exemple, de prohiber la vente, sur lesdites places, les jours de dimanche et fêtes, après une certaine heure. En conséquence, les contraventions aux arrêtés pris sur cet objet doivent continuer d'être punies des peines de police, conformément aux articles 3 et 5 de la loi susdite, du 24 août 1790. (*Cassation*, 18 octobre 1816; *Bull. Crim.*, tom. XXI, n°. 10, pag. 178).

4.° Aux voituriers de commerce par terre et par eau, et aux voyageurs;

5.° Aux usines dont le service ne pourrait être interrompu sans dommage;

6.° Aux ventes usitées dans les foires et fêtes dites patronales, et au débit des menues marchandises, dans les communes rurales, hors le temps du service divin;

7.° Aux chargemens des navires-marchands, et autres bâtimens du commerce maritime.

ART. 8. Sont également exceptés des défenses ci-dessus, les meuniers, les ouvriers employés, 1.° à la moisson et autres récoltes; 2.° aux travaux urgents de l'agriculture; 3.° aux constructions et réparations motivées par un péril imminent, à la charge, dans ces deux derniers cas, d'en demander la permission à l'autorité municipale.

ART. 9. L'autorité administrative pourra étendre les exceptions ci-dessus aux usages locaux.

ART. 10. Les lois et réglements de police antérieurs, relatifs à l'observation des dimanches et fêtes sont et demeurent abrogés.

TROISIÈME PARTIE.

Pièces Justificatives.

N.° I.er

Du 12 *Août* 1813. — (*Bull. Crim., tom. XVIII, n.°* 14, *pag.* 429).

Exposé et Motifs.

Boulangers. — Fixation du Poids de leur Pain.

François - Antoine Brunissen, boulanger à Sèvres, avait été condamné aux peines correctionnelles portées par l'art. 423 du Code pénal, pour avoir exposé en vente, dans sa boutique, des pains d'un poids inférieur à celui fixé par les réglements de police.

Comme ce fait n'était pas prévu par ledit article 423, mais par l'art. 3 du titre XI de la loi des 16-24 août 1790, qui n'emporte que des peines de simple police, il s'ensuivait que l'arrêt dénoncé contenait une fausse application des lois pénales ; et, c'est d'après ce motif que l'annullation en a été prononcée par l'arrêt dont la teneur suit :

Ouï le rapport de M. Buschop et M. le procureur-général Merlin en ses conclusions ;

Vu l'art. 410 du Code d'instruction criminelle ;

Vu aussi l'art. 3, n.° 4 et l'art. 5 du titre XI de la loi des 16-24 août 1790 ;

Vu enfin l'art. 423 du Code pénal de 1810 ;

Considérant qu'il résulte évidemment du contexte de l'art. 423 précité du Code pénal, que les peines qu'il prononce ne sont point applicables indistinctement à tous les cas où l'acheteur a été trompé sur la quantité de marchandises à lui vendues, mais seulement au cas où cette fraude aurait été commise *par l'emploi de faux poids ou de fausses mesures* ;

Que dans l'espèce, François-Antoine Brunissen, boulanger, n'a point été convaincu d'avoir fait usage, dans son commerce, de faux poids, ou de fausses mesures ; qu'ainsi la peine portée par ledit art. 423 lui a été mal appliquée ;

Que le seul fait dont ledit Brunissen a été convaincu, c'est d'avoir exposé en vente, dans sa boutique, des pains qui n'avaient pas le poids déterminé par les réglements de police ; mais que cette contravention n'était punissable que des peines de simple police, conformément aux dispositions contenues au titre XI de la loi des 16-24 août 1790 ci-dessus citées.

Que cette juridiction des tribunaux de police, sur le fait dont était prévenu Brunissen, a même été reconnue et consacrée par l'art. 16 du décret du 22 décembre 1812, portant réglement pour la profession de boulanger dans la ville de Bordeaux.

D'après ces motifs, la Cour, faisant droit au pourvoi de François-Antoine Brunissen, casse et annulle l'arrêt de la Cour royale de Paris du 16 juin 1813.

Du 15 *Octobre* 1818.—(*Bull. Crim.*, *tom. XXIII*, *n.°* 10, *pag.* 404).

Exposé et Motifs.

Boulangers. — Fixation du Poids de leur Pain.

Par un arrêté du 18 août 1818, le maire de la Rochelle, en fixant le poids des différentes espèces de pain qui pouvaient se débiter dans cette ville, avait défendu aux boulangers d'en fabriquer qui fussent d'un poids différent.

Le sieur Joanneau, boulanger à la Rochelle, ayant fabriqué un certain nombre de pains qui n'avaient pas le poids requis par ledit arrêté, fut traduit devant le tribunal de police, qui, malgré la preuve légale de la contravention, avouée par le prévenu lui-même, refusa néanmoins de lui appliquer aucune peine.

C'est pour avoir ainsi violé la loi, que le jugement du tribunal de police a été annullé par arrêt conçu en ces termes.

Ouï le rapport de M. Buschop, conseiller, et M. Ollivier, faisant fonction d'avocat-général;

Vu les art. 2, 3 et 5 du titre XI de la loi des 16-24 août 1790 sur l'organisation judiciaire;

Vu l'art. 46 du titre I.er de la loi des 19-22 juillet 1791, sur la police municipale et correctionnelle, qui donne aux autorités administratives le droit de faire des réglements de police sur les objets spécifiés audit art. 3.

Vu aussi les art. 600 et 606 du Code des délits et des peines, du 3 brumaire an IV.

Considérant que l'art. 5 du titre XI précité, de la loi de 1790, punit d'une peine de police (fixée par les art. 600 et 606 de la loi du 3 brumaire an IV, à une amende d'une ou trois journées de travail, ou à un emprisonnement d'un à trois jours), les contraventions aux réglements des administrations municipales, sur les objets de police que l'art. 3 du même titre a confiés à leur vigilance et à leur autorité;

Que cet article comprend, parmi les objets de police, l'inspection sur la fidélité dans les actes de l'industrie commerciale qui se font au poids et à la mesure;

Que pour assurer cette fidélité dans la vente du pain, le maire de la Rochelle, a pris un arrêté, en date du 18 août 1818, par lequel il a fixé les poids respectifs des différents pains qui peuvent être débités dans ladite ville, à un, deux et demi, cinq et dix kilogrammes, avec défense aux boulangers d'en fabriquer d'un poids différent.

Qu'il a été constaté par procès-verbal du commissaire de police, du 6 septembre 1818, et qu'il a d'ailleurs été reconnu au procès, que Jean-Baptiste-Théophile Joanneau, boulanger à la Rochelle, a fabriqué plusieurs pains dont les poids étaient différents de ceux fixés par ledit arrêté du maire; que ce fait constituait ledit

Joanneau en contravention formelle au même arrêté, et le rendait conséquemment passible des peines de police établies par les lois précitées ; que le tribunal de police de la Rochelle a donc ouvertement violé ces lois, en refusant d'en faire audit Joanneau l'application.

D'après ces motifs, la Cour, faisant droit au pourvoi du commissaire de police, casse et annulle le jugement du tribunal de police de la Rochelle.

Du 11 *Juin* 1818. — (*Bull. criminel*, *t. XXIII*, *n.*° 6, *pag.* 232).

Exposé et Motifs.

Cafés et Cabarets. — Fixation de l'heure de leur fermeture.

Une limonadière de Clamecy, dont le café avait été trouvé ouvert après dix heures du soir, au mois de janvier, avait été citée à la requête du ministère public, au tribunal de police, pour se voir condamner aux peines de droit.

Ce tribunal croyant la contravention qui lui était dénoncée punissable d'une amende de 50 fr., aux termes d'un arrêt de réglement du Parlement de Paris, du 10 février 1724, s'était déclaré incompétent :

Le tribunal correctionnel devant lequel l'affaire avait été portée par le procureur du Roi, pensant, comme le tribunal de police, qu'elle devait être jugée d'après l'arrêt de 1724, avait reconnu sa compétence ; mais la contravention ne lui ayant pas paru suffisamment constatée, il avait renvoyé la prévenue de l'action qui lui était intentée.

Le jugement du tribunal correctionnel était rendu en première instance ; mais le jugement du tribunal de police était en dernier ressort. Le ministère public et la prévenue avaient laissé s'écouler le délai fixé par la loi sans l'attaquer. M. le procureur-général, usant du pouvoir que lui donne l'art. 442 du Code d'instruction criminelle, a dénoncé d'office ce jugement, et en a demandé l'annullation dans l'intérêt de la loi : Cette annullation a été prononcée par l'arrêt dont la teneur suit :

Ouï le rapport de M. Aumont, conseiller, et M Henri Larivière, avocat-général, en ses conclusions ;

Vu l'art. 442 du Code d'instruction criminelle ;

Vu aussi les art. 408 et 413 du même Code, aux termes desquels la Cour de cassation doit annuller les arrêts et les jugemens en dernier ressort, en matières criminelle, correctionnelle et de police, qui violent les règles de compétence établies par la loi ;

Attendu que, dans la législation actuelle, le droit de faire des réglemens, en matière de police, appartient aux maires en qui réside aujourd'hui l'autorité municipale.

Que, parmi les objets spécialement confiés à la vigilance et à l'autorité des corps municipaux, la loi du 24 août 1790, titre XI, art. 3, a placé

« le maintien du bon ordre dans les endroits « où il se fait de grands rassemblemens d'hommes, « tels que les foires, marchés, réjouissances et « cérémonies publiques, spectacles, jeux, cafés, « églises et autres lieux publics » ;

Qu'un réglement sur divers objets de police a été fait par le maire de Clamecy le 22 février 1819, et approuvé le 18 avril suivant par le Préfet du Département de la Nièvre ;

Qu'on lit dans ce réglement, art. 96, une disposition ainsi conçue : « les aubergistes, caba-« retiers, traiteurs, restaurateurs, cafetiers et « limonadiers ne peuvent ni garder, ni recevoir « dans leurs maisons, des habitants, de la ville « et des faubourgs, savoir ; passé dix heures du « soir, depuis le premier avril jusqu'au premier « novembre, et passé neuf heures du soir, du « premier novembre au dernier jour de mars » ;

Que cette disposition de l'arrêté du maire de Clamecy contient la règle qui doit être suivie dans cette ville, relativement aux heures pendant lesquelles les maisons y désignées peuvent être ouvertes au public.

Qu'en exécution de l'art 11 du Code d'instruction criminelle, le commissaire de police de Clamecy, faisant sa visite dans les divers quartiers de la ville, après dix heures du soir, le cinq janvier dernier, avait trouvé ouvert le café de la femme Cottin, et, dans ce café, plusieurs particuliers réunis autour d'une table, et buvant de la liqueur ; qu'il avait dressé procès-verbal de cette contravention, et que, conformément à l'art. 2, titre XI de la loi du 24 août 1790, il avait cité le contrevenant au tribunal de simple police; mais que, par jugement du quatre février, ce tribunal s'est déclaré incompétent, et a fondé son incompétence sur un arrêt de réglement du Parlement de Paris du 10 février 1724, qui « fait défenses à toutes « personnes de fréquenter les lieux où se « vendent vin, eau-de-vie, café et autres li- « queurs, pendant la nuit et aux heures indues, « et à tous hôtes, cabaretiers, taverniers, limo- « nadiers et autres de les y recevoir, à peine « d'une amende qui ne pourra être moindre, la « première fois, de 50 fr. dans les villes, et « de 20 fr. dans les bourgs et villages; et, contre « les uns et les autres, de prison pour la sé- « conde fois, et d'une amende au moins du « double de celle ci-dessus »;

Que le procureur du Roi près le tribunal de première instance de Clamecy, instruit de ce jugement du tribunal de police, a cité la femme Cottin au tribunal correctionnel, et a conclu à ce qu'il lui fut fait application de l'art. 471, n.° 5, du Code pénal, et de l'arrêt de réglement de 1724; que le tribunal correctionnel a reconnu sa compétence; mais que, ne trouvant pas la contravention suffisamment constatée, il a renvoyé la prévenue de l'action qui lui était intentée par le ministère public;

Que les tribunaux de simple police et de police correctionnelle de Clamecy, se sont trompés quand ils ont cru que l'arrêt de 1724 était maintenu par l'art. 484 du Code pénal, et devait continuer à recevoir son exécution ; que cet article ne prescrit aux cours et tribunaux d'observer et de faire exécuter que les dispositions des lois et des réglements actuellement en vigueur ; que lors de la promulgation du Code pénal de 1810, il existait pour la ville de Clamecy, au moins depuis le mois d'avril 1809, un réglement de police émané de l'autorité administrative compétente ; qu'un des articles de ce réglement a expressément le même objet que l'arrêt de 1724 ; que cet arrêt avait donc cessé d'être en vigueur, relativement à cet objet, depuis la publication dudit réglement, qui, seul, devait être exécuté ; que c'est donc par une violation évidente des règles de compétence, établies par la loi, que ce tribunal de police a cru ne pouvoir connaître de l'action formée contre la femme Cottin par le commissaire de police, et que le tribunal correctionnel a retenu la connaissance de l'action intentée contre ladite Cottin, par le procureur du Roi, en considérant cette action comme ayant un délit pour objet, et étant ainsi dans les attributions de la juridiction correctionnelle ; que l'infraction commise par cette femme du réglement de police du 22 février 1809, ne pouvant en effet être punie que d'une peine de police, déterminée par les art. 600 et 606 du Code des délits et des peines, du 3 brumaire an IV, qui ont modifié les dispositions de l'art. 5 du titre XI de la loi du 24 août 1790, elle ne constituait, aux termes de l'art. 1.er, §. 1.er du Code pénal, qu'une contravention dont la connaissance et le jugement appartenaient au juge de paix, prononçant en tribunal de police ;

Attendu que, si le jugement du tribunal correctionnel de Clamecy ne peut être ni dénoncé, ni annullé, d'après l'art. 442 du Code d'instruction criminelle, quelque vicieux qu'il soit, dès qu'il n'est rendu qu'en première instance, il n'en est pas ainsi du jugement du tribunal de simple police de la même ville ;

Que l'art. 172 de ce Code ne déclare sujets à l'appel les jugemens rendus en matière de police que lorsqu'ils prononcent un emprisonnement, ou lorsque les amendes, restitutions et autres réparations civiles, excèdent la somme de 5 fr., outre les dépens ;

Que cette exception au principe, consacré par le Code de brumaire an 4, qui ne permettait d'attaquer les jugemens de police que par la voie de la cassation, ne saurait être étendue au-delà des termes de l'article qui l'énonce ; que c'est donc par jugement non sujet à l'appel que les tribunaux de simple police prononcent sur leur compétence ;

Que le jugement par lequel le tribunal de police de Clamecy a, dans l'espèce, déclaré son incompétence, est donc un jugement en dernier ressort ; que le procureur-général en la Cour a donc été autorisé, par l'art. 442 du Code d'instruction criminelle, à dénoncer d'office ce jugement, contre lequel aucune des parties n'avait élevé de réclamation, et que l'annullation en doit être prononcée dans l'intérêt de la loi, dès qu'il contient la violation manifeste des règles de compétence que la loi a établies.

D'après ces motifs, la Cour, faisant droit au réquisitoire du procureur-général, casse et annulle, dans l'intérêt de la loi, le jugement du tribunal de police de Clamecy du 4 février dernier.

Du 10 *Avril* 1819. — (*Bull. criminel*, *t.* XXIV, *n.*° 4, *pag.* 148).

Exposé et Motifs.

Cafés et Cabarets. — Fixation de l'heure de leur fermeture.

Aux mois de janvier et de février, différents particuliers tenant des cabarets à Manorque, furent cités au tribunal de police de cette ville, à la requête du ministère public, qui requit leur condamnation, aux peines de droit, pour avoir, en contravention aux réglements de police, gardé chez eux des buveurs après dix heures du soir.

Par jugemens des 9 janvier et 20 février, le tribunal de police de Manorque se déclara incompétent, sous prétexte que les réglements invoqués par le ministère public, punissaient la contravention imputée aux prévenus, d'une amende de 100 francs.

Ces jugemens, dénoncés à la Cour par M. le procureur-général, en vertu de l'art. 442 du Code d'instruction criminelle, ont été annullés, dans l'intérêt de la loi, par les motifs énoncés dans l'arrêt dont la teneur suit :

Ouï le rapport de M. Aumont, conseiller, et M. Fréteau, avocat-général en ses conclusions,

Vu l'art. 442 du Code d'instruction criminelle;

Vu aussi les art. 408 et 413 du même Code, aux termes desquels les arrêts et jugemens en dernier ressort, en matière criminelle, correctionnelle et de police, sont annullés quand ils contiennent violation des règles de compétence; et la loi du 24 août 1790, art. 1er., 2 et 5 du titre XI, concernant la compétence des juges de police;

Attendu que la loi du 24 août 1790, titre XI, art. 3, range parmi les objets qu'elle confie à la vigilance et à l'autorité des corps municipaux, « le maintien du bon ordre dans les endroits où « il se fait de grands rassemblemens d'hommes, « tels que les foires, marchés, réjouissances et « cérémonies publiques, spectacles, jeux, cafés, « églises et autres lieux publics »;

Que la loi du 22 juillet 1791, art. 46, n°. 1er., autorise les corps municipaux, à faire des arrêtés « lorsqu'il s'agira d'ordonner les précautions « locales sur les objets confiés à leur vigilance et « à leur autorité, par les art. 3 et 4 du Décret du « 16 août 1790 »;

Que la fixation des heures d'ouverture et de clôture des lieux publics, tels que cafés, cabarets, etc., tient essentiellement au maintien du bon ordre dans ces lieux; qu'elle est, conséquemment l'un des objets confiés, en 1790, aux corps municipaux, et aujourd'hui, aux préfets et aux maires, chargés des fonctions de la police administrative;

Que les art. 1er. et 2 du titre XI de ladite loi du 24 août 1790, ont attribué à la juridiction de la police municipale, dont les tribunaux de police ont été depuis investis, la connaissance des contraventions aux arrêtés de police, ainsi rendus sur des objets spécifiés dans les art. 3 et 4 de ce titre;

Que l'art. 5 a fixé les peines qui étaient encourues pour ces contraventions, et que ces peines doivent être appliquées par les tribunaux de police, avec les modifications qui résultent des art. 600 et 606 du Code du 3 brumaire an IV;

Que les peines ne peuvent, en aucun cas, être prononcées que d'après la loi;

Que lors donc qu'un tribunal de police est saisi d'une contravention à un arrêté de police, rendu sur un des objets, spécifiés dans les art. 3 et 4, titre XI de la loi du 24 août 1790, sa compétence, pour en connaître, est fondée sur les art. 1er. et 2 du même titre; qu'elle est déterminée par l'objet sur lequel a porté l'arrêté, et que la peine est fixée par l'art. 5; que c'est la peine de cet article, combinée avec les art. 600 et 606 du Code du 3 brumaire an IV, que le tribunal doit prononcer, si la contravention est prouvée, *sans qu'il puisse avoir égard à celle qui peut avoir été ordonnée par l'arrêté, dont la disposition s'annéantit de plein droit devant celle de la loi, lorsqu'elle ne lui est pas conforme*;

Que les arrêtés des préfets des Basses-Alpes de 1816 et 1818, portant sur un objet de police qui rentrait dans le n°. 3, de l'art. 3, titre XI, de ladite loi du 24 août 1790, le tribunal de police de Manorque devait connaître des contraventions à ces arrêtés ;

Que la peine pour des contraventions de cette nature ayant été fixée par l'art. 5 du même titre, combiné avec les art. 600 et 606 du Code du 3 brumaire an IV, il en est résulté l'abrogation de toutes les dispositions des lois ou réglements antérieurs sur ces contraventions ; que les arrêtés des préfets, en rappelant les dispositions pénales abrogées, n'avaient pas pu les faire revivre ; que la compétence des tribunaux ne peut en effet, être réglée que par des lois, et que ce n'est que d'après leurs dispositions qu'ils peuvent avoir le droit de prononcer des peines ; que néanmoins le tribunal de police de Manorque, sans avoir égard pour la loi qui le chargeait de connaître de la contravention, que lui dénonçait le ministère public, et qui avait fixé la peine par laquelle il devait punir cette contravention, si elle était prouvée, s'est déclaré incompétent, sous prétexte que la peine portée dans les arrêtés dépassait la mesure des peines qu'il était autorisé à prononcer ;

En quoi ce tribunal a violé les art. 1er., 2 et 5 du titre XI de la loi du 24 août 1790, et méconnu la compétence que lui attribuaient ces articles.

D'après ces motifs, la Cour, faisant droit au réquisitoire du procureur-général du Roi, casse et annulle, dans l'intérêt de la loi, les jugemens rendus les 9 janvier et 20 février derniers par le tribunal de police de Manorque.

Du 30 *Avril* 1819. — (*Bull. Crim.*, *tom. XXIV*, *n°.* 4, *pag.* 181).

Exposé et Motifs.

Cafés et Cabarets. — Fixation de l'heure de leur fermeture.

Un réglement de police de la ville de Grenoble ordonnait, par son art. 1er., la fermeture des auberges et cafés à certaine heure de la nuit, et, par son art. 2, il enjoignait aux maîtres de ces établissemens de renvoyer de chez eux toutes les personnes qui s'y trouveraient à la même heure.

Martin Biava, tenant un café à Grenoble, avait eu chez lui plusieurs personnes après l'heure prescrite pour la retraite, et néanmoins le tribunal de police, devant lequel il fut cité, à raison de sa contravention, le renvoya de toutes poursuites : c'est cette violation de la loi qui a motivé l'arrêt de cassation qui suit :

Ouï le rapport de M. Buschopp, conseiller, et les conclusions de M. Hua, avocat-général;

Vu les art. 3 et 5 du titre XI de la loi des 16 = 24 août 1790, l'art. 46 du titre Ier. de la loi des 19 = 22 juillet 1791;

Vu aussi les art. 1er. et 2 du réglement de police municipale de la ville de Grenoble, du 6 fructidor an XII, ainsi conçus :

Art. 1er. « Les auberges, cafés, cabarets et

« autres maisons de ce genre, seront fermés à « dix heures du soir, depuis le premier brumaire « jusqu'au premier germinal, et à onze heures, « depuis le premier germinal jusqu'au premier « brumaire, sous les peines légales ».

Art. 2. « Les aubergistes, cafetiers et caba-« retiers, sont chargés de faire sortir de leurs « maisons les personnes qui s'y trouveraient aux « heures désignées ci-dessus ».

Considérant que les dispositions de ces articles du réglement portent sur un objet de police qui rentre dans l'application du §. III de l'art. 3 précité de la loi d'août 1790; qu'ainsi ce réglement a été fait dans l'ordre des attributions que l'article 46 précité de la loi de 1791, a conférées à l'autorité municipale; que les contraventions audit réglement, sont donc sujettes aux peines de police portées par l'art. 5 du titre XI de la loi des 16 = 24 août 1790, modifiées d'après les lois pénales, postérieures, relatives au même objet;

Que, dans l'espèce, il a été constaté par procès-verbal, et reconnu par le tribunal de police, que Martin Biava à eu dans son café des personnes étrangères à sa famille après l'heure à laquelle l'art. 2 dudit réglement lui ordonnait de les renvoyer; qu'il était donc ouvertement en contravention à cet article;

Que néanmoins, le tribunal de police de la ville de Grenoble, a refusé de lui appliquer aucune peine, et qu'ainsi il a violé les lois précitées;

D'après ces motifs, la Cour, faisant droit au pourvoi du commissaire de police, casse et annulle le jugement du tribunal de police de la ville de Grenoble du 10 août 1818.

N°. II.

Du 13 *août* 1813. — (*Bull. Crim.*, *tom.* *XVIII*, *n°.* 14, *pag.* 442).

Exposé et Motifs.

Renfermement des Pigeons.

Un arrêté du conseil municipal de la commune de Prouais, canton de Nogent-le-Roi, avait, conformément à deux instructions du préfet du département d'Eure et Loir, et en exécution de l'art. 2 de la loi du 4 août 1789, prohibé la sortie des pigeons, à une époque fixe et pour une durée de temps déterminée.

Un procès-verbal du garde-champêtre de cette commune, ayant constaté que Thierrée avait laissé sortir et vaguer les siens dans le temps de la prohibition, ce particulier fut cité devant le tribunal de simple police de Nogent-le-Roi.

Thierrée, sans contester le fait consigné dans le procès-verbal, soutint que la loi du 24 août 1789, en défendant d'ouvrir à certaines époques les fuies ou colombiers et en permettant de tuer, comme gibier, les pigeons qui ne se trouveraient pas enfermés aux époques fixées par les autorités municipales, n'avait établi aucune peine contre les propriétaires ou fermiers.

Le tribunal de police, nonobstant cette défense

et quoiqu'aucune loi ne qualifiât de contravention le fait dénoncé, au lieu d'annuller la citation, ainsi que le prescrit, en pareil cas, l'art. 159 du Code d'instruction criminelle, prononça sur l'action intentée, en enjoignant à Thierrée de tenir ses pigeons enfermés dans le temps de la prohibition, et le condamna aux dépens.

Thierrée n'ayant point exercé de recours en cassation contre ce jugement, il a été annullé, dans l'intérêt de la loi seulement, sur le réquisitoire de M. le Procureur-général, comme présentant une violation formelle de l'art. 159 du Code d'instruction criminelle, et une extension donnée à la loi du 4 août 1789. L'arrêt qui prononce cette annullation est ainsi conçu :

Ouï le rapport de M. Lamarque conseiller, et les conclusions de M. Pons, avocat-général,

Vu l'art. 442 du Code d'instruction criminelle ;

Vu aussi l'art. 159 du même Code ;

Attendu qu'aux termes des art. 1er. et 4 du Code pénal, il n'y a de fait donnant lieu à poursuites devant les tribunaux de police, que ceux que la loi qualifie de contravention, et à l'égard desquels elle contient une disposition pénale ;

Que l'art. 2 de la loi des 4 = 11 août 1789, en disposant que les pigeons seraient enfermés aux époques fixées par les communautés, que, durant ce terme, ils seraient regardés comme gibier et que chacun aurait le droit de les tuer sur son terrain, s'est restreinte à cette mesure répressive, sans qualifier de délit ou de contravention, le fait du propriétaire qui laisserait sortir et vaguer ses pigeons dans le temps prohibé et sans attacher à ce fait aucune sorte de peine ;

Que, si les autorités administratives et municipales ont le droit de faire des réglements, dont l'infraction doive être poursuivie devant les tribunaux de simple police, c'est lorsque ces réglements portent sur des objets confiés à la vigilance et à l'autorité municipale, par l'art. 3 *du titre XI de la loi du* 24 *août* 1790 ;

Que, dans l'espèce, le fait de la poursuite pour infraction de l'arrêté municipal qui prohibait la sortie des pigeons, ne rentrait dans aucune disposition de cet article ; qu'il n'était non plus passible de peine d'après aucune autre loi ; que, dès lors et par cela seul, le tribunal de police aurait dû déclarer nulle, la citation dirigée contre l'auteur de cette infraction, et que, par une conséquence nécessaire, lorsqu'au lieu d'annuller cette citation et tout ce qui avait suivi, ce tribunal, en prononçant sur l'action intentée contre Thierrée, l'a condamné aux dépens, il a donné une extension arbitraire à la loi du 4 août 1789 et a formellement contrevenu à l'art. 159 du Code d'instruction criminelle.

Par tous ces motifs, la Cour, statuant sur le réquisitoire de M. le Procureur-général, casse et annulle, dans l'intérêt de la loi seulement, le jugement rendu le 10 juillet dernier, à l'égard de Thierrée, par le tribunal de simple police de Nogent-le-Roi.

Du 30 *Octobre* 1813 (1). — (*Bull. Crim.*, *tom.* XVIII, *n.°* 18, *pag.* 579).

Exposé et Motifs.

Renfermement des Pigeons.

Le 2 août 1813, procès-verbal du garde champêtre de la commune de la Saucelle, établissant que ce jour, vers huit heures du matin, il a vu sortir, à plusieurs reprises, du colombier du sieur Desgués, environ cinquante pigeons qui se sont abattus sur une pièce de terre ensemencée en pois, appartenant au sieur Piel.

Le 7 du même mois, Desgués est cité au tribunal de police, à la requête du maire de la Saucelle, pour se voir condamner à l'amende d'un franc envers la commune. La cause portée à l'audience du 9, Piel intervient comme partie civile, et demande une indemnité pour le dommage causé à sa récolte. Desgués se présente, convient que ses pigeons peuvent avoir causé quelques dommages à Piel, mais il soutient n'être coupable d'aucune contravention, le maire de la commune n'ayant fait aucune défense de laisser sortir les pigeons.

Le maire réplique que la contravention reprochée au prévenu est constante, puisque les lois,

(1) Il existe un troisième arrêt du 27 juillet 1820. *Bull. Crim.*, tom. XXV, n°. 8, pag. 299, qui décide absolument la même chose.

les règlements de police et la raison seule, imposent à tous les propriétaires de pigeons, l'obligation de les renfermer pendant le temps des semailles et celui de la récolte.

Le même jour 9 août, jugement qui « condamne « Desgués à livrer, sous un mois, à Piel, la « quantité d'un hectolitre et demi de pois, pour « tenir lieu d'indemnité du dégât causé par ses « pigeons, à quoi faire il sera contraint jusqu'à « la somme de 30 francs, et, en outre, en un « franc d'amende envers la commune ».

Aucune réclamation n'a lieu contre ce jugement de la part de Desgués, mais il a été dénoncé, dans l'intérêt de la loi, par M. le procureur-général, et annullé par les motifs exprimés en l'arrêt dont la teneur suit :

Ouï M. Aumont, conseiller, et M. Thuriot, avocat-général,

Vu l'art. 441 du Code d'instruction criminelle, l'art. 159 du même Code, l'art. 2 de la loi du 4 août 1789, et l'art. 12, tit. II de la loi du 28 septembre 1791, sur la police rurale;

Attendu que les tribunaux de police ne peuvent connaître que des faits auxquels la loi attribue le caractère de contravention, et dont elle soumet les auteurs à des peines;

Que l'article cité de la loi du 4 août 1789, qui veut que les pigeons soient enfermés aux époques fixées par les communautés, que, durant ce temps, ils soient regardés comme gibiers, et que chacun ait le droit de les tuer sur son terrain, est restreint à cette mesure répressive;

qu'il ne qualifie pas de délit ou de contravention le fait du propriétaire qui laisserait sortir et vaguer ses pigeons dans le temps prohibé, et qu'il n'attache à ce fait aucune sorte de peine;

Que si, de la combinaison des art. 3 et 12, tit. II, de la loi du 28 septembre 1761, il résulte que les dégâts causés par les bestiaux de toute espèce laissés à l'abandon, sont classés parmi les délits ruraux, il est évident, que, sous la dénomination de *bestiaux*, ne sont compris que des quadrupèdes domestiques; que ces expressions, *bestiaux laissés à l'abandon*, ne peuvent s'appliquer à des oiseaux tels que les pigeons; qui, voués en quelque sorte par leur nature et par leur instinct à la divagation, ne sont pas susceptibles d'être gardés à vue, et ne sauraient, conséquemment, jamais être considérés comme laissés à l'abandon; que si les pigeons ne peuvent être rangés dans la classe des bestiaux dont parle l'art. 12, titre II, de la loi du 28 septembre 1791, il n'est pas plus permis de les supposer compris dans le même article, sous la dénomination de *volailles*, dénomination qui ne s'applique à d'autres animaux qu'aux oiseaux qu'on tient en état de domesticité, à des oiseaux de l'espèce de ceux qu'on élève et qu'on nourrit dans les basses-cours;

Qu'il suit de ces observations, que, dans l'espèce, Piel était sans motifs légitimes, pour traduire Desgués à la police, à raison du dommage qu'il a éprouvé par un fait auquel la loi n'attache pas le caractère de contravention; qu'en prononçant sur cette demande de Piel et en condamnant Desgués à l'amende et aux dépens, pour sa prétendue contravention, le tribunal de police de Senonches a manifestement violé les règles de compétence, donné une extension arbitraire à l'art. 2 de la loi du 4 août 1789, contrevenu à l'art. 159 du Code d'instruction criminelle, et fait une fausse application de l'art. 12, titre II, de la loi du 28 septembre 1791.

D'après ces motifs, la Cour casse et annulle dans l'intérêt de la loi et sans préjudice de son exécution à l'égard des parties intéressées, le jugement du tribunal de police du canton de Senonches du 9 août dernier.

Du 26 *novembre* 1819. — (*Bull. Crim.*, *tom.* XXIV, *n°.* 11, *pag.* 381).

Exposé et Motifs.

Fête-Dieu.

Un jugement du tribunal de simple police du canton de Cadenet, du 24 juin 1818, avait condamné le sieur Roman, à l'amende, pour n'avoir pas obéi à un arrêté du maire de Lourmarin, qui ordonnait à tous les habitants de cette commune qui demeuraient dans les rues que devait parcourir la procession du Saint-Sacrement, les dimanches 24 et 31 mai, de tapisser le devant de leurs maisons.

Appel par le sieur Roman.

Jugement du tribunal de police correctionnelle d'Apt, qui confirme celui du tribunal de police de Cadenet.

Le sieur Roman demande la cassation du jugement du tribunal correctionnel d'Apt ; sa demande est accueillie : ce jugement est annullé par arrêt du 20 novembre 1818, et l'affaire renvoyée au tribunal de police correctionnelle d'Aix.

Le 5 février 1819, jugement de ce tribunal qui, comme celui du tribunal de police correctionnelle d'Apt, prononce la confirmation du jugement du tribunal de police du canton de Cadenet.

Le jugement du tribunal correctionnel d'Aix, est dénoncé comme l'avait été le jugement du tribunal correctionnel d'Apt ; l'annullation en est demandée par les mêmes moyens, et elle est prononcée par arrêt rendu, toutes les sections réunies, sous la présidence du garde-des-sceaux, ministre de la justice.

L'arrêt qui annulle le jugement d'Aix, est ainsi conçu :

Ouï le rapport de M. Aumont, conseiller, Me. Odillon-Barrot, avocat, en ses observations, pour le demandeur, et M. le Procureur-général en ses conclusions.

Vu l'art. 46 de la loi du 22 juillet 1791, qui porte : « ...... aucun corps municipal ne pourra « faire des réglements ...... il pourra néanmoins « ...... faire des arrêtés ...... ; 1°. lorsqu'il s'agira « d'ordonner les précautions locales sur les « objets confiés à sa vigilance et à son autorité « par les art. 3 et 4 du titre XI du décret sur « l'organisation judiciaire ; 2°. etc. ».

Vu aussi les art. 3 et 4 du titre XI de ce dernier décret;

Attendu que l'ordre de tapisser l'extérieur des maisons pour les cérémonies d'un culte, ne serait relatif à aucun des objets de police, spécifiés dans ces art. 3 et 4; qu'il ne pourrait particulièrement être considéré comme une mesure de police propre à prévenir le trouble dans les lieux où il pourrait se faire de grands rassemblemens d'hommes;

Que les tribunaux de police ne pourraient donc connaître des désobéissances à cet ordre, ni leur infliger des peines, *parce qu'ils n'ont reçu d'attribution de la loi pour prononcer sur les contraventions aux arrêtés des corps municipaux, que relativement à ceux de ces arrêtés qui auraient été rendus sur des objets de police confiés à la vigilance de l'autorité municipale, par les art.* 3 *et* 4 *de ladite loi du* 24 *août* 1790;

Attendu que le sieur Roman avait été cité devant le tribunal de police du canton de Cadenet, et condamné à l'amende par ce tribunal, pour avoir refusé d'obéir à un arrêté du maire de Lourmarin, qui ordonnait à tous les habitants de cette commune de tapisser le devant de leurs maisons, pour le passage des processions de la Fête-Dieu;

Que le tribunal de police correctionnelle d'Aix, saisi de l'appel du jugement de ce tribunal de police de Cadenet, en a prononcé la confirmation, en quoi il a violé les règles de compétence qui dérivent des art. 1, 2, 3 et 4, titre XI, de la loi du 24 août 1790 ; et de l'art. 46 de celle du 22 juillet 1791.

D'après ces motifs, la Cour, casse et annulle le jugement du tribunal de police correctionnelle d'Aix du 5 février dernier.

Du 15 *janvier* 1820. — (*Bull. Crim., tom. XXV*, *n°.* 3, *pag.* 99).

Exposés et Motifs.

Location de place dans les Marchés.

Les sieurs Devaux-Angot, et Collet-Gardien, avaient été cités, à la requête du ministère public, au tribunal de police d'Étampes, comme prévenu d'avoir refusé le paiement du droit de location de place, à raison des grains qu'ils avaient introduits dans ladite ville d'Étampes, d'avoir ainsi contrevenu aux réglements municipaux portant établissement de ce droit ; et pour se voir condamner, en conséquence, aux peines encourues par cette contravention.

Le tribunal, ne voyant pas dans le fait dénoncé le caractère d'une contravention punissable de peines de police, avait, par jugement du 3 décembre dernier, renvoyé les prévenus de l'action du ministère public.

La demande en cassation formée contre le jugement a été écartée par les motifs exprimés dans l'arrêt dont la teneur suit :

Ouï le rapport de M. Aumont, conseiller, et M^{e}. Fréteau, avocat-général, en ses conclusions,

Attendu que les tribunaux de police ne sont compétents pour prononcer des peines sur les contraventions aux réglements de l'autorité municipale, en vertu de l'attribution qui leur a été conférée par les art. 1, 2 *et* 5 *du titre XI de la loi du* 24 *août* 1790, *que relativement à ceux de ces réglements qui ont été rendus sur des objets de police confiés à la vigilance de cet autorité par l'art.* 3 *de ce titre*, ou qui ont publié de nouveau les lois et réglements de police antérieurs à la loi du 22 juillet 1791, maintenus par l'art. 29 de cette loi, et qui ont rappelé les citoyens à leur observation;

Que leur compétence n'a pu être étendue sur des contraventions et des réglements municipaux relatifs à d'autres objets, que par des dispositions formelles des lois spéciales postérieures;

Et attendu que, si la taxe de location de place dans les foires et marchés de la ville d'Étampes, sur le refus de paiement de laquelle des poursuites ont été intentées devant le tribunal de police de cette ville contre Devaux-Angot et Collet-Gardien, est considérée dans ses rapports avec la loi du 11 frimaire an VII, qui en a créé le principe et le droit, les réglements municipaux faits pour sa perception n'ont pas eu pour objet d'ordonner les précautions convenables pour faire jouir les habitants d'une bonne police; qu'ils n'ont donc pas le caractère de réglement de police et ne peuvent dès-lors rentrer dans aucune des matières de police sur lesquelles, d'après l'art. 46 de la loi du 22 juillet 1791, et les art. 3 et 4 du tit. XI de celle du 24 août 1790, les autorités municipales sont investies du droit de prendre des arrêtés dont les tribunaux de police doivent réprimer les contraventions en vertu de l'attribution qui leur en est conférée par les art. 1, 2 et 5, tit. XI, de cette dernière loi;

Qu'aucune loi postérieure n'a étendu cette attribution des tribunaux de police aux contraventions à des réglements municipaux faits pour l'administration ou la perception des recettes communales;

Que, si cette taxe de location des places dans les foires et marchés doit être réputée dans la ville d'Étampes, d'après le mode fixé pour sa perception, par les réglements municipaux de cette ville, un véritable droit d'octroi, elle n'a pu devenir légitime que par l'approbation du Gouvernement, d'après l'art. 2 de la loi du 5 ventôse an VIII, ou du moins par l'autorisation provisoire du ministre de l'intérieur, conformément à l'arrêté du 13 thermidor de la même année, et qu'il n'a point été justifié ni même allégué devant le tribunal de police que cette approbation ou cette autorisation eût été accordée; que, sous tous les rapports, conséquemment, le tribunal de police d'Étampes était sans caractère pour prononcer des peines sur les contraventions qui étaient poursuivies devant lui.

D'après ces motifs, la Cour rejette le pourvoi du commissaire de police d'Étampes.

Du 27 Janvier 1820. — (Bull. Crim., tom. XXV, n.° 1.er, pag. 41).

Exposé et Motifs.

Drapeau blanc.

Un arrêté du maire de Mazamet avait enjoint aux habitants de cette ville, d'arborer un drapeau blanc à leur maison le jour de la fête de Saint-Louis.

Les réclamants, ne s'étant point conformés a la disposition de cet arrêté, furent cités devant le tribunal de police et condamnés à 6 francs d'amende.

Sur leur appel, cette condamnation a été confirmée par le tribunal correctionnel de Castres.

Ils se sont pourvus contre ce jugement, et la cassation en a été prononcée par les motifs énoncés en l'arrêt qui suit :

Ouï le rapport de M. Rataud, conseiller, les observations de M. Odillon-Barrot, avocat, pour les demandeurs en cassation, et M. Fréteau de Pény, avocat-général ;

Vu les art. 408 et 413 du Code d'instruction criminelle, d'après lesquels la Cour de cassation doit annuller les jugemens en dernier ressort, qui ont violé les règles de compétence ;

Vu aussi l'art. 46 de la loi du 22 juillet 1791, et les art. 1, 2, 3, 4 et 5 du tit. XI de la loi du 24 août 1790 ;

Attendu que des articles cités de ces lois, il

résulte que les tribunaux de police ne sont compétents pour connaître des contraventions aux arrêtés de l'autorité municipale que relativement à ceux de ces arrêtés qui ont été rendus sur des objets de police confiés à sa vigilance par les art. 3 *et* 4, *titre XI, de la loi du* 24 *août* 1790, *ou par des lois postérieures ;*

Que l'ordre qui serait donné aux habitants d'une commune, par l'autorité municipale, d'arborer aux croisées de leurs maisons un drapeau, pour la célébration d'une fête quelconque, ne serait relatif à aucun des objets de police spécifiés dans lesdits articles 3 et 4, tit. XI, de la loi du 24 août 1790 ; qu'il ne pourrait particulièrement être considéré comme une mesure de police, propre à prévenir le trouble dans les lieux où il pourrait se faire de grands rassemblemens d'hommes ;

Que cet ordre ne rentrerait non plus dans les dispositions d'aucune loi postérieure qui l'eût autorisé, et qui eût investi les tribunaux de police du droit de prononcer des peines sur les contraventions qui pourraient y être commises ; qu'on ne pourrait spécialement appliquer à ces contraventions les dispositions du §. 1.er de l'art. 475 du Code pénal, qui punit d'une peine de police ceux qui auront contrevenu aux bans de vendange ou autres bans, *autorisés par les réglements*, puisque cet article ne se réfère qu'aux bans que les réglements permettent de faire dans certains lieux, pour fixer le temps des vendanges et autres récoltes ;

Que les tribunaux de police seraient donc sans caractère pour connaître des poursuites qui seraient faites devant eux contre ceux qui auraient désobéi à un arrêté municipal portant un ordre semblable, et qui seraient fondées sur cette désobéissance;

Attendu néanmoins que les sieurs Baux et Alquier, avaient été condamnés à l'amende pour avoir refusé d'obéir à un arrêté du maire de Mazamet, qui ordonnait à tous les habitants de cette commune d'arborer un drapeau blanc à leur maison, le jour de la fête de Saint-Louis; que le tribunal de police correctionnelle de Castres, saisi de l'appel du jugement du tribunal de police de Mazamet, en a prononcé la confirmation, en quoi il a violé les règles de compétence qui dérivent des art. 1, 2, 3 et 4, tit. XI de la loi du 24 août 1790, et de l'art. 46 de celle du 22 juillet 1791;

D'après ces motifs, la Cour casse et annulle le jugement rendu par le tribunal de police correctionnelle de Castres, le 24 septembre dernier.

N.° III.

LOI RELATIVE A LA RÉPRESSION DES DÉLITS RURAUX ET FORESTIERS.

Du 23 Thermidor an IV. — (*Bull.* 66, *n.°* 601)

ART. 1.er Les procès-verbaux des gardes champêtres et forestiers ne seront pas soumis à la formalité de l'enregistrement (1); les gardes champêtres seront seulement tenus d'en affirmer la sincérité, dans les vingt-quatre heures, devant le juge de paix ou l'un de ses assesseurs (2).

Art. 2. La peine d'une amende de la valeur d'une journée de travail, ou d'un jour d'emprisonnement, fixée comme la moindre par l'art. 606 du Code des délits et des peines, ne pourra, pour tout délit rural et forestier, être au-dessous de trois journées de travail, ou de trois jours d'emprisonnement.

Art. 3. Les lois rendues sur la police rurale seront, au surplus, exécutées.

N.° IV.

Lois des 28 Septembre — 6 Octobre 1791.

TITRE I.er

SECTION VII.

Des gardes champêtres.

Art. 6. Ils feront, affirmeront et déposeront leurs rapports devant le juge de paix de leur canton, ou l'un de ses assesseurs (3), ou feront

(1) *Voyez* la note sur l'art. 154 du Code d'Instruction criminelle.

(2) *Voyez* la note sur l'art. 16 du Code d'Instruction criminelle.

(3) *Voyez* ci-après l'art. 11 de la loi du 28 floréal an X.

devant l'un ou l'autre leurs déclarations. Leurs rapports, ainsi que leurs déclarations, lorsqu'ils ne donneront lieu qu'à des réclamations pécuniaires, feront foi en justice pour tous les délits mentionnés dans la police rurale, sauf la preuve contraire.

Art. 7. Ils seront responsables des dommages dans le cas où ils négligeront de faire, dans les vingt-quatre heures, les rapports des délits.

Loi du 28 *Floréal an X.* (*Bull.* 191, *n°.* 1596, *pag.* 307.)

Art. 11. L'affirmation des procès-verbaux des gardes champêtres et forestiers, continuera d'être reçue par le juge de paix: Ses suppléants pourront néanmoins la recevoir pour les délits commis dans le territoire de la commune où ils résideront, lorsqu'elle ne sera pas celle de la résidence du juge de paix.

Les maires, et, à défaut des maires, leurs adjoints, pourront recevoir cette affirmation, soit par rapport aux délits commis dans les autres communes de leurs résidences respectives, soit même par rapport à ceux commis dans les lieux où résident le juge de paix et ses suppléants, quand ceux-ci seront absents (1).

(1) Il résulte de l'ensemble de cette disposition 1°. que les suppléants des juges de paix ne sont compétents pour recevoir l'affirmation des procès-verbaux que dans la commune de leur résidence, lorsqu'elle n'est pas en même temps, celle du juge de paix; 2°. que dans le cas où ils résident dans la même commune que le juge de paix, ce n'est pas, en l'absence de ce dernier, devant eux, mais devant le maire ou

N°. V.

Du 29 thermidor an IX. = (*Bullet. Crimin.*, *tom. VI*, *n°.* 12, *pag.* 537).

Exposé et motifs.

Chaumage.

L'Administration municipale avait pris un arrêté relativement aux chaumes ; on fixe dans cet arrêté la quantité de chaume que chaque laboureur ou chaque propriétaire pourra enlever ; le reste est destiné pour les pauvres. L'Administration du département du Loiret, à qui cet arrêté parut contraire aux lois, refusa de l'approuver. Cependant il est devenu, pour le tribunal de police, un texte pour asseoir une condamnation contre un individu qui avait disposé de la totalité de son chaume; d'un autre côté, le tribunal n'a pas inséré dans son jugement les termes de la loi sur laquelle il est fondé, en sorte qu'il y avait nullité, d'après l'article 162 du Code des délits et des peines : ce sont ces deux motifs qui l'ont fait casser dans les termes suivants:

---

son adjoint que les gardes-champêtres doivent se présenter ; 3°. et enfin qu'une affirmation reçue par un suppléant domicilié dans la même commune que le juge de paix doit être considérée comme si elle n'existait pas, et, par suite, que le procès-verbal ne peut faire foi en justice.

Ouï le rapport du citoyen Vallée, et les conclusions du citoyen Lecontour, substitut du commissaire du Gouvernement ;

Vû les articles 1 et 2, Ire. section ; l'article 2, Ve. section, tit. 1er., de la loi du 6 octobre 1791 ; l'article 46. tit. 1er., de la loi du 22 juillet même année ; et les articles 162 et 456 du Code des délits et des peines ;

Considérant qu'il résulte bien clairement des articles 1 et 2 de la Ire. section, et de l'article 2, Ve. section, du titre 1er. de la loi du six octobre 1791, ci-dessus cités, que tout propriétaire peut disposer comme bon lui semble, mais sans nuire à autrui, de la totalité des productions de sa propriété ; qu'ainsi le citoyen Bouchet, en vendant la totalité de son chaume, et le citoyen Berthelin, en achetant ledit chaume, n'ont fait qu'user chacun d'un droit que leur accorde la loi ; qu'à la vérité l'Administration municipale, en vertu de l'article 46 de la loi du 22 juillet 1791, et fondée sûr un prétendu usage immémorial, a pris, le 11 fructidor an VI, un arrêté par lequel elle ordonne que le chaume sera laissé pour les pauvres, à la réserve de huit arpents qui doivent rester aux laboureurs par chaque charrue ; mais que l'Administration du département du Loiret, en vertu du même article 46 de la loi du 22 juillet 1791, ci-dessus transcrit, et fondée sur les articles de la loi du 6 octobre même année, ci-dessus cités, a refusé d'approuver l'arrêté de l'Administration municipale ; que dès-lors, cet arrêté n'existant plus, il ne pouvait devenir pour le tribunal de police du canton de Puiseaux, un texte légal pour autoriser une condamnation ; qu'ainsi, en appliquant les peines de police pour contravention audit arrêté, le tribunal a évidemment excédé ses pouvoirs.

Considérant aussi que le tribunal de police du canton de Puiseaux n'a pas inséré dans son jugement les termes de la loi sur lesquels il l'a fondé ; que par-là il est contrevenu aux dispositions de l'article 162 du Code des délits et des peines, dont l'exécution est prescrite à peine de nullité ;

Le tribunal, faisant droit sur le réquisitoire du commissaire du Gouvernement près le tribunal de cassation, casse et annulle, pour l'intérêt de la loi seulement, le jugement du tribunal de police du canton de Puiseaux, en date du neuf fructidor an IX.

N°. VI.

Paris, le 1er. août 1812.

LE GRAND-JUGE MINISTRE DE LA JUSTICE,

A MM. les Procureurs-généraux.

Plusieurs magistrats ont mal saisi le sens des articles 52 et 53 du Code pénal.

Le premier de ces articles porte que l'exécution des condamnations pécuniaires pourra être poursuivie par la voie de la contrainte par corps, et l'article suivant n'a fait que limiter la durée de cette contrainte à l'égard des condamnés insolvables, lorsque les condamnations ont été prononcées au profit de l'État.

Il résulte de ces dispositions, que l'exercice de la contrainte par corps n'est que facultatif, et doit être considéré, non comme une prolongation ou une commutation de peine, ainsi que cela se pratiquait sous l'empire de la loi du 5 octobre 1793, mais seulement comme un moyen d'exécution autorisé par la loi, pour parvenir au recouvrement des amendes et autres condamnations pécuniaires prononcées par jugement.

L'article 197 du Code d'instruction criminelle, charge spécialement le directeur de l'Enregistrement et des Domaines de faire des poursuites et diligences relatives à cet objet : c'est donc aux agens de la régie ou de toute autre administration publique intéressée au recouvrement des restitutions et amendes, à exercer ou à suspendre les effets de la contrainte par corps, selon qu'ils le jugent utile et convenable. Faute par eux d'avoir fait écrouer ou recommander le débiteur solvable, ou non, on ne peut, sous le prétexte de la vindicte publique, le retenir en prison après qu'il a subi sa peine ; et s'il n'a été condamné à aucune peine corporelle, le ministère public doit s'abstenir de le faire arrêter d'office, à moins qu'il n'en soit expressément requis au nom de l'administration poursuivante.

Dans le cas où la contrainte par corps aurait été régulièrement exercée contre un condamné insolvable, le procureur du Roi devra seulement veiller à ce que l'emprisonnement n'excède pas le terme fixé par l'article 53 du Code pénal, ce qui n'exclut pas la faculté qu'aurait toujours le directeur de l'enregistrement d'abréger ce délai, s'il le jugeait convenable pour le bien de l'État.

N°. VII.

Ordonnance du Roi *du 4 février 1786.*

Rouliers et Voituriers.

De par le Roi.

Sa Majesté ayant été informée par le sieur Duc de Polignac, directeur-général des Postes aux chevaux, relais et messageries de France, que plusieurs maîtres de postes se plaignaient de violences et voies de fait que différents charretiers, rouliers ou autres conducteurs de voitures exercent journellement sur les postillons, lorsque ceux-ci veulent exiger qu'ils leur cèdent le pavé; que souvent même lesdits postillons en sont attendus et maltraités au retour; qu'il résulte du refus de faire place à la poste, divers accidents pour les chevaux des maîtres de poste, et un retard préjudiciable à la célérité d'un service qui mérite une entière protection, et jugeant à propos d'y pourvoir, Sa Majesté a ordonné et ordonne que tous rouliers, charretiers, voituriers et autres, seront tenus de céder le pavé et de faire place à tous courriers et voyageurs allant en poste ; leur fait, Sa Majesté, expresse inhibition et défenses de troubler à l'avenir, en quelque sorte et manière que ce puisse être, lesdits maîtres de poste et postillons dans leur service sur les routes, comme aussi d'exercer à l'avenir aucunes voies de fait, violences et mauvais traitemens, à peine de trente livres d'amende payables sur-le-champ, et applicables, un tiers aux pauvres du lieu de l'établissement de poste, et les deux autres tiers au profit des cavaliers de maréchaussée qui auront été employés à constater la contravention, et à arrêter le contrevenant, même de punition corporelle, si le cas y échoit. Pour ne laisser aux charretiers et voituriers aucun prétexte qui puisse les mettre dans le cas de causer le moindre accident, il leur est défendu, sous les mêmes peines, de quitter leurs chevaux, et de marcher derrière leurs voitures. Si plusieurs voitures se suivaient, il devra toujours s'en trouver un pour marcher à la tête de la première voiture ; défendant également, Sa Majesté, à tous postillons d'user, en cas de résistance de la part des voituriers, d'aucunes voies de fait ni de menaces, de les frapper pour faire ranger les voitures qui s'opposeraient à leur passage, et voulant qu'ils se bornent à porter leurs plaintes contre ceux qui auraient refusé de leur faire place après en avoir été avertis. Enjoint, Sa Majesté, aux prévots des maréchaussées, leurs lieutenants ou tous autres leurs officiers, dans l'étendue de leurs départements, de recevoir les plaintes qui leur seront portées par lesdits maîtres de poste et postillons, contre lesdits rouliers, charretiers, voituriers et tous autres, pour raison desdits troubles, voies de fait, violences et mauvais traitemens, même de leur prêter main-forte au besoin, sur la réquisition qui leur en sera faite, tant pour prévenir lesdits accidents, que pour arrêter les contrevenants, et assurer le service public.

Loi du 28 *germinal an VI* (*Bull.*, 197, *n*°. 1805, *art.* 125).

Les fonctions essentielles et ordinaires de la gendarmerie sont :

3o. De faire la police sur les grandes routes; d'y maintenir les communications et les passages libres en tout temps ; de contraindre les voituriers, charretiers et tous conducteurs de voitures à se tenir à côté de leurs chevaux ; en cas de résistance, de saisir ceux qui obstrueront les passages; de les conduire devant l'autorité civile, qui prononcera en ce cas, s'il y a lieu, une amende qui ne pourra excéder dix francs, sans préjudice de plus forte peine, suivant la gravité du délit.

Décret du 28 *août* 1808. (*Bull.* 217, *n*°. 4005).

ART. 16. Les rouliers, voituriers, charretiers, seront tenus de céder la moitié du pavé aux voitures des voyageurs, à peine de cinquante fr. d'amende(1), et du double en cas de récidive, sans préjudice des peines personnelles portées aux réglements de Police. Les conducteurs de diligences et postillons sont autorisés à faire, en cas de contravention, leurs déclarations à l'officier de police, à leur arrivée, en faisant connaître le nom du roulier ou voiturier, d'après sa plaque, et notre procureur du Roi, sur l'envoi de ce procès-verbal, sera tenu de poursuivre le roulier ou voiturier.

ORDONNANCE DU ROI *contenant des mesures de Police, relatives aux Propriétaires ou Entrepreneurs de Diligences, de Messageries ou autres voitures publiques.*

Du 4 *février* 1820. (*Bull.* 744, *n*°. 8218).

ART. 12. Conformément aux dispositions contenues dans l'art. 16 du décret du 28 août 1808, les rouliers, voituriers, charretiers, continueront à être tenus de céder la moitié du pavé aux voitures des voyageurs, à peine de cinquante francs d'amende (2), et du double en cas de récidive,

(1) Cette amende a été réduite, au taux fixé par la loi du 28 germinal an VI, par l'art. 475, n°. 3 du Code pénal qui est postérieur au décret du 28 août 1808, et dont les dispositions par conséquent sont la seule règle qui doit être suivie en cette matière.

(2) L'amende prononcée par le décret du 28 août ayant été remplacée par celle prononcée par l'art. 475, n°. 3 du Code pénal, nous pensons que cette dernière amende doit continuer d'être seule appliquée à la contravention dont il s'agit: Une loi ne peut être abrogée que par une autre loi; une ordonnance n'a pas ce caractère, elle ne peut donc produire cet effet.

sans préjudice des peines personnelles portées au réglement de police. Les conducteurs des diligences et postillons feront, en cas de contravention, leurs déclarations à l'officier de police du lieu le plus voisin, en faisant connaître le nom du roulier ou du voiturier, d'après sa plaque, et nos procureurs-généraux, sur l'envoi des procès-verbaux, seront tenus de poursuivre les délinquants.

Du 19 *pluviôse an V.* (*Bull.* 119, *n°.* 1143).

Chasse des Animaux nuisibles.

Le Directoire Exécutif, sur le rapport du ministre des finances, considérant que son arrêté du 28 vendémiaire dernier, portant défense de chasser dans les forêts nationales, ne doit mettre aucun obstacle à l'exécution des réglements qui concernent la destruction des loups et autres animaux voraces ;

Que l'ordonnance de janvier 1583, art. 19, enjoint aux agens forestiers de rassembler un homme par feu, de leur arrondissement, avec armes et chiens propres à la chasse aux loups, trois fois l'année, aux temps les plus commodes ;

Que celles de 1600 et 1601, ainsi que les arrêts du ci-devant Conseil du 6 février 1697, et 14 janvier 1698, leur enjoignent de contraindre les sergens louvetiers à chasser aux loups, renards et autres animaux nuisibles, et de veiller à ce que cette chasse soit faite de trois mois en trois mois, ou plus souvent, suivant qu'il en sera besoin, par ceux qui avaient le droit exclusif de chasse dans leurs terres ;

Arrête ce qui suit.

ART. 1. L'arrêté du 28 vendémiaire dernier, relatif à la prohition de chasser dans les forêts nationales, continuera d'être exécuté.

ART. 2. Néanmoins, il sera fait dans les forêts nationales et dans les campagnes, tous les trois mois, et plus souvent, s'il est nécessaire, des chasses et battues générales ou particulières, aux loups, renards, blaireaux, et autres animaux nuisibles.

ART. 3. Les chasses et battues seront ordonnées par les administrations centrales des départemens, de concert avec les agens forestiers de leur arrondissement, sur la demande de ces derniers, et sur celles des administrations municipales de canton.

ART. 4. Les battues ordonnées seront exécutées sous la direction et la surveillance des agens forestiers, qui régleront, de concert avec les administrations municipales de canton, les jours où elles se feront, et le nombre d'hommes qui y seront appelés.

ART. 5. Les corps administratifs sont autorisés à permettre aux particuliers de leur arrondissement qui ont des équipages et autres moyens pour ces chasses, de s'y livrer, sous l'inspection et la surveillance des agens forestiers.

ART. 6. Il sera dressé procès-verbal de chaque battue, du nombre et de l'espèce des animaux qui y auront été détruits : un extrait en sera envoyé au ministre des finances.

Art. 7. Il lui sera également envoyé un état des animaux détruits par les chasses particulières mentionnées en l'art. 5, et même par les pièges tendus dans les campagnes par les habitants, à l'effet d'être pourvu, s'il y a lieu, sur son rapport, au paiement des récompenses promises par l'article 20, section IV, du Code rural, et le décret du 11 ventôse an III.

Art. 8. Le ministre des finances est chargé de l'exécution du présent arrêté qui sera envoyé aux administrations centrales des départements.

N°. IX.

Avis du conseil-d'état.

Du 8 *février* 1812, *approuvé le* 8. (*Bull.* 421, *n°.* 7688, *pag.* 161.)

Le Conseil-d'état, qui d'après le renvoi ordonné par Sa Majesté, a entendu le rapport de la section de législation, sur celui du grand-juge, ministre de la justice, ayant pour objet de faire décider si l'article 484 du Code pénal de 1810, abroge la disposition de l'article 2 de la loi du 22 floréal an II, par laquelle les peines portées par le Code pénal de 1791, contre ceux qui opposeraient des violences ou des voies de fait aux fonctionnaires ou officiers publics mettant à exécution les actes de l'autorité publique, sont déclarées communes, « à quiconque emploiera, même » après l'exécution des actes émanés de l'autorité » publique, soit des violences, soit des voies de » fait, pour interrompre cette exécution, ou » en faire cesser l'effet ».

Vû l'arrêté du 23 novembre 1811, par lequel, avant de statuer sur la demande en cassation formée par le procureur-général près la Cour royale de Douai, contre l'arrêt de cette Cour, du vingt-six juillet de la même année, conforme à un arrêt précédemment cassé, de la Cour royale d'Amiens, et, usant de la faculté à elle accordée par l'article 3 de la loi du 16 septembre 1807, la Cour de cassation, sections réunies, a ordonné un référé à Sa Majesté, sur la question ci-dessus ;

Considérant que l'article 484 du Code pénal de 1810, en ne chargeant les Cours et tribunaux de continuer d'observer les lois et réglements particuliers non renouvelés par ce Code, que dans les matières qui n'ont pas été réglées par ce Code même, fait clairement entendre que l'on doit tenir pour abrogées toutes les anciennes lois, tous les anciens réglements, qui portent sur les matières que le Code a réglées, quand même ces lois et réglements prévoiraient des cas qui se rattachent à ces matières, mais sur lesquels ce Code est resté muet ;

Qu'à la vérité, on ne peut pas regarder comme réglées par le Code pénal de 1810, dans le sens attaché à ce mot *réglées*, par l'article 484, les matières relativement auxquelles ce Code ne renferme que quelques dispositions éparses, détachées, et ne formant pas un système complet de législation;

Et que c'est par cette raison que subsistent encore, quoique non renouvelées par le Code pénal de 1810, toutes celles des dispositions des lois et réglements antérieurs à ce Code, qui sont relatives à la police rurale et forestière, à l'état-civil, aux maisons de jeu, aux loteries non autorisées par la loi, et autres objets semblables que ce Code ne traite que dans quelques-unes de leurs branches;

Mais que la loi du 22 floréal an II appartient à une autre cathégorie; qu'elle rentre, par son objet, sous la rubrique *résistance*, *désobéissance, et autres manquemens envers l'autorité publique*, qui forme l'intitulé de la section 4 du chapitre III, du titre 1er., du livre III du Code pénal de 1810; et que si elle ne se retrouve pas dans cette section, qui règle véritablement et à fond toute la matière comprise dans sa rubrique, et si elle n'y est pas remplacée par une disposition correspondante à ce qu'elle avait statué, c'est une preuve que le législateur a voulu l'abroger, et ne faire à l'avenir dériver du fait qu'elle avait caractérisé et qualifié de crime, qu'une action purement civile.

Est d'avis que la loi du 22 floréal an II doit être considérée comme abrogée par l'article 484 du Code pénal de 1810.

N°. X.

Du 26 *mars* 1819. (*Bull. Crim., tom. XXIV*, *n°*. 3, *pag.* 124.)

Exposé et Motifs.

Parcours.

Vincent Chenel, cultivateur dans la commune de Louviers, avait été cité, à la requête du ministère public, à comparaître au tribunal de police de cette ville, pour être condamné aux peines de droit, comme ayant contrevenu à un réglement municipal du 30 septembre 1813, concernant l'usage du droit de parcours.

Le tribunal de police s'était déclaré incompétent. Ses motifs avaient été que la contravention imputée à Chenel n'était déclarée punissable par aucune loi; et que d'ailleurs il n'aurait pu statuer sur l'action qui lui était soumise, qu'en violant l'autorité de la chose jugée par son précédent jugement du six novembre 1818.

L'arrêt portant annullation du jugement dénoncé par le commissaire de police de Louviers est ainsi conçu:

Ouï le rapport de M. Aumont, conseiller, et M. Freteau, avocat-général, en ses conclusions.

Vû les articles 408 et 413 du Code d'instruction criminelle, aux termes desquels la Cour de cassation doit annuller les arrêts et les jugemens en dernier ressort, qui contiennent violation des règles de compétence.

L'article 5, titre XI de la loi du 24 août 1790, qui punit de peines de police les contraventions aux réglements de police ;

L'article 13, section IV, tit. 1er. de la loi du 6 octobre 1791, portant :

« La quantité de bétail, proportionnellement » à l'étendue du terrain, sera fixée dans chaque » paroisse, à tant de bêtes par arpent, d'après les » réglements et usages locaux ; et, à défaut de » renseignemens positifs à ce sujet, il y sera » pourvu par le conseil-général de la commune ».

L'article 15, paragraphe 6 de la loi du 28 pluviôse an VIII, qui charge les conseils municipaux qu'il établit, de régler. « Le partage des » affouages, pâtures, récoltes et fruits com- » muns » ;

Vû enfin l'article 1351 du Code civil, ainsi conçu :

« L'autorité de la chose jugée n'a lieu qu'à » l'égard de ce qui a fait l'objet du jugement. Il » faut que la chose demandée soit la même ; que » la demande soit fondée sur la même cause ; » que la demande soit entre les mêmes parties, » et formée par elles et contre elles en la même » qualité ».

Attendu, 1°. qu'aux termes des articles cités des lois des 6 octobre 1791, et 28 pluviôse an VIII, dans les pays sujets au parcours, les réglements sur cette matière sont faits par les conseils municipaux des communes ;

Que la contravention aux réglements émanés de l'autorité municipale agissant dans l'ordre légal de ses fonctions, donne lieu à l'application des peines de police, d'après l'article aussi cité de la loi du 24 août 1790;

Attendu qu'une délibération du conseil municipal de Louviers, du 30 septembre 1813, approuvée comme réglement de parcours, le 11 octobre suivant, par le sous-préfet de la même ville, qui en a ordonné l'exécution dans toutes ses dispositions, a fixé le nombre des bêtes à laine qui pourraient être envoyées sur les terrains sujets au parcours, par les fermiers de Beaulieue et de la Carrière, à deux par arpent de terre de leur exploitation.

Que Vincent Chenel, l'un de ces fermiers, a été cité, à la requête du ministère public, à comparaître au tribunal de police de Louviers, pour se voir condamner aux peines de droit, comme ayant contrevenu au réglement municipal du 30 septembre 1813, en envoyant au parcours au moins quatre cents bêtes à laine, quoique l'étendue des terres qu'il exploitait ne s'élevât qu'à quatre-vingt-dix arpents.

Que si, ne faisant valoir que quatre-vingt-dix arpents de terre, et n'ayant conséquemment droit d'envoyer que cent quatre-vingts bêtes à laine au parcours, Chenel en avait envoyé quatre cents, il avait excédé de beaucoup les bornes mises à l'usage de ce droit de parcours par le réglement municipal de 1813; que c'était donc d'une contravention à ce réglement qu'il était prévenu ; qu'étant punissable de peines de police à raison de cette contravention, il était légalement cité devant le tribunal de police ; que ce tribunal ne pouvait se refuser à statuer sur l'action qui lui était soumise, sans méconnaître son pouvoir, et sans violer les règles de compétence ;

Attendu, 2°. que le jugement du six novembre 1818, par lequel le tribunal de police de Louviers s'était déclaré incompétent, avait été rendu sur une poursuite du ministère public relative à une contravention au réglement municipal de 1813, que Chenel était prévenu d'avoir commise le 26 septembre de ladite année 1818 ; Que ce jugement ne pouvait empêcher le tribunal qui l'avait rendu, de statuer sur une nouvelle action dont l'objet était une contravention au même réglement commise le 19 janvier 1819 ; que si les parties étaient les mêmes, et agissaient en la même qualité, si les poursuites avaient pour bâse une contravention de même nature, ces poursuites ne portaient pas sur le même fait de contravention ; qu'elles n'avaient donc pas la même cause ; que les quatre conditions dont la réunion forme seule, aux termes de l'article 1351 du Code civil, l'autorité de la chose jugée, ne se rencontraient donc pas dans l'instance sur laquelle est intervenu le jugement dénoncé ; Qu'en s'abstenant de statuer, sous prétexte qu'il n'eût pu le faire sans violer l'autorité de la chose jugée, le tribunal de police de Louviers a donc fait une fausse application évidente du susdit article du Code civil :

D'après ces motifs, la Cour casse et annulle le jugement rendu par le tribunal de police de Louviers, entre le ministère public et Vincent Chenel, le 19 février dernier.

N°. XI.

Du 22 *avril* 1813. (*Bull. Crim.*, *tom.* *XVIII*, *n°. VII*, *pag.* 179).

Exposé et motifs.

Treize particuliers demeurant dans différents quartiers de la ville de Saintes, avaient été traduits au tribunal de police de cette ville, pour avoir négligé de nettoyer le pavé de la rue devant leurs maisons. Le ministère public avait requis que chacun d'eux fût condamné à une amende de deux francs; mais le tribunal, quoique obligé de reconnaître la réalité des contraventions dénoncées, avait cru pouvoir ne les punir que d'une seule amende de trois francs, et il avait condamné les treize contrevenants solidairement au paiement de cette amende.

Les motifs énoncés dans l'arrêt ci-dessous transcrit, ont déterminé l'annullation du jugement du tribunal de police de Saintes.

Ouï le rapport de M. Aumont, conseiller, et M. Pons, avocat-général, en ses conclusions;

Vû les articles 48 et 413 du Code d'instruction criminelle;

Vû aussi l'article 3, tit. XI, §. Ier. de la loi du 24 août 1790;

Et l'article 5 du même titre de le même loi;

Vû enfin l'article 471 du Code pénal de 1810 ;

Attendu qu'il résulte des défenses des prévenus, dont aucun n'a contesté l'obligation que le commissaire de police leur reprochait, d'avoir négligé de remplir, et du jugement rendu contre eux, qu'il existe des réglements de police qui assujettissent les habitants de Saintes à nettoyer le pavé des rues devant leurs maisons ; qu'ainsi, le défaut de nettoiement constaté par le procès-verbal rapporté, dans l'espèce, constituait une de ces contraventions qui, d'après ledit article 5, tit. XI, de la loi citée du 24 août 1790, doivent être punies d'une peine de police, conséquemment de la peine fixée par l'article 471 du Code pénal, c'est-à-dire, d'une amende depuis un franc jusqu'à cinq francs inclusivement ; que cependant le tribunal de police de Saintes s'est permis de réduire à une amende de trois francs, solidaire entre les treize prévenus, l'amende de deux francs que le ministère public avait requise contre chacun d'eux personnellement ; *qu'il n'y avait aucune liaison, aucune connexité entre les contraventions dénoncées, qui, n'étant que le fait propre et individuel de chaque contrevenant, ne pouvait pas les rendre responsables les uns des autres, et provoquer contre eux des condamnations solidaires* ; que l'article cité du Code pénal, ayant déterminé un maximum et un minimum pour les amendes qu'il prononce, a donné, par-là, aux tribunaux le moyen de graduer la peine selon les circonstances ; que le tribunal de police, qui a formellement déclaré que les excuses des prévenus n'étaient qu'atténuantes, et non suffisantes pour faire disparaitre la contravention, pouvait ne pas porter l'amende au maximum de cinq francs, ni même à deux francs, ainsi que l'avait demandé le ministère public ; mais qu'il lui était interdit de la réduire au-dessous du minimum d'un franc, fixé par la loi ; qu'en ne condamnant chacun des prévenus qu'à une amende d'un peu plus de 23 centimes, le tribunal de police de Saintes a donc formellement violé l'article 5, titre XI, de la loi du 24 août 1790, et 471, n°. 5, du Code pénal, et a manifestement excédé les bornes de sa compétence.

D'après ces motifs, la Cour casse et annulle le jugement du tribunal de police de Saintes, du 17 mars dernier.

TABLE GÉNÉRALE DES MATIÈRES.

A.

ABANDON. Dégats commis sur le terrain d'autrui par des bestiaux et volailles laissés à l'abandon ; Code rural, art. 12, pag. 59. *Voyez* BESTIAUX, PIGEONS, VOLAILLES.

ABSENCE. *Voyez* COMMISSAIRE DE POLICE, MAIRE, ADJOINT.

ACCIDENTS. Le soin de prévenir, par les précautions convenables, et celui de faire cesser, par la distribution des secours nécessaires, les accidents et fléaux calamiteux, tels que les incendies, les épidémies, les épizooties, font partie des objets de police confiés à l'autorité municipale ; loi du 24 août 1790, article 3, n°. 5, pag. 47. — Peines pour contravention aux réglements de police relatifs à cet objet ; *ibid.*, art. 5, pag. 49. — Après la visite annuelle des fours et cheminées, les officiers municipaux ordonnent la réparation de ceux ou de celles dont l'état de délabrement pourrait occasionner un incendie ou d'autres accidents ; Code rural, art. 9, pag. 57. — Peines contre ceux qui, en cas d'accidents, refusent de prêter les secours dont ils sont requis ; Code pénal, art. 475, n°. 12, pag. 129. — Autres contre ceux qui, par mal-adresse ou imprudence, occasionnent des accidents ; *ibid.*, art. 479, n°s. 1, 2, 3 et 4, pag. 132, et 480, n°. 1, pag. 135.

B.

de récolte à l'aide des animaux de charge ; Code rural, art. 35, pag. 79. — Vol dans les bois taillis, futaies, ou autres plantations d'arbres des particuliers ou communautés, exécuté à charge de bêtes de somme ou de monture ; *ibid.*, art. 37, pag. 80. — Peines contre ceux qui, par la rapidité, la mauvaise direction, ou le chargement excessif des voitures, chevaux, bêtes de trait, de charge ou de monture, auront tué ou blessé des animaux ou bestiaux appartenant à autrui ; Code rural, art. 42, pag. 85, Code pénal, art. 479, n°. 2, pag. 132. — Amende encourue par ceux qui laissent passer leurs bêtes de trait, de charge ou de monture sur le terrain d'autrui, avant l'enlèvement de la récolte ; Code pénal, art. 471, n°. 14, pag. 124. — Autre si le terrain est ensemencé ou chargé d'une récolte pendante ; *ibid.*, article 475, n°. 10, pag. 129. — Même peine si les bêtes de trait, de charge ou de monture ont pénétré dans un bois taillis de particuliers ; *ibid.* — Amende contre ceux qui font ou laissent courir leurs chevaux, bêtes de trait, de charge ou de monture dans l'intérieur d'un lieu habité ; *ibid.*, art. 475, n°. 4, pag. 127, et 476, pag. 131. *Voyez* Blé.

Billard. *Voyez* Dimanches et fêtes.

Blé. Passage à pied, à cheval, ou en voiture, dans des blés en tuyau ; Code rural, art. 27, pag. 74, Code pénal, art. 475, n°. 9, pag. 129. — Peines contre celui qui, avant leur maturité, coupe de petites parties de blé en vert, ou d'autres productions de la terre ; Code rural, art. 28, pag. 74.

Blessures. Celles qui sont faites volontairement aux animaux d'autrui ; Code rural, art. 30, pag. 76, Code pénal, art. 479, n°. 1, pag. 132. — Celles qui leur sont faites involontairement ; Code rural,

C.

peut plus se pourvoir contre le même jugement; *ibid.*, art. 438, pag. 41. — Envoi au ministre de la justice d'un extrait de l'arrêt qui a rejeté la demande en cassation, et transmission de cet extrait au tribunal qui a rendu le jugement attaqué; *ibid.*, art. 439, pag. 41. — Comment il est procédé lorsqu'après une première cassation, le second jugement est attaqué par les mêmes moyens; *ibid.*, art. 440, pag. 41. — Manière de procéder pour faire casser, sans qu'aucune des parties se soit pourvue, les jugemens en dernier ressort sujets à cassation. *Ibid.*, art. 442, pag. 42.

CÉDULE. Celle par laquelle le juge de paix peut, dans les cas urgents, abréger les délais des citations; Code d'instruction, art. 146.

CÉLÉRITÉ. Le juge de paix peut, avant l'audience du tribunal de police, faire et ordonner tous actes requérant célérité; Code d'instruction, art. 148, pag. 14.

CÉRÉMONIES PUBLIQUES. *Voyez* RASSEMBLEMENS.

CHAMPS. Peines contre ceux qui allument du feu dans les champs, sans observer les distances prescrites; Code rural, art. 10, pag. 58. — Dégats faits dans les champs ouverts par des bestiaux ou volailles laissés à l'abandon; *ibid.*, art. 12, pag. 59. — Comment est payé le dommage; *ibid.* — Temps dans lequel il est permis aux glaneurs, rateleurs, grapilleurs, d'entrer dans les champs ouverts; *ibid.*, art. 21, pag. 67, Code pénal, art. 471, n°. 10, et 473, pag. 122 et 125. — Injonction aux pâtres et bergers de ne conduire leurs troupeaux de toute espèce sur les champs moissonnés et ouverts que deux jours après l'enlèvement de la récolte; Code rural, art. 22, pag. 69. — Cette défense s'applique au propriétaire du champ comme à tout autre individu; *ibid.* —

Peines en cas de contravention ; *ibid.* — Peines contre celui qui entre à pied, à cheval, ou en voiture dans les champs ensemencés ; Code rural, art. 27, pag. 74, et Code pénal, article 471, n°. 13, pag. 124. — Autre pour rupture ou destruction, dans les champs ouverts, d'instrumens d'agriculture ; Code rural, art. 31, pag. 77. — Autre contre le voyageur qui déclôt un champ pour se faire un passage ; *ibid.*, art. 41, pag. 84. — Exception dans le cas où le passage ordinaire n'est pas praticable ; *ibid.*

CHANSONS. *Voyez* AFFICHEURS.

CHANVRE. Peines contre ceux qui, au mépris des défenses de l'autorité administrative, font sécher leur chanvre ou leur lin dans les fours et cheminées, ou brûlent les chenevottes qui en proviennent dans l'intérieur de leurs maisons et bâtimens ; loi du 24 août 1790, art. 3, n°. 5, pag. 47, et art. 5, pag. 49. — Autres contre ceux qui, contrairement aux mêmes défenses, font rouir leur chanvre ou leur lin dans les rivières, ruisseaux, canaux et fossés ; Code pénal, art. 471, n°. 5, pag. 118. — Autres contre ceux qui enfreignent les arrêtés de l'autorité municipale qui défendent de teiller du lin ou du chanvre, dans l'intérieur des communes, avant ou après une certaine heure ; *ibid.*, art. 479, n°. 8, et 480, n°. 5, pag. 134 et 135.

CHARGEMENT. *Voyez* ROULIERS, VOYAGEURS.

CHARIVARI. *Voyez* BRUITS.

CHARRETIERS. *Voyez* DIMANCHES ET FÊTES, ROULIERS.

CHARRETTE. Vol commis à l'aide de charrette dans les bois taillis, futaies et autres plantations d'arbres des particuliers ou des communautés. Code rural, art. 37, pag. 80. *Voyez* VOITURE.

taires ou fermiers de moulins, usines et étangs qui endommagent les chemins par leurs eaux. Code rural, art. 15 et 16, pag. 62 et 63. — Autres contre les cultivateurs ou autres pour dégradation, détérioration ou usurpation de chemins publics. *Ibid.*, art. 40, pag. 83 — Autres contre le voyageur qui, par la rapidité de sa voiture ou de sa monture tue ou blesse des bestiaux sur les chemins. *Ibid.*, art. 42, pag. 85. — Autres pour destruction ou détérioration des arbres plantés sur les chemins. *Ibid.*, art. 43, pag. 85. — Enlèvement des gazons, terres ou pierres étant sur les chemins. *Ibid.*, art. 44, pag. 85. — Amende encourue par ceux qui laissent dans les chemins des coutres de charrue, pinces, barres, barreaux ou autres machines ou instrumens ou armes pouvant servir aux voleurs et malfaiteurs. Code pénal, art. 471, nᵒ. 7, pag. 122. — Confiscation de ces coutres, pinces, etc. *Ibid.*, art. 472, pag. 125. — Peines contre ceux qui établissent ou tiennent des jeux de hasard dans les chemins publics. *Ibid.*, art. 475, nᵒ. 5, pag. 127, et 477, pag. 131. — Autres contre les rouliers, charretiers, conducteurs de voitures quelconques ou de bêtes de charge qui occupent plus de la moitié des chemins. *Ibid.*, art. 475, nᵒ. 3, pag. 126, et 476, pag. 131.

CHENEVOTTES. *Voyez* CHANVRES.

CHENILLES. *Voyez* ÉCHENILLAGE.

CHEVAL. Peines contre celui qui entre à cheval dans les champs ensemencés ou chargés d'une récolte pendante. Code rural, art. 27, pag. 74. *Voyez* BESTIAUX, BÊTES DE TRAIT, CHAMPS, MONTURE.

CHÈVRES. Peines pour toute chèvre trouvée sur l'héritage d'autrui, contre le gré du propriétaire, dans

juges de police. *Ibid.*, art. 139 et 140, pag. 9 et 10. Loi du 6 frimaire an VII sur les bacs et bateaux, art. 33, pag. 94; autre du 2 vendémiaire an VIII sur les octrois, art. 2, pag. 104; et ordonnance du roi du 9 décembre 1814, art. 78, pag. 108. — Compétence des maires comme juges de police. Code d'instruction, art. 166, pag. 26.

COMPLICES. *Voyez* BACS ET BATEAUX, BRUITS.

COMPLICITÉ. A-t-elle lieu en matière de contravention de police. *Voyez* pag. 110, la note sur l'art. 464 du Code pénal.

CONCLUSIONS. Celles que la partie civile et le ministère public doivent donner au tribunal de police. Code d'instruction, art. 153, pag. 18. — Celles du ministère public pour la décharge de l'amende prononcée contre un témoin. *Ibid.*, art. 158, pag. 22.

CONCURRENCE. Ce que c'est. *Voyez* pag. 4, la note sur l'art. 11 du Code d'instruction. Les commissaires de police, maires et adjoints ont la concurrence avec les gardes champêtres et forestiers pour rechercher et constater les contraventions de police. *Ibid.*

CONDAMNATION. *Voyez* PRESCRIPTION.

CONDUCTEURS DE BESTIAUX, CHEVAUX, BÊTES DE TRAIT, DE CHARGE ET DE MONTURE. *Voyez* BÊTES DE TRAIT, BESTIAUX, ROULIERS.

CONFISCATION. La confiscation de certains objets saisis fait partie des peines de police. Code pénal, article 464, pag. 109. — Les tribunaux de police doivent, dans certains cas, prononcer la confiscation des choses saisies en contravention, des choses produites par la contravention, des matières ou des instrumens qui ont servi ou étaient destinés à la commettre. *Ibid.*, art. 470, pag. 116. — On doit confisquer les

des maisons sur lesquelles ils travaillent. Loi du 24 août 1790, art. 3, n°. 1, pag. 45; Code pénal, art. 471, n°. 5, pag. 118.

CRACHER. Peines contre celui qui crache sur quelqu'un. Code pénal, art. 475, n°. 8, pag. 128, et 476, pag. 131.

CRIEURS. *Voyez* AFFICHEURS.

CULTIVATEURS. *Voyez* CHEMINS, GRAINS, COALITION.

CURAGE. Amende encourue par ceux qui refusent de procéder au curage des rivières, ruisseaux et canaux non navigables. Code pénal, art. 471, n°. 5, pag. 118.

D.

DÉBIT. *Voyez* DENRÉES, VENTE.

DÉBITANT DE BOISSONS. *Voyez* DIMANCHES ET FÊTES.

DÉCHÉANCE. *Voyez* APPEL, CASSATION.

DÉCLINATOIRE. *Voyez* INCOMPÉTENCE.

DÉFAUT. *Voyez* CITATION, COMPARUTION, JUGEMENS, TÉMOIN.

DÉGATS. Ceux faits sur le terrain d'autrui par des bestiaux ou volailles laissés à l'abandon. Code rural, art. 12, pag. 59. — Comment ils sont payés. *Ibid.* — Peines à prononcer contre les propriétaires ou possesseurs de ces animaux. *Ibid.* — Ceux faits par des troupeaux ou bestiaux dans les bois des particuliers ou communautés. *Ibid.*, art. 38, pag. 80. — Comment sont punis ceux faits de la même manière dans les futaies des mêmes individus. *Voyez* la note sur le même article, §. V. *Voyez* aussi CHÈVRES.

DÉGRADATION. Peines pour dégradation de clôture. Code rural, art. 17, pag. 65. — Autres pour dé-

E.

fenêtres ou autres parties des bâtimens qui puisse nuire par sa chûte, et celle de rien jeter qui puisse blesser et endommager les passants, ou causer des exhalaisons nuisibles, font partie des objets de police confiés à la vigilance et à l'autorité des corps municipaux. Loi du 24 août 1790, article 3, n°. 1, pag. 45. — Peines encourues par ceux qui négligent ou refusent de réparer ou démolir les édifices menaçant ruine. Code pénal, art. 471, n°. 5, pag. 118. — Qui jettent ou exposent au-devant de leurs édifices des choses de nature à nuire par leur chûte ou par des exhalaisons nuisibles. *Ibid.*, n°. 6, pag. 121. — Qui jettent des pierres ou autres corps durs ou des immondices contre les maisons, édifices ou clôtures, ou dans les jardins et enclos d'autrui. *Ibid.*, art. 475, n°. 8, pag. 128, et 476, pag. 131. — Qui auront occasionné la mort ou la blessure des animaux ou bestiaux appartenant à autrui, par la vétusté, la dégradation, le défaut de réparation ou d'entretien des maisons ou édifices. *Ibid.*, art. 479, n°. 4, pag. 133, et 480, n°. 1, pag. 135.

ÉGLISES. *Voyez* RASSEMBLEMENS.

EMBARRAS. *Voyez* ENCOMBREMENT, VOIE PUBLIQUE.

ÉMOLUMENS. Ceux qui sont attribués aux greffiers des maires pour leurs expéditions dans les affaires de police. Code d'instruction, art. 168, pag. 27.

EMPÊCHEMENT. *Voyez* COMMISSAIRE DE POLICE, MAIRIE, ADJOINT, MINISTÈRE PUBLIC, REMPLACEMENT.

EMPLOYÉS AUX OCTROIS. *Voyez* OCTROIS.

EMPRISONNEMENT. Les gardes champêtres et forestiers doivent arrêter et conduire devant le juge de paix, ou devant le maire, tout individu surpris en flagrant

liberté ou la sûreté du passage. Code pénal, article 471, n°. 4, pag. 118. — Autres contre ceux qui ont causé la mort ou la blessure des animaux ou bestiaux appartenant à autrui, par des encombremens et des excavations pratiquées dans les rues, chemins, places ou voies publiques, sans les précautions ou signaux ordonnés ou d'usage. *Idem.*, art. 479, n°. 4, pag. 133.

ENFANT. *Voyez* PÈRES, MÈRES.

ENGRAIS. Peines pour enlèvement, sans la permission du propriétaire ou fermier, de marne, fumier ou autres engrais portés sur les terres, Code rural, art. 33, pag. 78.

ENJEUX. *Voyez* JEUX.

ENLÈVEMENT. *Voyez* ENGRAIS, GAZONS, NETTOIEMENT, VOL.

ENTRÉE. *Voyez* AUBERGISTES.

ENTREPENEURS. Responsabilité à laquelle ils sont soumis en cas de délit ou de contravention commis par leurs ouvriers. Code rural, art. 7, pag. 56. *Voyez* NETTOIEMENT.

ENTRETIEN. *Voyez* ÉDIFICES, FEU.

ÉPIDÉMIE. *Voyez* ACCIDENS, ÉPIZOOTIE.

ÉPIZOOTIE. Le soin de prévenir par les précautions convenables, et celui de faire cesser par la distribution de secours nécessaires les accidents et fléaux calamiteux, tels que les épidémies et les épizooties, fait partie des objets de police confiés à l'autorité municipale. Loi du 24 août 1790, art. 3, n°. 5, pag. 47. — Peines encourues pour contraventions aux arrêtés de l'autorité municipale relatifs à cet objet. *Ibid.*, art. 5, pag. 49. — Précautions à prendre pour l'enfouissage des bestiaux morts par suite d'une épizootie, et peines en cas d'inobservation de ces pré-

F.

bois, bruyères, vergers, haies, meules de grain, de paille ou de foin. Code rural, art. 10, pag. 58. — Amende pour défaut d'entretien, réparation ou nettoiement des fours, cheminées ou usines où l'on fait usage du feu. Code pénal, art. 471, n°. 1, pag. 117. *Voyez* ARMES, ARTIFICES, INCENDIE.

FIGURES OBSCÈNES. *Voyez* ÉCRITS, AFFICHES, AFFICHEURS.

FLAGRANT DÉLIT. Les gardes champêtres et forestiers doivent arrêter et conduire devant le juge de paix ou le maire, tout individu surpris en flagrant délit, ou dénoncé par la clameur publique, lorsque ce délit est de nature à emporter la peine d'emprisonnement ou une peine plus grave. Code d'instruction, art. 16, pag. 6. — Amende pour refus ou négligence de prêter secours en cas d'accidents, pillage, clameur publique, flagrant délit, etc. Code pénal, art. 475, n°. 12, pag. 129.

FLÉAUX CALAMITEUX. *Voyez* ACCIDENTS, ÉPIZOOTIE, SECOURS.

FLEURS. *Voyez* POTS DE FLEURS.

FLEUVES. *Voyez* BACS ET BATEAUX.

FOI. Celle qui est due aux procès-verbaux des officiers de justice. *Voyez* PROCÈS-VERBAUX.

FOIRES. *Voyez* BESTIAUX, MARCHÉS, RASSEMBLEMENS.

FONDÉ DE POUVOIR. *Voyez* PROCURATION.

FONDS. *Voyez* JEUX.

FORÊTS. *Voyez* BOIS, DÉGATS.

FORMALITÉS. Lorsqu'il y a eu violation ou omission des formalités prescrites à peine de nullité, la partie condamnée, ou le ministère public, peut demander l'annullation du jugement de condamnation et de ce qui l'a précédé. Code d'instruction, article 408, pag. 34. — En cas d'acquittement du prévenu, nul ne peut se prévaloir, en matière de police, de la violation ou omission des formes prescrites dans l'intérêt de sa défense. *Idem*, art. 413, pag. 34. — Formalités que les gardes champêtres et forestiers doivent observer pour s'introduire dans l'intérieur des maisons et autres lieux. *Idem*, art. 16, pag. 6.

FOSSÉS. Peines contre ceux qui recomblent les fossés, dégradent les clôtures. Code rural, art. 17, pag. 65.

FOURRAGES. *Voyez* PRODUCTION DE LA TERRE.

FOURS. *Voyez* CHANVRE, CHEMINÉES.

FOUS. Le soin d'obvier aux évènemens fâcheux qui pourraient être occasionnés par les insensés ou les furieux laissés en liberté, fait partie des objets de police confiés à l'autorité municipale. Loi du 24 août 1790, art. 3, n°. 6, pag. 48. — Amende encourue par ceux qui laissent divaguer des fous ou des furieux étant sous leur garde. Code pénal, art. 475, n°. 7, pag. 127. — Autre dans le cas où ces fous et furieux ont occasionné la mort ou la blessure d'animaux ou de bestiaux. *Idem*, art. 479, n°. 2, pag. 132.

FRAIS. La partie qui succombe au tribunal de police est condamnée aux frais, même envers la partie publique. Code d'instruction, art. 162, pag. 24. — Il n'en est pas ainsi du ministère public en cas de renvoi du prévenu. *Idem*. — Cette condamnation doit être prononcée solidairement contre tous les auteurs et complices du même fait. *Idem*. — La partie qui succombe dans son recours en cassation est condamnée aux frais envers la partie acquittée, absoute ou renvoyée. *Ibid.*, art. 436, pag. 40. — La condamnation aux frais, entraîne la contrainte par corps. Code pénal, art. 469, pag. 116. — Exception à l'égard des condamnés insolvables, lorsque

G.

dénoncé par la clameur publique, lorsque ce délit emporte la peine d'emprisonnement ou une peine plus grave. *Ibid.* — Main-forte que, dans ce cas, ils sont autorisés à se faire donner par le maire ou par son adjoint. *Ibid.* — Ils sont sous la surveillance du procureur du roi. *Ibid.*, art. 17, pag. 7. — Ils doivent remettre leurs procès-verbaux dans le délai de trois jours au commissaire de police ou au maire. *Ibid.*, art. 20, pag. 8. — Devant qui ils doivent affirmer leurs procès-verbaux. Code rural, tit. 1er., sect. 7, art. 6; et loi du 28 floréal an X, art. 11; Pièces Justificatives, n°. 4, pag. 172. — Foi due à leurs procès-verbaux. *Ibid.* — Dans quel délai ils doivent faire leurs rapports. *Ibid.*

GARDIENS DE BESTIAUX. *Voyez* BESTIAUX, TROUPEAUX, PARCOURS.

GAZONS. Peines pour l'enlèvement des gazons, terres ou pierres étant sur les chemins publics. Code rural, art. 44, pag. 86.

GÉNÉRAUX EN CHEF. *Voyez* TÉMOINS.

GLACES. ENLÈVEMENT DES GLACES. *Voyez* NETTOIEMENT.

GLANAGE. Défenses de glaner, rateler ou grapiller dans les champs, prés et vignes récoltés et ouverts, avant l'enlèvement intégral des fruits, ou avant le lever ou après le coucher du soleil. Code rural, art. 21, pag. 67; Code pénal, art. 471, n°. 10, et 473, pag. 122 et 125. — Défenses de glaner ou de rateler avec des rateaux à dents de fer. *Voyez* pag. 122, la note sur l'art. 471, n°. 10, du Code pénal. — Les pâtres et les bergers ne peuvent mener leurs troupeaux dans les champs moissonnés et ouverts que deux jours après l'enlèvement de la récolte entière. Code rural, art. 22, pag. 69. — Cette défense s'applique au propriétaire du champ comme à tout autre individu. *Voyez* pag. 70, la note sur le même article.

Gouttières. Peines contre ceux qui refusent de supprimer les gouttières saillantes de leurs maisons donnant sur la rue. Code pénal, article 471, n°. 5, pag. 118.

Grains. Peines encourues par les cultivateurs ou tous autres faisant commerce de grains qui refusent de se conformer aux réglements de police ayant pour objet de fixer les lieux où doivent être déposés les grains destinés à l'approvisionnement des marchés, et ceux où ils doivent être renfermés lorsqu'ils n'ont pas été vendus. Loi du 24 août 1790, art. 3, n°. 4, pag. 46. *Voyez* Blé, Productions de la terre.

Grands dignitaires. *Voyez* Témoins.

Grands officiers du royaume. *Voyez* Témoins.

Grapillage. *Voyez* Glanage.

Gravures. *Voyez* Affiches.

Greffes. Peines pour destruction de greffes aux arbres fruitiers ou autres. Code rural, art. 14, pag. 62.

Greffiers. Dans les communes où il n'y a qu'une justice de paix, le greffier fait le service pour les affaires de police. Code d'instruction, art. 141, pag. 11. — Dans le cas contraire, il y a un greffier particulier pour le tribunal de police. *Ibid.*, art. 142, pag. 11. Quand il y a deux sections pour la police, le greffier peut se faire suppléer par un commis assermenté. *Ibid.*, art. 143, pag. 12. — Par qui les fonctions en sont exercées près le tribunal de police du maire. *Ibid.*, art. 168, pag. 27. — Serment de ce greffier et ses émolumens. *Ibid.* — Le greffier lit les procès-verbaux à l'audience. *Ibid.*, art. 153, pag. 18. — Il tient note de la prestation de serment des témoins, de leurs noms, prénoms, âges, professions et demeures, ainsi que de leurs principales déclarations. *Ibid.*, art. 155, pag. 21. — Il doit, sous peine d'amende et même de prise à partie, faire signer dans les vingt-quatre heures la minute du jugement. *Ibid.*, art. 164, pag. 25. — Il délivre sans frais tous les trois mois un extrait des jugemens de police, lequel est envoyé au procureur du roi. *Ibid.*, art. 178, pag. 32.

GRENADIERS. Défenses de mener en aucun temps des bestiaux d'aucune espèce dans les plants de grenadiers appartenant à autrui. Code rural, art. 24, pag. 71.

H.

HAIES. Défenses de couper des branches ou d'enlever des bois des haies vives ou sèches. Code rural, art. 17, pag. 65. — Dommages faits par les chèvres aux haies, vignes et jardins. *Ibid.*, art. 18, pag. 65. *Voyez* CLOTURES, FEU.

HAUSSE. *Voyez* COALITION.

HÉRITAGE. *Voyez* BORNES, INONDATION, CHÈVRES, CLOTURE.

HOTELIERS. *Voyez* AUBERGISTES.

HUISSIERS. Leur service pour les affaires de police. Cod. d'instruction, art. 141, pag. 11. — A qui ils doivent laisser copie des citations par eux notifiées. *Ibid.*, art. 145, pag. 12. — Leur ministère n'est pas nécessaire pour les citations devant le tribunal de police du maire. *Ibid.*, art. 169, pag. 27. *Voyez* CITATIONS.

I.

ILLUMINATION. *Voyez* ÉCLAIRAGE.

de régler l'exercice du droit d'irrigation. *Voyez* pag. 62, la note sur l'art. 15 du Code rural.

INTERPRÈTES DE SONGES. *Voyez* DEVINS.

INTRODUCTION. *Voyez* BESTIAUX.

J.

JARDIN. Dommages faits par des chèvres aux jardins d'autrui. Code rural, art. 18, pag. 65. — Peines contre ceux qui jettent des pierres ou d'autres corps durs, ou des immondices dans les jardins d'autrui. Code pénal, art. 475, n°. 8, et 476, pag. 128 et 131. *Voyez* ÉCHENILLAGE.

JET DE PIERRES. *Voyez* PIERRES.

JEUX. Amende encourue par ceux qui auraient tenu ou établi dans les rues, chemins, places et lieux publics des jeux de loterie ou d'autres jeux de hasard. Code pénal, art. 475, n°. 5, pag. 127. — Saisie et confiscation des tables, instrumens, appareil des jeux ou des loteries, enjeux, fonds, denrées, objets ou lots proposés aux joueurs. *Ibid.*, art. 477, n°. 1, pag. 131. *Voyez* RASSEMBLEMENS, MAIL.

JOURNALIER. *Voyez* COALITION.

JOURNAUX. *Voyez* AFFICHES, AFFICHEURS, VENTE.

JOURS. Les jours d'emprisonnement sont des jours complets de vingt-quatre heures. Code pénal, art. 465, pag. 115.

JOURS DE REPOS. *Voyez* DIMANCHES ET FÊTES.

JUGEMENT. La personne qui ne comparaît pas, dans les délais de la citation, au tribunal de police, y est jugée par défaut. Code d'instruction, art. 149, pag. 16. — Cas dans lequel la partie condamnée n'est plus recevable à s'opposer à l'exécution du jugement. *Ibid.*, art. 150, pag. 16. — Audience dans

L.

M.

N.

que l'instruction et les poursuites qui les ont précédés, peuvent être annullés, et par qui la nullité peut être poursuivie. *Ibid.*, art. 407 et suivants, pag. 33. — Circonstances dans lesquelles l'officier peut être tenu de payer les frais de la procédure dont la nullité a été prononcée. *Ibid.*, art. 415, pag. 35.

O.

OBSCÉNITÉS. *Voyez* ÉCRITS, AFFICHES, AFFICHEURS.

OCTROIS. Les contestations civiles sur l'application ou sur la quotité des droits d'octroi appartiennent au juge de paix à quelque somme que le droit contesté puisse monter. Loi du 2 vendémiaire an VIII, art. 1er., pag. 103. — Les amendes encourues sont prononcées par les tribunaux de simple police, ou de police correctionnelle, suivant la quotité de la somme. *Ibid.*, art. 2, pag. 104; loi du 27 frimaire an VIII, art. 17, pag. 106; et ordonnance du 3 décembre 1814, art. 78, pag. 108. — En cas de contestations, les porteurs ou conducteurs d'objets soumis aux droits d'octroi sont tenus de consigner entre les mains du receveur le droit exigé. *Ibid.*, art. 3, pag. 104. — Mode de nomination des employés aux octrois. Loi du 27 frimaire an VIII, art. 6, pag. 104. — Serment qu'ils doivent prêter. *Ibid.*, art. 7, pag. 104. — Les contraventions aux droits d'octroi sont constatées par procès-verbaux. Ordonnance du 9 décembre 1814, art. 75, pag. 107. — Énonciation que doivent renfermer ces procès-verbaux, et formalités y relatives. *Ibid.*, art. 75, 76 et 77, pag. 107 et 108. — Affirmation des procès-verbaux, et foi qui leur est due. Loi du 27 frimaire an VIII, art. 8, pag. 105, et ordonnance du 9 décembre 1814, art. 75, pag. 107. — Amende encourue pour con-

P.

passage dans sa route, rompt la clôture d'un champ. Code rural, art. 40, pag. 83. — Exception dans le cas où le chemin est déclaré impraticable. *Ibid.* *Voyez* BACS ET BATEAUX, DÉGATS.

PASSAGERS. *Voyez* BACS ET BATEAUX.

PASSSANS. *Voyez* CHIENS.

PATRES. *Voyez* TROUPEAUX, BESTIAUX, PARCOURS.

PAUME. *Voyez* DIMANCHES ET FÊTES.

PEINES. En quoi consistent les peines de police. Cod. pénal, art. 464, pag. 109. — Dans quel cas la peine doit être prononcée contre le prévenu. Code d'instruction, art. 161, pag. 24. — Délais de la prescription pour les peines portées par les jugemens de police. *Ibid.*, art. 639, pag. 42. *Voyez* ACTION.

PÉPINIÈRES. Défenses de mener en aucun temps des bestiaux d'aucune espèce dans les plants ou pépinières d'arbres fruitiers ou autres, faits de main d'homme. Code rural, art. 24, 71.

PÈRES. Responsabilité à laquelle ils sont soumis en cas de délits ou contraventions de la part de leurs enfants mineurs non mariés. Code rural, art. 7, pag. 56.

PIEDS-CORNIERS. *Voyez* BORNES.

PIERRES. Peines pour enlèvement de pierres étant sur les chemins publics. Code rural, art. 44, pag. 86. — Peines encourues par ceux qui jettent des pierres ou autres corps durs ou des immondices contre les maisons, édifices ou clôtures, ou dans les jardins ou enclos d'autrui, ou sur quelqu'un. Code pénal, art. 475, n°. 8, pag. 128, et 476, pag. 131. — Amende contre ceux qui auraient occàsionné la mort ou la blessure des animaux ou bestiaux d'autrui par jet de pierres ou d'autres corps durs. *Ibid.*, art. 479, n°. 3, pag. 133.

PIGEONS. Le défaut d'exécution des réglements relatifs

délai. *Idem*, et loi du 28 floréal an X, art. 11; Pièces Justificatives, nº. 4, pag. 172. — A qui ils doivent être remis. Code d'instruction, art. 20, pag. 8. — Foi due à ces procès-verbaux. *Idem*, art. 154, pag. 19. — Le juge de paix peut avant l'audience du tribunal de police dresser ou faire dresser tous procès-verbaux. *Idem*, art. 153, pag. 18.

PROCURATION. La personne citée peut comparaître par un fondé de procuration spéciale devant le tribunal de police du juge de paix. Code d'instruction, art. 152, pag. 17. — *Quid*, devant le tribunal de police du maire? *Voyez* pag. 28, la note sur l'art. 171 du même Code. — La déclaration de recours en cassation peut être faite par un fondé de pouvoir spécial. *Idem*, art. 417, pag. 36. — Dans ce cas le pouvoir demeure annexé à la déclaration. *Idem*.

PROCUREUR DU ROI. A-t-il caractère pour rechercher et constater les contraventions de police. *Voyez* pag. 3, la note sur l'art. 10 du Code d'instruction criminelle. *Voyez* MINISTÈRE PUBLIC.

PRODUCTIONS DE LA TERRE. Peines contre celui qui, avant leur maturité, coupe ou détruit de petites parties de blé en vert ou autres productions de la terre, sans intention manifeste de les voler. Code rural, art. 28, pag. 74. — Autres pour maraudage ou enlèvement des productions de la terre pouvant servir à la nourriture des hommes, ou de toutes autres productions utiles. *Ibid.*, art. 34, pag. 79.

PROFESSIONS. *Voyez* TÉMOINS.

PRONOSTIQUEURS. *Voyez* DEVINS.

PROPRIÉTAIRES. *Voyez* COALITION, DÉVERSOIR, ENGRAIS, CHÈVRES.

PUBLICITÉ. *Voyez* AUDIENCE, INSTRUCTION.

Q.

QUALITÉS. *Voyez* AUBERGISTES.

R.

RAISINS. *Voyez* FRUITS, VENDANGE.

RAMONAGE. Peines encourues par ceux qui, au mépris des défenses de l'autorité administrative, s'immiscent, sans autorisation, dans le service du ramonage des cheminées. Loi du 24 août 1790, article 5, nº. 5, et art. 5, pag. 47 et 49.

RAPIDITÉ. *Voyez* ROULIERS, VOYAGEURS.

RAPPORTS. Officiers qui doivent recevoir les rapports, dénonciations et plaintes relatifs aux contraventions de police. Code d'instruction, art. 11, pag. 4. — Rapports contre lesquels la preuve par témoins est ou n'est pas admissible. *Ibid.*, art. 154, pag. 19. *Voyez* GARDES CHAMPÊTRES, PROCÈS-VERBAUX.

RASSEMBLEMENS. Le maintien du bon ordre dans les lieux où il se fait de grands rassemblemens d'hommes, tels que les foires, marchés, réjouissances, cérémonies publiques, spectacles, jeux, cafés, églises, et autres lieux publics, fait partie des objets de police confiés à l'autorité municipale. Loi du 24 août 1790, art. 3, nº. 3, pag. 46. — Peines en cas de contravention aux réglemens de police relatifs à cet objet. *Ibid.*, art. 5, pag. 49.

RATELAGE. *Voyez* GLANAGE.

RÉCIDIVE. Quand y a-t-il récidive? Code pénal, article 483, pag. 136. — Peines encourues pour récidive en cas de contraventions résultant de la loi du 24 août 1790. *Voyez* la note sur l'art. 483 précité. *Ibid.* — En cas de contraventions rurales. Code

S.

T.

U.

pendante. Code rural, art. 27, pag. 74. — Amende contre ceux qui violent les réglements sur le chargement, la rapidité ou la mauvaise direction des voitures. Code pénal, art. 475, n°. 4, pag. 127.

VOITURIERS. *Voyez* DIMANCHES ET FÊTES, RESPONSABILITÉ, ROULIERS.

VOL. Peines pour enlèvement de fumier, marne ou autres engrais portés sur les terres. Code rural, art. 33, pag. 78. — Autres pour maraudage et enlèvement des productions de la terre pouvant servir à la nourriture des hommes ou d'autres productions utiles. *Ibid.*, art. 34, pag. 79. — Pour vol de récolte fait avec des paniers ou sacs ou à l'aide des animaux de charge. *Ibid.*, art. 35, pag. 79. — Pour maraudage ou enlèvement de bois fait à dos d'homme dans les bois taillis, futaies ou autres plantations d'arbres des particuliers ou des communautés. *Ibid.*, art. 36, pag. 80. — Pour vol dans les mêmes bois. *Ibid.*, art. 37, pag. 80. — Pour enlèvement de terres, pierres ou matériaux étant sur les chemins publics ou appartenant aux communes. *Ibid.*, art. 44, pag. 86.

VOLAILLES. Dégâts causés, sur les propriétés d'autrui par des volailles laissées à l'abandon. Code rural, art. 12, pag. 59. *Voyez* PIGEONS.

VOYAGEUR. Peines encourues par le voyageur qui déclot un champ pour se faire un passage dans sa route. Code rural, art. 41, pag. 84. — Autres contre celui qui, par la rapidité de sa voiture ou de sa monture, tue ou blesse des bestiaux sur les chemins. *Ibid.*, art. 42, pag. 85. *Voyez* AUBERGISTES.

FIN DE LA TABLE GÉNÉRALE DES MATIÈRES.

OUVRAGES NOUVEAUX

QUI SE TROUVENT

A PARIS, CHEZ B. WARÉE, ONCLE.

LE DROIT CIVIL FRANÇAIS, suivant l'ordre du Code, ouvrage dans lequel on a tâché de réunir la théorie à la pratique, par M. C. B. M. Toullier, doyen d'âge et de services, de la faculté de Droit de Rennes, ancien bâtonnier de l'Ordre des avocats de la même ville, 3e. édition, entièrement conforme à la seconde. *Paris*, 1821, 9 vol. in-8°., contenant ensemble plus de 6000 pages. Prix brochés, 72 fr., et francs de port par la diligence, 80 fr.

Les *tomes* 5, 6, 7, 8 et 9 se vendent ensemble, broch. 48 fr. 50 cent.
Les *tomes* 6, 7, 8 et 9, ensemble, 38 fr. 50 cent.
Les *tomes* 7, 8 et 9, ensemble, 28 fr. 50 cent.
Les *tomes* 8 et 9 ensemble, 18 fr. 50 cent.
Le *tome* 9 seul, 8 fr. 50 cent.
Le tome 10 paraîtra en février ou en mars 1822.

SUPPLÉMENT à la première édition des huit premiers volumes du *Droit civil français*, suivant l'ordre du Code, par M. Toullier; contenant: 1°. Toutes les additions et corrections qui sont dans la 2e. et dans la 3e. *édition*; 2°. Une table alphabétique des matières, suivie de l'indication des articles des cinq Codes, traités ou cités dans les 8 volumes. *Paris*, 1820, un vol. in-8°. de 637 pages, broch., 7 fr. et 9 fr. 50 cent. franc de port.

CONSULTATION DE PLUSIEURS AVOCATS DE RENNES, sur la validité des mariages contractés par les émigrés français avant leur retour, et le rétablissement dans leurs droits civils, rédigée par M. Toullier, et pour servir de supplément à ce que dit cet auteur sur la mort civile et sur le mariage, dans son *premier volume du Droit civil français*; brochure in-8°. de 60 pages. Prix, 1 fr. 25 cent.

INTRODUCTION A LA PROCÉDURE civile; par M. Pigeau, avocat et professeur de la faculté de droit de Paris. 4e. édition, revue, corrigée et augmentée d'après les notes manuscrites de l'auteur, par M. Poncelet, professeur à la faculté de Droit de Paris; on y a ajouté une Notice sur la vie et les écrits de M. Pigeau. *Paris*, 1822, un vol. in-8°. Prix broch., 4 fr. 75 cent., et 6 fr. franc de port.

CODE DE SIMPLE POLICE, à l'usage des juges de paix, commissaires de police, maires et adjoints; par M. Boucher-d'Argis, procureur du Roi, à Dreux. *Paris*, 1822, in-8°., broch., 5 fr., et franc de port, 6 fr. 20 cent.

COURS DE DROIT COMMERCIAL MARITIME, d'après les principes et suivant le Code de commerce; par P. S. Boulay-Paty (de la Loire-Inférieure), ancien député au Corps-Législatif, et conseiller à la Cour royale de Rennes. *Rennes*, 1821 — 1822, 4 vol. in-8°., broch., prix 6 fr. le vol. pour les souscripteurs, et 7 fr. 50 cent. franc de port.

Les deux premiers volumes paraissent ; les troisième et quatrième seront publiés dans les premiers mois de 1822. La souscription sera fermée à la mise en vente du 4e. volume, et le prix des 4 volumes, au lieu de 24 fr., sera porté à 27 fr. ; on ne paye qu'on recevant les volumes. On souscrit aussi à *Rennes*, chez Cousin-Danelle, imprimeur-libraire, rue Royale.

JURIS ROMANI ELEMENTA *secund. ordinem institutionum Justiniani, cum not. ad textûs explicationem ejusque cùm jure gallico collationem compositis ; editio tertia, aucta et emendata ; auctore* C. S. Delvincourt. *Paris*, 1818, in-8°., broch., 4 fr. 50 cent.

RÉGIME HYPOTHÉCAIRE, ou Commentaire sur le XVIIIe. Titre du Livre 3e. du Code civil, relatif aux Privilèges et Hypothèques, par J. C. Persil, avocat à la Cour Royale de Paris, et docteur en Droit. 3e. édition, revue, corrigée et augmentée. *Paris*, 1820, 2 vol., in-8°., broch., 12 fr. et 15 fr. francs de port.

LETTRES SUR LA PROFESSION D'AVOCAT, et Bibliothèque choisie des livres de Droit, qu'il est le plus utile d'acquérir et de connaître ; par M. Camus, ancien avocat, garde des archives, membre des l'Institut, etc. ; 4e. édition, augmentée de plusieurs lettres et autres pièces intéressantes sur la profession d'avocat, telles que le célèbre *Dialogue des avocats* de Loisel, *Deux discours* de M. d'Aguesseau, et l'*Histoire des avocats*, par M. Boucher-d'Argis ; la Bibliographie, revue, corrigée et augmentée d'un grand nombre d'articles nouveaux, par M. Dupin, docteur en Droit, avocat à la Cour royale de Paris, et l'un des Bibliothécaires de l'Ordre. *Paris*, 1818, 2 vol. in-8°., broch., 15 fr., et 20 fr. francs de port par la poste.

BIBLIOTHÈQUE CHOISIE DES LIVRES DE DROIT, qu'il est le plus utile d'acquérir et de connaître par MM. Camus et Dupin. *Paris*, 1819, in-4°., broch., 18 fr. Cet Ouvrage est le même que le 2e. vol. de l'article précédent.

NOTICES HISTORIQUES, CRITIQUES ET BIBLIOGRAPHIQUES, sur plusieurs livres de jurisprudence française, remarquables par leur antiquité, ou leur originalité, *pour faire suite à la Bibliothèque choisie des livres de Droit ;* par le même M. Dupin. *Paris*, 1820, in-8°., broch., 1 fr. 50 cent., et 2 fr. franc de port.

PRINCIPES DU DROIT DE LA NATURE ET DES GENS ; par J.-J. Burlamaqui, considérablement augmentés par M. le professeur de Félice ; nouvelle édition, revue, corrigée, et augmentée d'une table générale analytique et raisonnée, par M. Dupin, docteur en Droit, et avocat à la Cour royale de Paris. *Paris*, 1820 - 1821, 5 vol. in-8°. de 5 à 600 pages chacun ; prix broch., 35 fr. et 42 fr. franc de port.

HEINECCII (*Jo. Gottlieb.*) *Recitationes in elementa juris civilis secundum ordinem institutionum ; accesserunt, opera et cura A. M. J. J. Dupin, in scholis et curiis parisiensibus doctoris et advocati ; notæ et observationes quibus textus vel explanatur, vel emendatur, vel illustratur ; quibusque sedula ac perpetua Romanarum et Gallicarum legum collatio continetur. Parisiis, e typis*

Crapelet, 1810, 2 vol. in-8°. d'environ 500 pages chacun. Prix, broch., 10 fr., et franc de port 13 fr. Et avec le Tableau généalogique 11 fr. 25 cent., et franc de port, 14 fr. 50 cent.

TRAITÉ DU VOISINAGE, considéré dans l'ordre judiciaire et administratif, par M. Fournel, 3e. et dernière édition, revue et augmentée. *Paris*, 1812, 2 vol. in-8°. broch. 12 fr.

HISTOIRE DES AVOCATS AU PARLEMENT ET DU BARREAU DE PARIS, depuis Saint-Louis, jusqu'au 15 octobre 1790, par M. Fournel. *Paris*, 1813, 2 vol. in-8° 12 fr.

HISTOIRE DU BARREAU DE PARIS, dans le cours de la Révolution, par le même. *Paris*, 1816, in-8°. broch. 3 fr.

ETAT DE LA GAULE, au Ve siècle, à l'époque de la conquête des Francs, par le même. *Paris*, 1809, 2 vol. in-12, broch. 6 fr.

PROCÉDURE CIVILE, (la) des tribunaux de France, démontrée par principes, et mise en action par des formules, par M. Pigeau, ancien avocat, et professeur de la faculté de Droit de Paris; 3e. édition. *Paris*, 1819, 2 vol. in-4°. broch. 30 fr.

ANALYSE RAISONNÉE ET CONFÉRENCES DES OPINIONS des commentateurs et des arrêts des Cours, sur le Code de procédure civile; par G. L. J. Carré, professeur de procédure civile et criminelle en la faculté de Droit de Rennes. *Rennes*, 1811 et 1812, 2 vol. in-4°. broch. 30 fr.

TRAITÉ ET QUESTIONS de procédure civile, par le même G. L. J. Carré. *Rennes*, 1818 et 1819, 2 vol. in-4°. broch. 28 fr.

COMMENTAIRE sur la loi des Douze Tables, par Bouchaud; dernière édition. *Paris*, de l'Imprimerie royale, 2 vol. in-4°. broch. 25 fr.

LOIS CIVILES (les) dans leur ordre naturel; le droit public, et *legum delectus*, par Domat; nouvelle et dernière édition, revue, corrigée et augmentée des troisième et quatrième livres du droit public, par de Héricourt, avec les notes de Boucheret sur le *legum delectus*; celles de MM. Berroyer et Chevalier, et du supplément aux lois civiles de M. de Jouy, rangé à sa place dans chaque article. *Paris*, 1777, 2 tomes en un vol. in-fol. Prix broché, 24 fr., et rel. 30 fr.

ŒUVRES de Cl. Henrys, avec des observations par Bretonnier, 6e. et dernière édition, revue corrigée et augmentée. *Paris*, 1772, 4 vol. in-fol. Prix broch.; 40 fr. et rel. 60 fr.

TRAITÉ DE LA COMMUNAUTÉ entre mari et femme, par le Brun, nouvelle et dernière édition. *Paris*, 1754, 1 vol. in-fol. broch. 15 fr., et rel. 20 fr.

TRAITÉ DES SUCCESSIONS, par le même, nouvelle et dernière édition. *Paris*, 1775, 1 vol. in-fol. broch. 15 fr. et rel. 20 fr.

INSTITUTES de Justinien (nouvelle traduction des), par M. Cl. Jos. de Ferrière; nouv. édit. revue, corrigée et augmentée. *Paris*, 1787, 7 vol. in-12. Prix, broch. 15 fr., et rel. 20 fr.